Matthias Jung

Dilthey zur Einführung

JUNIUS

Junius Verlag GmbH
Stresemannstraße 375
22761 Hamburg

Umschlaggestaltung: Florian Zietz
Titelfoto: Archiv für Kunst und Geschichte
Herstellung: Das Herstellungsbüro, Hamburg
Satz: H & G Herstellung, Hamburg
Druck: Druckhaus Dresden
Printed in Germany 1996
ISBN 3-88506-923-7
1. Auflage 1996

Die Deutsche Bibliothek - CIP-Einheitsaufnahme

Jung, Matthias:
Dilthey zur Einführung / Matthias Jung.
- 1. Aufl. - Hamburg : Junius, 1996
(Zur Einführung ; 123)
ISBN 3-88506-923-7
NE: GT

Inhalt

Anhang

1. Einleitung: Eine Kritik der historischen Vernunft?

Wilhelm Dilthey gilt zu Recht als Klassiker des hermeneutischen Denkens, jener philosophischen Richtung, die die Kategorie des geschichtlichen Verstehens in den Mittelpunkt ihrer Überlegungen gestellt hat. Mit seiner methodischen Konzeption des Verstehens, der aus ihr resultierenden Unterscheidung von Geistes- und Naturwissenschaften, schließlich mit seinen Ansätzen zur Integration geschichtlicher und systematischer Analyse hat er die Entwicklung der Philosophie im 20. Jahrhundert mitbestimmt. Martin Heideggers epochemachendes Frühwerk *Sein und Zeit* wäre ohne Diltheys Einfluß so wenig denkbar gewesen wie Hans-Georg Gadamers Entwurf einer universalen Hermeneutik in *Wahrheit und Methode.* Wo immer die Philosophie unseres Jahrhunderts sich Themen wie dem geisteswissenschaftlichen Methodenproblem, der geschichtlichen Verfaßtheit menschlicher Subjektivität und Kultur, dem Verhältnis von Rationalität und Lebenspraxis gewidmet hat, war Diltheys Denken ein unentbehrlicher Bezugspunkt.

Das Schlagwort »Hermeneutik«, unter dem die philosophischen Bemühungen Diltheys meist gefaßt werden, birgt allerdings die Gefahr, daß wichtige Bestandteile des Diltheyschen Werks ausgeblendet werden. Dilthey selbst hat erst in seinen letzten Schriften das eigene Denken mit dem Begriff »Hermeneutik« zusammengebracht, den er in einem recht engen Sinn verwendet: als Bezeichnung für die Wissenschaft von dem »kunstmäßigen Verstehen dauernd fixierter Lebensäußerungen« (GS VII, 217).

Über diesen eher technischen Begriff der Hermeneutik gehen die philosophischen Intentionen Diltheys jedoch weit hinaus. Sie lassen sich vielleicht am besten als Suche nach einem begrifflichen Konzept beschreiben, das menschlicher Erfahrung in ihrer geschichtlichen Eigenart besser gerecht wird als die kausalen Erklärungsmuster der Naturwissenschaften. Dilthey versuchte sein ganzes Leben lang, seine ursprüngliche Intuition zu explizieren, daß unverkürzte Erfahrung nicht nur kognitive, sondern gleichursprünglich auch affektive und voluntative Dimensionen einschließt, die von der klassischen Metaphysik ebenso ausgeblendet werden wie von den Abstraktionsleistungen, die naturwissenschaftliches Erkennen möglich machen. Seine Hochschätzung der Geisteswissenschaften resultiert aus der Überzeugung, daß die Dreidimensionalität des vortheoretischen Erlebens eine reichere Wirklichkeitserfahrung ermöglicht, die dann durch die geisteswissenschaftlichen Methoden zugänglich gemacht werden kann. Ich werde daher Diltheys Gesamtwerk aus der Perspektive dieser Orientierung an ursprünglicher Lebenserfahrung und ihren Objektivationen darstellen. Der hermeneutische Zug des späten Dilthey ist in ihr als Teilaspekt enthalten.

Diltheys theoretische Bemühungen galten der philosophischen Rechtfertigung und Begründung der Wissenschaften von der menschlichen Welt im Unterschied zur Natur. Die englische Übersetzung für den Begriff »Geisteswissenschaften«, »human sciences«, bringt diese Orientierung an den Sinnzusammenhängen der geschichtlich-sozialen Wirklichkeit besser zum Ausdruck als ihr deutsches Pendant, in dem der »Geist« leicht als etwas Selbständiges, vom Handeln realer Menschen Unabhängiges mißverstanden werden kann. Das geisteswissenschaftliche Projekt Diltheys darf freilich nicht als Selbstzweck verstanden werden, sondern gehört vielmehr in den größeren Zusammenhang seiner Suche nach den wissenschaftlichen Zugangsmöglichkeiten zu lebensweltlicher, die theoretische Subjekt-Objekt-Relation erst bedingender Erfahrung.

Sein (nach der monumentalen Schleiermacher-Biographie) erstes großes Werk, die *Einleitung in die Geisteswissenschaften* von 1883, bezeichnete Dilthey in der Widmung als eine »Kritik der historischen Vernunft« (GS I, IX). Mit diesem an Kants Vernunftkritik anknüpfenden Programmtitel wollte er darauf hinweisen, daß die bisherige Selbstkritik menschlicher Rationalität durch Autoren wie Hume und Kant die Einbettung von kognitiven Akten in den historischen Lebensprozeß der Menschen nicht genügend berücksichtigt hatte. Insbesondere ging es ihm darum aufzuzeigen, wie das erkennende Verhalten zur Welt nur als unselbständiger, wenngleich zentraler Bestandteil eines reicheren Wirklichkeitsverhältnisses begreifbar wird, das Willensimpulse und affektive Gestimmtheiten immer einschließt.

Aus Diltheys Interesse an einem Erfahrungsbegriff, der die Dreidimensionalität des Wirklichkeitsbezuges in sich aufgenommen hat, ergibt sich eine doppelte Abwehrhaltung, die sein Denken charakterisiert. Zum einen nämlich wendet er sich entschieden gegen alle Formen von Metaphysik, von theoretischen Systemen, die Wirklichkeit in ihrem An-sich-Sein zu erfassen beanspruchen; die Überzeugung, daß die geschichtliche Entwicklung jedes metaphysische Weltverhältnis obsolet gemacht hat, bildet eine Konstante im Denken Diltheys von den frühesten Arbeiten bis zum Spätwerk. Zum anderen aber argumentiert er immer wieder gegen den Anspruch naturwissenschaftlich orientierter Philosophen, mit dem methodischen Werkzeug der Naturwissenschaften die Wirklichkeit im ganzen begreifen zu wollen. Dilthey war vielleicht der erste Theoretiker, dessen Analysen durchgängig von der Einsicht geprägt waren, daß sich eine Begrifflichkeit, die zur mathematischen Erfassung gegenständlicher Realität entwickelt worden war, nicht zur Deutung der Welt der sozialen und geschichtlichen Erscheinungen eignet. »Alle Wissenschaft ist Erfahrungswissenschaft« (GS I, XVII): Diese Überzeugung, und mit ihr die Ablehnung aller metaphysischen Spekulation, teilte Dilthey mit dem philosophischen Empirismus. Während allerdings die Empiristen Sinneserfahrungen als Bausteine aller Erkenntnis betrachteten, war Dilthey an einem lebensweltlichen Erfahrungsbegriff interessiert, der das vorwissenschaftliche Weltverhältnis soweit als möglich bewahren sollte: »Empirie, nicht Empirismus« (GS XIX, 17). Seine mit Blick auf die Geisteswissenschaften entwickelte Erkenntnistheorie arbeitet dementsprechend – vor allem im Spätwerk – mit einer dreigliedrigen Grundstruktur von Erlebnissen (1), deren Ausdruck (2) es zu verstehen (3) gilt. Indem Dilthey das wissenschaftliche Verstehen auf Erlebnisausdrücke bezieht, die immer Kognitionen, Volitionen und affektive Wertungen einschließen, erweitert er den methodischen Geltungsbereich der Geisteswissenschaften über das rein Kognitive hinaus. An dieser Stelle berührt sich seine Theorie des Verstehens mit der aktuellen Diskussion um eine Theorie der Rationalität, die Vernunft in der ganze Breite ihrer Äußerungsformen gelten läßt.[1]

Mit der Beschreibung als »Kritik der historischen Vernunft« ist Diltheys umfangreiches und vielfältiges Lebenswerk seiner Intention nach vielleicht am besten getroffen. Das Adjektiv »historisch« hat dabei zwei verschiedene Bedeutungen: Historische, auf das Verstehen geschichtlicher Prozesse abzielende Vernunft ist *Gegenstand* der Kritik, die die Möglichkeiten und Probleme geschichtlicher Erkenntnis aufzeigen soll. Wenn die Kritik reflektiert wird, zeigt sie sich aber dann ihrerseits als *geschichtliche Selbstkritik* der Vernunft. Es gibt kein Außen, von dem aus die Leistungsfähigkeit historischer Vernunft beurteilt werden könnte. Der Ausdruck »historische Vernunft« ist dabei nicht so zu verstehen, als ob es neben ihr etwa noch eine unhistorische, systematische Vernunft geben könnte. Vernunft ist für Dilthey vielmehr durch und durch historisch in dem Sinn, daß ihr Gebrauch eine soziale Geschichte hat, von der sie entscheidend geprägt ist. Es ist der zu rekonstruierende historische Prozeß selbst, der die Einsicht in diese geschichtliche Bedingtheit der Vernunft hervorgebracht hat. Indem die Vernunft ihr geschichtliches und lebensweltliches Werden rekonstruiert, kritisiert sie sich selbst und versetzt sich in die Lage, ihre Reichweite und Grenzen zu erkennen. Diese Fähigkeit der menschlichen Vernunft, sich auf sich selbst zurückzuwenden und die eigenen Bedingtheiten zu realisieren, ist für Dilthey die einzige Form, in der Subjekte sich, in ihrer Geschichte stehend, über diese erheben können. So verstanden ist die Historisierung der Vernunft ein Akt der Selbstaufklärung und steht keineswegs im Gegensatz zum Vernunftvertrauen der historischen Aufklärung. Einen weiteren wichtigen Aspekt bildet Diltheys Überzeugung, daß der Gebrauch der Vernunft sich immer im Kontext einer übergreifenden Einheit abspielt, für die er die Bezeichnung »Leben« wählt. Damit sind drei charakteristische Begriffe umrissen, die für das Verständnis Diltheys zentrale Bedeutung haben: »Hermeneutik«, »Historismus« und »Lebensphilosophie«. Sie sollen im folgenden kurz erläutert werden:

— Hermeneutik: Diltheys Philosophie weist dem Verstehen eine methodisch zentrale Rolle zu und kontrastiert es der erklärenden Vorgehensweise der Naturwissenschaften. Dabei bleibt zunächst aber völlig unklar, ob hermeneutische Verfahren sich nur auf die Geisteswissenschaften beziehen oder ob Dilthey sie auch in der Philosophie – auf einer Ebene, die der Unterscheidung von Geistes- und Naturwissenschaften voraus liegt – anwenden möchte. Auf diesen Punkt werde ich noch zurückkommen. Darüber hinaus sind von seiten so unterschiedlicher Positionen wie dem Neomarxismus, der Kritischen Theorie und dem Kritischen Rationalismus gegen Diltheys hermeneutisches

Ideal des Verstehens schwerwiegende Vorwürfe erhoben worden: Wer alles verstehe, billige auch alles, akzeptiere Mißstände und werfe den kritischen Anspruch des Denkens über Bord. Es wäre also zu fragen, wie sich Verstehen und Kritik zueinander verhalten.

— Historismus: Diltheys Philosophie gilt allgemein als eine Ausprägung des Historismus, einer geistigen Strömung des 19. Jahrhunderts, zu der Gelehrte wie Friedrich Carl von Savigny, Leopold von Ranke und Johann Gustav Droysen gerechnet werden. Die Betonung des geschichtlichen Gewordenseins aller Kulturformationen und geistigen Gebilde ist das zentrale Merkmal dieser Richtung, mit der verschiedentlich eine Skepsis gegenüber universalistischen Vernunftansprüchen einhergeht. Der Begriff des Historismus wird deshalb oft kritisch verwendet (meist in der terminologisch abwertenden Variante »Historizismus«), im Sinne eines orientierungslosen historischen Relativismus, als Leugnung aller überzeitlichen und transkulturellen Geltungsansprüche. In seinem Briefwechsel mit Edmund Husserl hat Dilthey den Vorwurf des Relativismus und Skeptizismus ausdrücklich zurückgewiesen.[2] Es wird daher genau zu überprüfen sein, in welchem Sinn Dilthey als Historist bezeichnet werden kann.

— Lebensphilosophie: Auch dieses Etikett wird – ähnlich wie Historismus – nicht selten abschätzig gebraucht. Als Lebensphilosophen in diesem Sinne gelten Autoren, deren Streben nach Lebensnähe sie zur Vernachlässigung wissenschaftlicher Tugenden wie begrifflicher Strenge und argumentativer Konsistenz verleitet hat.[3] Meistens ist dann auch der Vorwurf des Irrationalismus nicht fern, wie ihn in schärfster Form Georg Lukács in seinem Buch *Die Zerstörung der Vernunft* erhoben hat.[4] Tatsächlich sind sich so unterschiedliche, aber gleichermaßen der Lebensphilosophie zugerechnete Philosophen wie Friedrich Nietzsche, Dilthey und William James darin einig, daß Vernunft, zumal in ihren kognitiven Ausprägungen, keine völlige Herrschaft über den Lebensprozeß gewinnen kann, in dem nicht-vernünftige Faktoren wie etwa Stimmungen eine bleibende Rolle spielen. »Leben« gilt Dilthey als eine letzte Gegebenheit, als »dasjenige, hinter welches nicht zurückgegangen werden kann« (GS VII, 261). Darin drückt sich die Einsicht in die Unmöglichkeit einer ausschließlich vernunftbestimmten Existenzform aus. Ob allerdings in dieser lebensphilosophischen Einsicht bereits eine irrationalistische Abwertung der Vernunft liegt, ist nicht so schnell zu entscheiden. Jedenfalls ist hier schon festzuhalten, daß der Begriff des »Lebens« bei Dilthey in erster Linie einen terminologischen, deskriptiven Sinn hat und nicht normativ zu verstehen ist, etwa als weltanschauliche Lebensbejahung und Theoriefeindlichkeit. »Leben« – zum Beispiel in dem Grundbegriff »Erlebnis« – weist darauf hin, daß die Äußerungsformen von Rationalität immer als Momente der menschlichen Daseinsform verstanden werden müssen, in die auch nichtrationale Aspekte – Gefühle, biologische Determinanten etc. – eingehen. Aus Diltheys wissenschaftlichem Interesse an der Einbettung von Erkenntnisakten in den Lebensprozeß ergibt sich auch eine sachliche Nähe zu den Grundannahmen des amerikanischen Pragmatismus, die von Diltheys hermeneutischen Erben bislang nicht erkannt worden ist. Die Entstehung und Weitergabe von sinnhaften Strukturen im sozialen Handeln bildet das gemeinsame Thema beider Richtungen, die sich zudem über die philosophische Bedeutung des praktischen, alltäglichen Lebensvollzugs einig sind.

Für Dilthey sind Bedeutungen dann verständlich, wenn sie in einen erfahrbaren Lebenszusammenhang eingegliedert werden können. Dem entspricht im Pragmatismus die Überzeugung, daß der Sinn eines Begriffes vollständig von seiner möglichen Wirkung auf die Lebensführung seiner Verwender abhängig ist.

Solche lebensphilosophischen Motive führen zu der Frage nach der Beziehung von Rationalitätsauffassung und Lebensbegriff.

Mit den Stichwörtern »Hermeneutik«, »Historismus« und »Lebensphilosophie« ist die begriffliche Konstellation markiert, in der sich Diltheys Lebenswerk bewegt. Sein zentrales Motiv, die Suche nach wissenschaftlichem Zugang zu unreduzierter, mehrdimensionaler Erfahrung, hat allerdings im Laufe von Diltheys Entwicklung recht unterschiedliche Lösungsansätze hervorgebracht. Es bietet sich deshalb an, die Einheit und Vielfältigkeit seines Werkes entwicklungsgeschichtlich zu erschließen. In diesem Sinne möchte ich drei Stadien des theoretischen Prozesses unterscheiden, denen die drei Hauptkapitel des Buches entsprechen.

— Die frühe Phase (Kap. 2): Diltheys (frühes) Hauptwerk, die *Einleitung in die Geisteswissenschaften* (im folgenden *Einleitung*), erschien 1883 mit dem programmatischen Untertitel *Versuch einer Grundlegung für das Studium der Gesellschaft und der Geschichte.* In diesem nie vollendeten Buch und den zahlreichen Entwürfen, die Dilthey seiner systematischen Weiterführung gewidmet hat, geht es um die theoretische Begründung der Geisteswissenschaften als eigenständige Disziplinen. Dabei argumentiert Dilthey einerseits historisch, indem er den Untergang der Metaphysik und den Aufstieg der Geisteswissenschaften in einen engen Zusammenhang bringt, andererseits systematisch, indem er eine Erkenntnistheorie der inneren Erfahrung entwickelt.

— Die mittlere Phase (Kap. 3): In seinen Schriften aus der Zeit um die neunziger Jahre des vergangenen Jahrhunderts entwickelt Dilthey seinen Ansatz weiter, indem er den psychischen und sozialen Lebensprozeß im Sinne eines praktischen, aktiven Wechselverhältnisses zwischen Mensch und Natur deutet. Seine Nähe zum Pragmatismus ist während dieser Zeit am offensichtlichsten. Ein weiteres Merkmal der mittleren Phase besteht in der stärkeren Einbeziehung ästhetischer Kategorien in die Interpretation des Lebensprozesses. Dilthey greift stärker als bisher auf psychologische Begriffe zurück, was ihm den Vorwurf des Psychologismus, der Verwechslung sachlicher und logischer Verhältnisse mit solchen des Seelenlebens, eingebracht hat. Auch hier wird es darauf ankommen, die Bedeutung des psychologischen Vokabulars bei Dilthey genau zu bestimmen.

— Die späte Phase (Kap. 4): In der Zeit nach der Jahrhundertwende gelangt Dilthey, nicht zuletzt durch eine intensive Beschäftigung mit Husserl und Hegel, zu einem Verständnis psychischer und sozialer Sinnzusammenhänge, das auf psychologische Kategorien weitgehend verzichtet und sich am Begriff des »objektiven Geistes« orientiert. Das 1910 erschienene, ebenfalls unvollendete zweite Hauptwerk *Der Aufbau der geschichtlichen Welt in den Geisteswissenschaften* (im folgenden *Aufbau*) entwikkelt diesen »hermeneutischen« Ansatz. In diese späte Phase fällt auch die Ausarbeitung der Weltanschauungslehre, mit der Dilthey seine lebensphilosophischen Einsichten an der Genese von umfassenden Systemen der Sinndeutung (wie etwa Stoa oder Christentum) erproben wollte.

Das Buch schließt mit einem Kapitel über die Wirkungsgeschichte und gegenwärtige Bedeutung der Diltheyschen Philosophie. Beides ist mit der Editionsgeschichte seines Werkes eng verknüpft, denn die Umrisse von Diltheys theoretischem Projekt waren für seine Zeitgenossen kaum erkennbar. Selbst die Existenz eines solchen Projektes blieb weitgehend im dunkeln, weil Dilthey nur den historischen Teil der *Einleitung* und an versteckter Stelle einige systematische Entwürfe zu ihrer Ergänzung veröffentlichte. Erst der in den letzten Lebensjahren erschienene *Aufbau* und die Beiträge zum Weltanschauungsproblem ließen ansatzweise die systematischen Intentionen Diltheys sichtbar werden.

Zu seinen Lebzeiten galt Dilthey als Autor der großen Schleiermacher-Biographie und zahlreicher historischer Abhandlungen, als feinsinniger Kenner der Geistesgeschichte ohne größere philosophische Ambitionen. Erst nach seinem Tod wurden durch die fortschreitende Edition der *Gesammelten Schriften* Ausmaß und Anspruch seiner systematischen Intentionen deutlich. Mit dem Erscheinen der systematischen Entwürfe zum geplanten zweiten Band der *Einleitung* und wichtiger Vorlesungen ist es in den achtziger Jahren unseres Jahrhunderts, über siebzig Jahre nach Diltheys Tod, erstmals möglich geworden, sein philosophisches Projekt in den Grundzügen zu rekonstruieren.

2. Die *Einleitung in die Geisteswissenschaften*: Metaphysikkritik und »innere Erfahrung«

Diltheys formative Phase: Die Suche nach einer geisteswissenschaftlichen Methodik

In den Jahrzehnten zwischen 1850 und 1870 entwickelte Dilthey jene Grundüberzeugungen, die sein Lebenswerk bestimmen. Das philosophische Denken war zu dieser Zeit in eine tiefe Identitätskrise geraten.[5] Nach dem Tod Hegels im Jahr 1831 hatte sich die Philosophie des deutschen Idealismus unter dem Druck der aufkommenden Erfahrungswissenschaften nicht mehr halten können. Als theoretisches Leitbild wurde die Philosophie im öffentlichen Bewußtsein von den Naturwissenschaften abgelöst, deren Erfolge bei der praktischen Gestaltung und Beherrschung der Realität so augenfällig waren, daß man in ihnen weithin den Maßstab aller Wirklichkeitserschließung sah. Der große Versuch einer Synthese aller Wissens- und Kulturformen – Religion, Kunst, Wissenschaft, Philosophie und Politik –, wie Hegel ihn als letzter unternommen hatte, mußte einer zunehmenden Verselbständigung und Isolierung der einzelnen Wirklichkeitsbereiche weichen, die mit einer wachsenden Skepsis gegenüber der Bedeutung philosophischer Bemühungen einherging.

Der von Dilthey bewunderte Naturforscher Hermann von Helmholtz verkörperte für ihn in positiver Weise das empiristisch-naturwissenschaftlich geprägte Fortschrittsdenken seiner Zeit. Philosophie hatte sich nach diesem Denken im wesentlichen auf die erkenntnistheoretische Aufklärung naturwissenschaftlichen Forschens zu beschränken, während künstlerische und religiöse Weltdeutungen dem Reich der mehr oder minder subjektiven »Gemütsbedürfnisse« zugewiesen wurden.

Die Orientierung am Erfahrbaren und mit ihr die Abneigung gegenüber metaphysischen Spekulationen teilte Dilthey mit den naturwissenschaftlich ausgerichteten Philosophen seiner Zeit; schon früh gelangte er aber auch zu der Überzeugung, daß die geschichtlich-gesellschaftlich geprägte Welt des Menschen sich dem methodischen Zugriff der Naturwissenschaften entzieht. Als er Anfang der fünfziger Jahre des letzten Jahrhunderts zum Studium nach Berlin kam, lehrten dort die großen Gründergestalten der historischen Wissenschaften: die Gebrüder Grimm, Barthold Georg Niebuhr, August Böckh, Theodor Mommsen und vor allem Leopold von Ranke. In der geistigen Bewegung, für die diese Namen stehen, entstand jenes »historische Bewußtsein« (GS V, 7), das Dilthey bei den großen Naturforschern seiner Zeit vermißt hatte: das Wissen um die Eigenbestimmtheit der geschichtlichen Realität, deren Formationen nicht nur als Resultat naturwissenschaftlicher Gesetzmäßigkeiten, sondern auch als Ausdruck des menschlichen Lebensprozesses verstanden werden müssen. Das historische Bewußtsein machte Dilthey sich zu eigen, indem er – über die historische Schule hinausgehend – nach dessen Möglichkeitsbedingungen fragte. So entstand schon früh der Plan zu einer »neuen Kritik der Vernunft«, die zeigen sollte, wie »Kunst, Religion *und* Wissenschaft« aus den »Wirkungsweisen des menschlichen Geistes«[6] hervorgehen. Rückblickend spricht Dilthey von dem »herrschenden Impuls in meinem philosophischen Denken, das Leben aus ihm selber verstehen zu wollen« (GS V, 4). Aus dieser Perspektive entsteht die naturwissenschaftlich geprägte Wirklichkeitsauffassung durch Abstraktion vom lebensweltlichen Realitätszugang. Sie kann diesen daher keineswegs ersetzen.

In der *Einleitung* argumentiert Dilthey für die Existenzberechtigung einer Gruppe von Wissenschaften, die den geschichtlich-gesellschaftlichen Lebensprozeß selbst zu ihrem Gegenstand machen: die Geisteswissenschaften. Die theoretische Begründung dieser Wissenschaften möchte Dilthey leisten, indem er einen neuartigen Begriff von Erfahrung entwickelt, der sich sowohl vom naturwissenschaftlichen Erfahrungsverständnis als auch von metaphysischen Begründungsformen radikal unterscheidet.

Dieser zweite Aspekt – die Ablehnung jeder Metaphysik – läßt sich am besten durch einen Blick auf Diltheys geistige Herkunft erläutern. Er begann seine wissenschaftliche Ausbildung mit dem Studium der Theologie, fühlte sich aber schon bald zur Philosophie und zu den historischen Wissenschaften hingezogen, weil er den dogmatischen Gehalt des christlichen Glaubens nicht mehr als verbindlich ansehen konnte, sondern das Christentum nur noch als »eine Lebensanschauung unter Lebensanschauungen«[7] verstand. Damit ist ein Motiv angesprochen, das Diltheys Arbeiten als Historiker und systematischer Philosoph gleichermaßen prägt: die Auffassung religiöser, künstlerischer und metaphysischer Lebensdeutungen als »einseitige, doch aufrichtige Offenbarungen der menschlichen Natur«[8]. Die kritische – und in der Wirkungsgeschichte Diltheys oftmals übersehene – Dimension dieser Würdigung kultureller Ausdrucksformen besteht in ihrem Bezug auf die geschichtliche Subjektivität von Menschen. Religionen und metaphysische Systeme offenbaren das jeweilige Selbstverständnis geschichtlicher Epochen, verraten uns jedoch nichts über die vom Menschen unabhängige Realität.

Diltheys frühe Entwicklung läßt sich als Übergang von der Binnenperspektive *einer* Weltdeutung – der christlichen Tradition seiner Herkunft – zu einer umfassenderen Betrachtungsweise verstehen, die prinzipiell *alle* Weltdeutungen als gleichrangige Ausdrucksformen des Menschlichen, als Teile eines nie zu vollendenden Ganzen anerkennt[9]. »Der Mensch vollendet sich allein in der Anschauung aller Formen des menschlichen Daseins.«[10] Die Fülle und Vielgestaltigkeit kultureller Formen erscheint Dilthey als etwas eminent Positives, weil er sie nicht mehr unter dem Gesichtspunkt der Nähe oder Ferne zu einer absoluten – religiösen oder metaphysischen – Wahrheit, sondern als Artikulation menschlicher Lebensmöglichkeiten betrachtet. In einer charakteristischen Formulierung aus dem Jahr 1861 ist von der »individuellen Fülle der Welt«[11] die Rede, die der religiös-metaphysischen Lebenseinstellung entgehen muß.

Seinen eigenen Ansatz, die Suche nach einem wissenschaftlichen Verständnis des geschichtlichen Lebens, konnte Dilthey also nur entwickeln, indem er sich von der naturwissenschaftlichen Philosophie und ihrer offenkundigen Geschichtsblindheit ebenso distanzierte wie von den theologischen Gegnern dieser Philosophie, die alle erfahrbare Wirklichkeit umstandslos auf einen transzendenten Grund – auf Gott – zurückführen wollten. Dieser zweifachen Distanzierungsbestrebung entsprach die Suche nach einem methodischen Konzept, das der Binnenperspektive des menschlichen Lebensprozesses besser gerecht werden könnte. Im Laufe dieser Suche entwickelte Dilthey seinen Begriff der geschichtlichen Erfahrung und mit ihm jene eigentümliche Verschränkung geschichtlicher und systematischer Argumentationsformen, die seine Schriften kennzeichnet. Dabei sind Kant und Schleiermacher die beiden Gestalten, mit denen er sich immer wieder auseinandersetzt.

Durch die Lektüre Kants wurde Dilthey davon überzeugt, daß der Bereich möglichen Wissens mit dem der Erfahrung zusammenfällt und wir über die Beschaffenheit einer vom Subjekt unabhängigen Wirklichkeit keine Aussagen treffen können. Gleichzeitig kritisiert Dilthey aber Kants Lehre von der Zeit als einer subjektiven Anschauungsform, weil diese es unmöglich mache, die Zeitlichkeit und Geschichtlichkeit des menschlichen Lebensprozesses zu denken. Dieser Prozeß, so argumentiert Dilthey, ist eine Realität, die nicht durch ein zugrundeliegendes Zeitloses erklärt werden kann. »In dem Lebensverlauf, in dem Wachsen aus der Vergangenheit und Sichhinausstrecken auf die Zukunft, liegen die Realitäten, die den Wirkungszusammenhang und den Wert unseres Lebens ausmachen.« (GS V, 5) Kant hatte das in unserem Wirklichkeitsverhältnis Gegebene als die raumzeitlich strukturierten, begrifflich verarbeiteten Erscheinungen eines unbekannt bleibenden Dinges an sich interpretiert. Diltheys Kritik richtet sich gegen die Anwendung dieses Konzepts auf die gesellschaftlich-geschichtliche Wirklichkeit. Die Selbstgegebenheit des menschlichen Lebens kann danach nicht als zeitliche Erscheinung eines unzeitlichen Wesens verstanden werden. Kants *Kritik der reinen Vernunft* bedarf entsprechend einer Ergänzung und Korrektur zur »Kritik der historischen Vernunft«, die es ermöglicht, ihre Einbettung in den geschichtlichen Lebensprozeß der Menschen zu denken. Die zentrale Einsicht Kants, daß wir keinen Zugang zu uninterpretierter, von unserem Erkenntnisvermögen unabhängiger Wirklichkeit haben, bleibt dabei gewahrt, gewinnt aber in bezug auf die vom Menschen selbst hervorgebrachte Realität einen ganz anderen Sinn. Die unaufhebbare Subjektivität unseres Wirklichkeitszugangs verliert im Fall geschichtlicher Erfahrung ihren einschränkenden Sinn, weil diese *Selbst*erfahrung der Subjekte ist. Diltheys Hochschätzung der Geisteswissenschaften ist nicht zuletzt in seiner Überzeugung begründet, daß diese – im Gegensatz zu den Naturwissenschaften – mit dem geschichtlich-gesellschaftlichen Lebensprozeß denjenigen Aspekt der Realität zum Gegenstand haben, der nicht bloße Erscheinung ist, sondern die uns nächste, unreduzierte Wirklichkeit.

Kants Einsicht in die aktive Rolle der Subjektivität im Erkenntnisprozeß, seine Kritik metaphysischer Ansprüche auf ein

Wissen vom Unbedingten und Transsubjektiven, seine Orientierung an der Frage nach der Allgemeingültigkeit unseres Wissens bildeten für Dilthey den Rahmen, in den sich auch seine Zuwendung zur geschichtlichen Welt einzuordnen hatte. Für die positive Eröffnung eines Zugangs zur geschichtlichen Selbsterfahrung des Lebens spielte dann allerdings die intensive Beschäftigung mit Friedrich Schleiermacher die entscheidende Rolle.

Schleiermacher, der große protestantische Theologe und Philosoph, einer der bedeutendsten Vertreter des deutschen Idealismus, wurde für Dilthey zum Gegenstand lebenslang betriebener Forschungen, die ihren Niederschlag in der Schleiermacher-Biographie gefunden haben, einem unvollendeten Werk von mehr als 1500 Seiten Umfang. Nur der erste Teil des ersten Bandes ist zu Diltheys Lebzeiten erschienen, nämlich 1870. 1922 und 1966 wurde dann aus dem Nachlaß das Material zu den anderen Teilen dieses monumentalen Opus herausgegeben. Aber schon mit dem 1870 erschienenen Halbband, der sich auf den jungen Schleiermacher konzentriert, konnte Dilthey seinen Ruf als Meister der Methode geisteswissenschaftlichen Verstehens begründen. Das *Leben Schleiermachers* galt lange Zeit als Modell der biographischen Erschließung des komplexen Zusammenhangs von zeitgeschichtlicher Situation, individueller Lebensführung und theoretischer Wirklichkeitsdeutung.

Der umfassende Anspruch des Buches erklärt sich dadurch, daß Schleiermacher für Dilthey in zweifacher Weise exemplarische Bedeutung gewann: In der Beschäftigung mit dem intellektuellen Werdegang dieses Theologen ging ihm die zentrale Bedeutung »innerer« Erfahrung für die Herausbildung religiöser und metaphysischer Überzeugungen (»Weltanschauungen«) auf. Gleichzeitig wurde die Beschäftigung mit Schleiermachers Leben zur Bewährungsprobe für Diltheys methodische Grundannahme, daß Lebensprozesse von innen, aus der in sich selbst zentrierten Subjektivität der Handelnden heraus verstanden werden müssen. Die geistige Entwicklung Schleiermachers deutet Dilthey dementsprechend als »Wendung von der religiösen Transzendenz zu jener Innerlichkeit, welche die entscheidenden Züge des Lebens zu einer Form des Erlebens zusammenfaßt, in der auch die Beziehung zum unsichtbaren Zusammenhang der Dinge ihre Stelle hat« (GS XIII, 149).

Der Begriff der »Innerlichkeit«, den Dilthey hier verwendet, ist ambivalent. Man kann ihn als Entwertung der äußeren Realität, als Rückzug in die private Geistigkeit mißverstehen, und in diesem Sinne ist er in der geisteswissenschaftlichen Tradition auch nicht selten interpretiert worden. »Innerlichkeit« hat aber, wie Dilthey später in der *Einleitung* zeigen wird, auch einen methodischen Sinn und meint dann die ursprüngliche Gegebenheitsweise geistiger, sinnhafter Strukturen im Lebensprozeß: Alle Wirklichkeit wird nur zugänglich im Lebensvollzug der Subjekte, die sich die Welt nicht als neutrale Beobachter, sondern mit ihren Bedürfnissen und Gefühlen zueignen.

»Innere Erfahrung«, »Erlebnis«, »Lebenszusammenhang« – diese Begriffe prägen den methodischen Ansatz von Diltheys monumentaler Biographie Schleiermachers, gelangen dort aber noch nicht zur Entfaltung. Anhand der Biographie Schleiermachers wird Dilthey deutlich, wie die geschichtliche Selbsterfahrung des denkenden, wollenden und fühlenden Lebens den Ausgangspunkt aller geistigen und kulturellen Aktivitäten bildet, so daß auch die Genese theoretischer Überzeugungen nur aus dem Zusammenwirken der psychischen Kräfte, nicht aus der isolierten Betrachtung des kognitiven Vermögens, verständlich wird. Dieser neuartige Ansatz der Lebenserfahrung findet seinen Ausdruck schon in der Konzeption des Buches. Dieses zerfällt nicht etwa in einen dem Leben und einen dem Werk gewidmeten Teil; vielmehr schließt das *Leben Schleiermachers* auch die Studien zu dessen philosophisch-theologischem System mit ein. Dilthey leitet nun aber keineswegs in einem biographistischen Kurzschluß das Werk aus dem Leben ab; es geht ihm allein um den Aufweis, daß nicht der kognitive Faktor für sich genommen, sondern erst das Zusammenwirken aller psychischen Funktionen in der Selbsterfahrung des Lebens die konkrete Gestalt von Schleiermachers Wirklichkeitsdeutung bestimmt.

In der Schleiermacher-Biographie entwickelt Dilthey seinen methodischen Ansatz am Objekt. Dabei wird ihm deutlich, daß, um Schleiermacher verstehen zu können, der Rückgang auf dessen innere Welt – Dilthey spricht auch von »Gemütswelt« (GS XIII, 53) – erforderlich ist. Modern gesprochen geht es um die Rekonstruktion der subjektiven Binnenperspektive Schleiermachers – einer Perspektive, in der er nicht mehr als eines unter vielen Exemplaren der Gattung Mensch erscheint, sondern als ein Individuum, dessen Weltsicht in einer charakteristischen und unverwechselbaren Weise von seinem Gemüt, der spezifischen, lebensgeschichtlich entstandenen Konstellation der psychischen Funktionen, geprägt ist. Gegen dieses Vorhaben läßt sich der Einwand erheben, die Binnenperspektive eines einzelnen gehöre eben gerade allein diesem Menschen an und entziehe sich dem wissenschaftlichen Verständnis. Dilthey nimmt diesen Einwand so ernst, daß er ihn – ein Goethe-Zitat aufnehmend – seinem Buch als Motto voausstellt: »Individuum est ineffabile« (Individualität ist unaussprechlich) (GS XIII, 1). Wenn dieser Satz allerdings uneingeschränkt wahr wäre, dann würde Diltheys Projekt zu einer Absurdität. Soweit sich aber Individuelles in Ausdrucksgestalten objektiviert, und in diese Richtung geht später die Lösung des Problems, ist ein Verstehen dieser Gestalten möglich.

Die Schleiermacher-Biographie ist ein wichtiger Schritt für die methodische Klärung des eigenen Ansatzes gewesen, auch wenn Dilthey eine begrifflich klare Konzeption der Grenzen geisteswissenschaftlicher Erkenntnis erst spät mit dem hermeneutischen Dreischritt von Erlebnis, Ausdruck und Verstehen vorgelegt hat. Dilthey entwickelt in ihr seinen Leitgedanken, das Leben aus diesem selbst heraus verstehen zu wollen. Dieser Anspruch erfordert die wissenschaftliche Erschließung seiner primären Gegebenheitsform, des »Erlebens«, der »inneren Erfahrung«. Dieses Erleben spielt sich aber nicht in der isolierten Innerlichkeit eines weltenthobenen Subjektes ab, sondern meint die ungeschiedene Welt- und Selbsterfahrung handelnder, auf andere und die Dingwelt bezogener Menschen. Begriffe wie »Innerlichkeit« und »innere Erfahrung« leben zwar vom Kontrast mit einem »Außen«. Dieses »Außen« darf aber nicht mit der gegenständlichen Welt verwechselt werden. Der geisteswissenschaftlich zentrale Gegensatz ist der zwischen einer inneren, die lebensweltliche Erfahrungsweise aufgreifenden Perspektive und jenem naturwissenschaftlichen Blick von außen, der die Phänomene nicht als sinnhafte, sondern als kausalgesetzliche begreift. Deshalb ist das *Leben Schleiermachers* keine Darstellung der seelischen Zustände des Theologen, sondern ein umfassendes Werk, in dem die vielfältigen Wechselwirkungen zwischen äußeren Faktoren, psychischer Entwicklung, zeitgeschichtlichen Konstellationen, sozialen Bezügen und begrifflichen Konzepten analysiert werden.[12] Die Konzentration auf die »innere Welt« Schleiermachers hat den methodischen Sinn, die verschiedenen Weisen der Welt- und Selbsterfahrung in dem ursprünglichen Zusammenhang zu erfassen, in dem sie im Lebensvollzug gegeben sind.

Alle kulturellen Formen und insbesondere auch die Religion müssen auf diesen Zusammenhang bezogen werden, in dem das kognitive Weltverhältnis einen zwar wichtigen, aber unselbständigen Teil bildet. Ausdrücklich bezeichnet Dilthey es als Schleiermachers Verdienst, auch die Religionen einer Betrachtungsweise unterworfen zu haben, die sie »aus den Bedingungen des menschlichen Gemüts« (GS XIII, 99) erklärt. In Religionen interpretiert sich das menschliche Leben selbst als sinnhaften Zusammenhang; insofern ist die methodische Übernahme der lebensweltlichen Perspektive legitimiert, wenn es ihr gelingt, auch religiöse Phänomene zu verstehen, ohne auf Vermutungen über eine subjektunabhängige Wirklichkeit zurückgreifen zu müssen. Dilthey formuliert diesen Anspruch so: »Aus der Tiefe der Selbstbesinnung soll dieser Sinn des Lebens sich aufschließen, ohne irgendeinen hinzutretenden Schluß aus einer höheren Ordnung« (GS XIII, 142).

Das Bestehen auf der sinnhaften Struktur der geschichtlichen Welt unterscheidet Dilthey von naturwissenschaftlichen Philosophen; seine Weigerung, diese Sinnstrukturen als Ausdruck einer zeitlosen, transzendenten Wirklichkeit zu deuten, trennt ihn jedoch gleichzeitig von den religiös-metaphysisch geprägten Weltbildern der Tradition. In der internen Perspektive des Erlebens, wie sie sich Dilthey zuerst im Zusammenhang mit seiner Beschäftigung mit Schleiermacher erschlossen hat, findet er einen ursprünglichen Zugang zu der uns nächsten Realität, der Welt jener Sinnbezüge, die der Lebensprozeß hervorbringt. Das Erleben manifestiert sich in vielfältigen Ausdrucksformen, die Welt und Selbst im Medium kultureller Symbolsysteme erschließen, deren wichtigstes die Sprache ist.

Das historisch-systematische Doppelprofil der *Einleitung*

Systematische Argumentation und historische Analyse werden häufig als zwei strikt getrennte Bereiche philosophischer Betätigung betrachtet. Wer systematisch argumentiere, orientiere sich am Sachgehalt eines Problems, wer historisch analysiere, sei dagegen an der geschichtlichen Abfolge der Lösungsvorschläge interessiert. Mit dieser Einschätzung ist häufig die Befürchtung verbunden, daß die »Sachen selbst« durch eine zu starke Ausrichtung an der Geschichte des Denkens aus dem Blick geraten könnten. Ein zentraler Aspekt der Argumentation Diltheys – und der entscheidende Gesichtspunkt für seine Konzeption der *Einleitung* – besteht nun gerade in dem Aufweis, daß es die »Sache selbst« ist, die auf eine Überwindung des Gegensatzes von systematischem und historischem Philosophieren hindrängt. Dilthey begreift das zeitlich-geschichtlich strukturierte Erleben als die Form, in der selbstbewußtes Leben sich primär erfährt, und rückt den wissenschaftlichen Zugang zu diesem Erleben ins Zentrum seines methodischen Interesses. Sachgerecht kann eine Methode nur dann sein, wenn sie der Eigenstruktur der behandelten Gegenstände angemessen ist. Wenn aber die zu erschließenden Sachverhalte in sich selbst geschichtlich verfaßt sind, dann würde eine Trennung des systematischen vom historischen Zugang gerade ihre Eigentümlichkeit mißachten. Auch im Sinne Diltheys sind beide Zugangsweisen wohl zu unterscheiden: Die Einstellung, mit der jemand ein Problem systematisch analysiert, ist nicht identisch mit der Einstellung, mit der er die Genese dieses Problems untersucht; dennoch sind beide Aspekte eng miteinander verknüpft und erläutern sich gegenseitig. Diese Verknüpfung besteht nach Dilthey für alle im Modus des Erlebens erschlossenen Sachverhalte, für biographische Verhältnisse ebenso wie für kulturelle Ausdrucksformen.

So hat zum Beispiel Schleiermachers ablehnende Haltung gegenüber der kirchlichen Dogmatik in den Jahren um 1790 sachliche Gründe – an erster Stelle die erkenntniskritischen Einsichten Kants –, die Dilthey auch im Detail herausarbeitet (vgl. GS XIII, 84-155): Diese Haltung hat somit eine systematische Eigenstruktur. Gleichzeitig bleibt die spezifische Art und Weise, in der Schleiermacher sich die Vernunftkritik zu eigen macht, ohne das

Eingehen auf seine persönliche Entwicklung und zumal seine Distanzierung von der pietistischen Frömmigkeit seines Herkunftsmilieus völlig unverständlich. Die Pointe der Diltheyschen Biographik besteht nun darin, daß sich Entstehungsgeschichte und systematische Analyse, Genese und Geltungsproblem unterscheiden, nicht aber trennen lassen. Die Entstehungsgeschichte der antidogmatischen Überzeugungen Schleiermachers läßt sich von ihrem sachlichen Gehalt gar nicht ablösen, weil der sachliche Gehalt integraler Bestandteil eines lebensgeschichtlichen Selbstverständigungsprozesses ist, innerhalb dessen er allein zugänglich werden konnte. Sachaussagen bleiben aus der Perspektive des sich selbst verstehenden Lebens immer eingebettet in einen geschichtlich entstehenden Sinnzusammenhang, der gleichursprünglich Wertungen und Willensorientierungen einschließt.

Was hier am Beispiel der Schleiermacher-Biographie erläutert wurde, gilt auch für größere geistige Zusammenhänge. Kulturelle Ausdrucksformen sind keine isolierten Sinngebilde; vielmehr werden in ihnen Selbst und Welt im Zusammenhang des geschichtlichen Lebensprozesses der Menschen erfahren. Geschichtlich ist dieser Lebensprozeß, weil und insoweit in ihm Neues nicht einfach beliebig entsteht, sondern in Anknüpfung, in Widerspruch, selbst noch im Ignorieren auf das Alte bezogen bleibt. Die kulturelle und biographische Wirklichkeit, in der wir uns immer schon vorfinden, bildet den Rahmen und das Medium aller innovativen Bestrebungen, die dann ihrerseits diese Wirklichkeit weiter bestimmen und zu einem späteren Zeitpunkt als Ausgangsbasis neuer Bemühungen dienen können.

Eine solche Deutung des geschichtlichen Prozesses muß sich selbst natürlich einschließen. Sie muß also zeigen können, wie die geschichtliche Entwicklung einen Punkt erreicht hat, der metaphysische Begründungsverfahren obsolet erscheinen läßt und die Deutung des Lebens aus sich selbst ermöglicht. Der systematische Ausgangspunkt soll aus dem Geschichtsprozeß selbst hervorgehen.[13] Der größte Abschnitt des einzigen tatsächlich erschienenen, ersten Bandes der *Einleitung* – das zweite Buch – ist diesem Nachweis gewidmet. Dilthey vergleicht diesen Teil mit Hegels *Phänomenologie des Geistes* (vgl. GS XIX, 392), der die Aufgabe zukommt, die Entwicklung des Bewußtseins bis zu jenem Punkt zu rekonstruieren, an dem Hegels System, vom objektiven Prozeß getragen, ansetzen kann.

Der Vergleich mit Hegel könnte auch einen Hinweis darauf geben, wie die Verbindung von historischer und systematischer Argumentation einen historischen Relativismus vermeiden kann. Gegen Dilthey und den Historismus des 19. Jahrhunderts ist nämlich häufig der Einwand vorgebracht worden, wer alle geschichtlichen Epochen und Erscheinungen als Ausdrucksformen des Menschlichen deute, der relativiere die Wahrheit und leugne die Möglichkeit objektiver Erkenntnis. Diesem Vorwurf sucht Dilthey dadurch zu entgehen, daß er zeigt, wie die geschichtliche Entwicklung selbst darauf hindrängt, Wahrheitsansprüche nicht mehr metaphysisch, sondern geisteswissenschaftlich zu stellen und einzulösen. Wahrheit und Objektivität beziehen sich dann nicht mehr auf die vom Subjekt unabhängige Wirklichkeit, sondern auf den Lebensprozeß, in dem Welt und Selbst des Menschen eine sich geschichtlich verändernde Einheit bilden. Diese geschichtliche Argumentation verbindet sich mit anthropologischen und phänomenologischen Untersuchungen, die sich zwar eher ungeschichtlich auf die Grundformen des menschlichen Zugangs zur Wirklichkeit beziehen, selbst aber erst im Rahmen eines nachmetaphysischen Denkens möglich geworden sind. Mit solchen Untersuchungen will Dilthey zeigen, worin unreduzierte Erfahrung besteht, und die Phänomene benennen, die von der Tradition außer acht gelassen worden sind.

Er verknüpft also »ein historisches mit einem systematischen

Verfahren, um die Frage nach den philosophischen Grundlagen der Geisteswissenschaften mit dem höchsten [...] erreichbaren Grad von Gewißheit zu lösen« (GS I, XV). Gezeigt werden soll, wie der »Differenzierungsprozeß des geistigen Lebens selber« (GS XIX, 392) die einheitlichen Weltentwürfe der Metaphysik auflöst und den Geisteswissenschaften ihre Rolle zuweist. Der Wechsel vom Singular zum Plural – Metaphysik/Geisteswissenschaften – ist hierbei wesentlich, denn in ihm vollzieht sich der Übergang von der Suche nach einer einheitlichen Weltdeutung zur Anerkennung der unaufhebbaren Vielfalt kultureller Wirklichkeitserschließungen. Die »grenzenlose *Vieldeutigkeit des geschichtlichen Stoffes*« (GS I, 374) erfordert ein breites Spektrum von psychologischen, historischen, ökonomischen, biographischen, strukturanalytischen, philosophischen etc. Aneignungsweisen. Den Terminus »Geisteswissenschaften« verwendet Dilthey dabei für »das Ganze der Wissenschaften, welche die geschichtlich-gesellschaftliche Wirklichkeit zu ihrem Gegenstande haben« (GS I, 4), wobei ihm bewußt bleibt, daß diese Bezeichnung nur »die mindest unangemessene« (GS I, 5) darstellt. Im Grunde dürften sich diese Wissenschaften nämlich gar nicht auf das Geistige beschränken, weil »die Tatsachen des geistigen Lebens nicht von der psycho-physischen Lebenseinheit der Menschennatur getrennt« sind (GS I, 4f.) und naturwissenschaftlich-technische Kausalerklärungen immer auch eine Rolle spielen. Für das Verständnis einer kriegerischen Auseinandersetzung etwa sind neben politischen, ökonomischen und sozialpsychologischen Untersuchungen auch waffentechnische Analysen unentbehrlich. Naturwissenschaftliche Erklärungen haben in solchen Fällen allerdings keine selbständige Funktion, sondern bleiben Teilaspekte eines umfassenden Lebenszusammenhangs. Aus dieser Sicht wäre daher eine philosophische Theorie, die den Lebenszusammenhang zum Gegenstand hat, nicht nur für die Geisteswissenschaften relevant, sondern würde auch unser Naturverständnis betreffen. Die Analyse lebensweltlicher Erfahrung könnte dann beispielsweise zur Klärung der Frage beitragen, wie sich das naturwissenschaftliche Weltverhältnis aus der Innenperspektive der Subjekte heraus entwickelt hat. Dilthey selbst hat diese Konsequenz allerdings nie gezogen und sich statt dessen weitestgehend auf die Grundlagenreflexion der Geisteswissenschaften beschränkt. In einem späteren Rückblick begründet er dies mit seinem Anliegen, »gegenüber dem Übergewicht der Naturwissenschaften innerhalb der philosophischen Gedankenbildung die Selbständigkeit der Geisteswissenschaften und die Tragweite der in ihnen enthaltenen Kenntnis für die Philosophie zur Geltung zu bringen.« (GS VIII, 176)

In der *Einleitung* sind systematische und historische Untersuchungen zu einem – fragmentarischen – Ganzen verbunden. Die Abfolge der Untersuchungsschritte ergibt sich aus einem heuristisch vorausgesetzten Begriff unverkürzter Erfahrung, der zwar schon zu Beginn leitend ist, seine genauere Bestimung aber erst im Verlauf der Analysen erhält. In dem von Dilthey selbst 1883 veröffentlichten ersten Band der *Einleitung* überwiegen allerdings die historischen Untersuchungen stark – ein Umstand, der das verbreitete Mißverständnis begünstigt hat, Dilthey sei zwar ein feinsinniger Historiker und Interpret geschichtlicher Gestalten, verfüge aber nicht über eine systematische Philosophie. Die Gründe dafür, daß Dilthey seine jahrzehntelang verfolgten Pläne zur Fortsetzung des ersten Bandes nicht realisieren konnte, sind vielfältig und können hier nicht erörtert werden.[14] Statt dessen möchte ich die historisch-systematische Architektur der *Einleitung* skizzieren, wie sie Dilthey zwischen 1880 und 1890 entwikkelt hat.[15]

Das monumentale Werk sollte sechs Bücher enthalten, aufgeteilt auf mehrere Bände. Die 1883 erschienene *Einleitung* umfaßt nur die ersten beiden Bücher, wobei das erste Buch eine programmatische Skizze des Gesamtprojekts liefert unter dem Titel: »Übersicht über den Zusammenhang der Einzelwissenschaften des Geistes, in welcher die Notwendigkeit einer grundlegenden Wissenschaft dargetan wird« (GS I, 1). Dilthey entwickelt dort seine Konzeption des Verhältnisses von Philosophie und Geisteswissenschaften und grenzt diese von den Naturwissenschaften ab. Im zweiten Buch, betitelt »Metaphysik als Grundlage der Geisteswissenschaften. Ihre Herrschaft und ihr Verfall« (GS I, 121), legt er eine umfangreiche Untersuchung der Geschichte des metaphysischen Wirklichkeitsverhältnisses vor. Darin verfolgt Dilthey die Auflösung dieses Wirklichkeitsverhältnisses historisch, führt aber auch systematische Argumente für die Unhaltbarkeit dieser Idee an. Das dritte Buch, das den Titel »Das Stadium der Erfahrungswissenschaften und der Erkenntnistheorie. Das heutige Problem der Geisteswissenschaften« (GS XIX, XL) tragen sollte, hätte die historischen Teile abgeschlossen. Seine Aufgabe wäre es gewesen, jene erkenntnistheoretischen Bemühungen kritisch zu analysieren, die seit der Renaissance auf eine Begründung der Geisteswissenschaften im Sinne des naturwissenschaftlichen Modells abzielen. Diese Analyse hat Dilthey zwar nicht als ein geschlossenes Ganzes vorgelegt, wohl aber wichtige Bausteine zu ihr geliefert, die im postum erschienenen zweiten Band der *Gesammelten Schriften* zusammengestellt sind. Dilthey analysiert dort insbesondere die Entstehung des sog. »natürlichen Systems« in den Geisteswissenschaften im 17. und 18. Jahrhundert: den folgenreichen Versuch, alle sozialen und kulturellen Lebenszusammenhänge im Licht eines normativ aufgeladenen Naturbegriffs zu deuten (vgl. GS II, 90-245).

Die Darstellung der inneren Probleme dieser naturalistischen Betrachtungsweise der Kultur sollte Diltheys eigenen systematischen Ansatz vorbereiten, für den das vierte Buch, »Grundlegung der Erkenntnis« (GS XIX, XL), vorgesehen war. In diesem Buch wären Diltheys Erfahrungsbegriff, sein Konzept der »Bewußtseinstatsachen« und seine Auffassung von der »Totalität des Seelenlebens« entwickelt worden. Ein wichtiger Entwurf zum vierten Buch, auf den ich noch zu sprechen kommen werde, ist unter dem Titel *Breslauer Ausarbeitung* seit einigen Jahren im neunzehnten Band der *Gesammelten Schriften* zugänglich. Das fünfte Buch über »Das Denken, seine Gesetze und Formen. Die Beziehung derselben zur Wirklichkeit« (GS XIX, XI) hätte logische Fragen aus der Perspektive des Erlebnisbegriffes behandelt. Zu diesem Buch ist ein bedeutendes Fragment *Leben und Erkennen* (Bd. XIX) erhalten. Im sechsten Buch schließlich, betitelt »Die Erkenntnis der geistigen Wirklichkeit und der Zusammenhang der Wissenschaften des Geistes« (GS XIX, LX), wären die methodischen Differenzen zwischen Natur- und Geisteswissenschaften abschließend behandelt und die innere Verbindung der verschiedenen geisteswissenschaftlichen Ansätze dargestellt worden.

Diltheys *Einleitung in die Geisteswissenschaften* war ein Lebensprojekt mit umfassendem Anspruch, dessen ganzes Ausmaß erst seit einigen Jahren durch die editorische Arbeit an den *Gesammelten Schriften* erkennbar geworden ist. Nur die wichtigsten Züge dieses Projekts können hier dargestellt werden, wobei ich mich systematisch an Diltheys Suche nach einem Erfahrungskonzept orientiere, das den Eigentümlichkeiten des vorwissenschaftlichen Weltzugangs gerecht wird.

Eine Erkenntnisanthropologie innerer Erfahrung

Der historischen Schule in den Geisteswissenschaften (Böckh, Ranke, Mommsen etc.) verdankte Dilthey seine Einsicht in die Eigenständigkeit der geschichtlichen Wirklichkeit. Die ablehnende Haltung gegenüber dem naturwissenschaftlichen Denken, wie er sie etwa bei dem schottischen Historiker Thomas Carlyle ausgesprochen fand, wollte er jedoch nicht übernehmen. Aus dem Unbehagen an der philosophischen Hilflosigkeit der Anwälte historischen Denkens entstand Diltheys Projekt einer erkenntnistheoretischen Fundierung der Geisteswissenschaften in einem umfassenderen Erfahrungsbegriff, der es dann auch erlauben sollte, das Verhältnis von Natur- und Geisteswissenschaften philosophisch zu klären. Den Terminus »Erkenntnistheorie« verwendet er dabei in einem höchst modernen, antimetaphysischen Sinn: Er steht für die Einsicht in die Unhintergehbarkeit der im Lebensprozeß gründenden Erkenntnisbedingungen.

»Alle Wissenschaft ist Erfahrungswissenschaft, aber alle Erfahrung hat ihren ursprünglichen Zusammenhang und ihre hierdurch bestimmte Geltung in den Bedingungen unseres Bewußtseins, innerhalb dessen sie auftritt, in dem Ganzen unserer Natur. Wir bezeichnen diesen Standpunkt, der folgerecht die Unmöglichkeit einsieht, hinter diese Bedingungen zurückzugehen, gleichsam ohne Auge zu sehen oder den Blick des Erkennens hinter das Auge selber zu richten, als den erkenntnistheoretischen; die moderne Wissenschaft kann keinen anderen anerkennen.« (GS I, XVII)

Diltheys eigenen epistemologischen Ansatz habe ich als Erkenntnisanthropologie charakterisiert, weil seine Besonderheit gerade darin besteht, daß kognitive Prozesse nicht isoliert, sondern als unselbständige Teile des menschlichen Lebensvollzugs betrachtet werden. Das erkennende Welt- und Selbstverhältnis des Menschen entzieht sich Dilthey zufolge einer abstrakten Behandlungsweise, die den Zusammenhang der psychischen Kräfte außer acht läßt. In dieser Weise sei aber die gesamte bisherige Erkenntnistheorie verfahren, wie Dilthey in einem berühmten Passus der Vorrede zur *Einleitung* erläutert:

»In den Adern des erkennenden Subjekts, das Locke, Hume und Kant konstruierten, rinnt nicht wirkliches Blut, sondern der verdünnte Saft von Vernunft als bloßer Denktätigkeit. Mich führte aber historische wie psychologische Beschäftigung mit dem ganzen Menschen dahin, diesen, in der Mannigfaltigkeit seiner Kräfte, dies wollend fühlend vorstellende Wesen auch der Erklärung der Erkenntnis und ihrer Begriffe (wie Außenwelt, Zeit, Substanz, Ursache) zugrunde zu legen, ob die Erkenntnis gleich diese ihre Begriffe nur aus dem Stoff von Wahrnehmen, Vorstellen und Denken zu weben scheint. Die Methode des folgenden Versuchs ist daher diese: jeden Bestandteil des gegenwärtigen abstrakten, wissenschaftlichen Denkens halte ich an die ganze Menschennatur, wie Erfahrung, Studium der Sprache und der Geschichte sie erweisen und suche nach ihrem Zusammenhang. Und so ergibt sich: die wichtigsten Bestandteile unseres Bildes und unserer Erkenntnis der Wirklichkeit, wie eben persönliche Lebenseinheit, Außenwelt, Individuen außer uns, ihr Leben in der Zeit und ihre Wechselwirkung, sie alle können aus dieser ganzen Menschennatur erklärt werden, deren realer Lebensprozeß am Wollen, Fühlen und Vorstellen nur seine verschiedenen Seiten hat. Nicht die Annahme eines starren a priori unseres Erkenntnisvermögens, sondern allein Entwicklungsgeschichte, welche von der Totalität unseres Wesens ausgeht, kann die Fragen beantworten, die wir alle an die Philosophie zu richten haben.« (GS I, XVIII)

Der »ganze Mensch«, die »Totalität unseres Wesens« wird in dieser Passage zum erkenntnistheoretischen Paradigma erhoben. Dilthey beläßt es aber keineswegs bei wolkigen Ganzheitsforderungen, sondern konkretisiert sie durch den Hinweis auf den »realen Lebensprozeß« in seinen drei zentralen Dimensionen des Wollens, Fühlens und Vorstellens. Gegenüber der traditionellen Position formuliert er die – modern ausgedrückt – holistische These, daß kognitive Akte im strengen Sinn als Teile eines Ganzen zu verstehen sind, ihre Bedeutung also erst durch Analyse der wechselseitigen Beziehung zwischen den Teilen – den psychischen Kräften oder Vermögen – und dem Ganzen – der Totalität unseres Wesens, dem Lebensprozeß – aufgeklärt werden kann.[16]

Er übernimmt also zwar die erkenntnistheoretische Grundposition der Moderne, indem er an der subjektiven Bedingtheit aller Erfahrung festhält; gleichzeitig modifiziert er diese Position jedoch entscheidend, indem er den Gedanken einer immanenten Aufklärung des Erkennens, wie etwa Kant ihn in seiner *Kritik der reinen Vernunft* vertreten hatte, zurückweist und das Zusammenwirken aller psychischen Kräfte zum Erklärungsprinzip macht.

Mit der dreigliedrigen Struktur von Wollen, Fühlen (auch Bewerten) und Vorstellen (auch Wahrnehmen und Denken) greift Dilthey die traditionelle Konzeption der Vermögenspsychologie kritisch auf, die schon in der Antike bei Aristoteles angelegt ist und die schließlich im 18. Jahrhundert durch Johannes Nikolaus Tetens systematisiert wurde. Von diesem hat Kant sie dann übernommen, um sie der Gliederung seiner drei Kritiken zugrunde zu legen. Während allerdings die Vertreter der Vermögenspsychologie und auch Kant den Akzent auf die innere Beschaffenheit der jeweiligen Vermögen gelegt hatten, konzentriert sich Dilthey auf ihr Zusammenwirken, den »realen Lebensprozeß«, in dem er den fundamentalen Vorgang sieht, aus dem erst durch analytische Verfahren Kognitionen, Volitionen und Affektionen herausgelöst werden können. Diltheys Position ist radikal und anti-reduktionistisch: Seine Deutung des psychischen Prozesses schließt die isolierte Betätigung einzelner Vermögen explizit aus. Ihr zufolge kann der Mensch gar nicht wollen, ohne gleichzeitig zu fühlen und eine Vorstellung zu haben. Auch läßt sich keiner der drei Grundmodi unseres Weltzuganges aus einem anderen herleiten. Ursprüngliche Erfahrung ist immer dreifach dimensioniert; isolierte Erkenntnisse ohne gefühlsmäßige Einfärbung und begleitende Willensimpulse kommen in ihr nicht vor. »Vorstellen, Wille, Fühlen sind in jedem status conscientiae enthalten und sind in jedem Augenblick des psychischen Lebens fortgehende Äußerungen desselben in seiner Wechselwirkung mit der Außenwelt.« (GS XIX, 390)

An seine holistische Ausgangsthese knüpft Dilthey einen umfassenden Erklärungsanspruch. Er will nachweisen, daß die Grundkategorien unseres Erkenntnisvermögens wie Substanz und Kausalität dem Lebensprozeß entspringen und deshalb auch aus ihm heraus verstanden werden müssen. Damit skizziert er das theoretische Programm einer lebensweltlichen Fundierung aller, auch der wissenschaftlichen Erkenntnisprozesse. Diesem Anspruch werden die ersten beiden, zu seinen Lebzeiten erschienenen Bücher der *Einleitung* nur sehr eingeschränkt gerecht, da Dilthey den angestrebten Nachweis erst im fünften Buch erbringen wollte.

Unter dem Titel »Erkenntnistheorie« sucht Dilthey nach einem weiten, vorwissenschaftlichen, alle menschlichen Weltzugänge einschließenden Erfahrungsbegriff, mit dem das Vokabular der traditionellen Theorie des Erkennens kritisiert und gleichzeitig in seinen Grenzen begründet werden kann. Der Aufweis der lebenspraktischen Entstehung erkenntnistheoretischer Kategorien hätte dann auch zur Folge, daß sich deren Verständnis als zeitenthobene Invarianten nicht mehr halten ließe. An die Stelle der Suche nach apriorischen Strukturen im Sinne Kants müßte daher, so fordert es Dilthey programmatisch, eine entwicklungsgeschichtliche Betrachtungsweise treten, die die Entstehung kognitiver Muster im Zusammenhang des geschichtlich verfaßten Lebensprozesses analysiert.[17] Die »Kritik der historischen Vernunft« sollte die *Kritik der reinen Vernunft* also nicht nur ergänzen, sondern vor allem auch korrigieren. Die Erfahrung des »ganzen Menschen« – Diltheys Kürzel für geschichtliche, begehrend, fühlend und erkennend auf die Wirklichkeit bezogene Subjektivität – bildet nach dieser Deutung den Rahmen, in den sich alle philosophischen Untersuchungen einordnen müssen. Nun hat aber der in seiner Totalität aufgefaßte Mensch kein zeitenthobenes Wesen; »als eine der Geschichte und Gesellschaft voraufgehende Tatsache ist [er] eine Fiktion der genetischen Erklärung« (GS I, 31). Zugänglich wird er allein in der geschichtlichen Erfahrung des Lebensprozesses, wie sie die Geisteswissenschaften zum Thema haben. Historische Vernunft ist daher fundamentaler als reine Vernunft.

Dilthey argumentiert durchgängig für den Primat »ursprünglicher« Erfahrung. Das Adjektiv »ursprünglich« zeigt dabei einen Wirklichkeitszugang an, in dem Erkenntnisakte nicht von solchen des Wollens und Fühlens getrennt sind, sondern mit diesen eine lebensweltliche Einheit bilden. »Diese ganze, volle, unverstümmelte Erfahrung ist aber bisher noch niemals dem Philosophieren zugrunde gelegt worden.« (GS I, 123) Für das nach Dilthey in ursprünglicher Erfahrung zugängliche Wirklichkeitsverhältnis hat Heidegger Jahrzehnte später den Ausdruck »In-der-Welt-sein« geprägt: Zwischen Mensch und Wirklichkeit, Subjekt und Objekt gibt es keine Kluft, die erst durch erkennende Akte überschritten werden müßte, wie das in der Tradition Descartes' vielfach angenommen wurde. Wir finden uns immer schon in einer Welt vor, die allerdings nicht einfach gegeben ist, sondern durch unsere Weise zu erkennen, zu wollen und zu fühlen erst erschlossen wird.

Die Form dieses alltäglichen, mehrdimensionalen, geschichtlich strukturierten Weltverhältnisses bezeichnet Dilthey mit einem Mißverständnisse nahelegenden Begriff als »innere Erfahrung«: »Ausschließlich in der inneren Erfahrung, in den Tatsachen des Bewußtseins fand ich einen festen Ankergrund für mein Denken.« (GS I, XIX) Die Geisteswissenschaften befassen sich also mit jenen Bewußtseinstatsachen, die in innerer Erfahrung zugänglich werden. Diltheys Wortwahl ist deshalb mißverständlich, weil sie eine gegenstandstheoretische Interpretation nahelegt: *Innere* Erfahrung bezöge sich dann auf den Bereich des psychischen Innenlebens, *äußere* Erfahrung hingegen auf die äußere Welt. Geisteswissenschaften hätten es also mit der weltlosen Innerlichkeit geistiger Gehalte zu tun. Leider hat Dilthey selbst eine solche Deutung nicht mit der wünschenswerten Klarheit ausgeschlossen und damit einer verengten, isolierenden Auffassung dieser Wissenschaften Vorschub geleistet. Wenn man aber die Entwürfe zu den weiteren Büchern der *Einleitung* mit heranzieht, so ergibt sich ein anderes Bild: Die innere Erfahrung der Tatsachen des Bewußtseins umschreibt dann nicht das Gegenstandsgebiet der Geisteswissenschaften, sondern zeigt die ursprüngliche, kognitiv-voluntativ-affektive Gegebenheitsform von Wirklichkeit überhaupt – innerer *und* äußerer – an. »Äußere Erfahrung« zielt demgegenüber auf den isolierten, kognitiven Zugang zur gegenständlichen Realität, der sich aus dem ursprünglichen Zusammenhang der inneren Erfahrung gelöst hat. »Innere« verhält sich zu »äußerer« Erfahrung also wie ein Umfassendes zu einem Abgeleiteten, was freilich die relative Selbständigkeit dieses Abgeleiteten nicht ausschließt. Über die inneren Tatsachen des Bewußtseins will Dilthey demnach keine isolierte Innnenwelt erschließen, sondern die ursprüngliche, dreidimensionale Weltbeziehung der Subjekte zugänglich machen.

Wie wenig Dilthey den Zugang zur äußeren Realität aus seiner Grundkategorie »Bewußtseinstatsache« ausschließt, zeigt sich schon daran, daß er durch die methodische Erschließung nichtkognitiver Bewußtseinstatsachen die uralte Frage nach der Realität der Außenwelt beantworten wollte. In unseren alltäglichen Überzeugungen gehen wir selbstverständlich vom Bestehen einer Wirklichkeit aus, die von uns unabhängig ist. Wenn diese Wirklichkeit uns aber nur im Bewußtsein gegeben ist, wie können wir dann beweisen, daß sie nicht nur im Bewußtsein existiert? Die Berücksichtigung der voluntativen und affektiven Aspekte innerer Erfahrung erlaubt nach Dilthey eine Beantwortung dieser Frage. »Dem bloßen Vorstellen bleibt die Außenwelt immer nur Phänomen, dagegen in unserem ganzen wollend fühlend vorstellenden Wesen ist uns mit unserem Selbst zugleich und so sicher als dieses äußere Wirklichkeit [...] gegeben; sonach als Leben, nicht als bloßes Vorstellen.« (GS I, XIX) Der Gedanke, daß die äußere Wirklichkeit nur im Leben ursprünglich zugänglich ist, wird in Diltheys mittlerer Phase noch eine zentrale Rolle spielen und ihn in sachliche Nähe zum amerikanischen Pragmatismus führen.

Die erkenntnistheoretischen Erwägungen, auf denen die Argumentation der *Einleitung* basiert, werden in der *Breslauer Ausarbeitung* ausführlich entwickelt. Dort skizziert Dilthey einen bewußtseinsphänomenologischen Ansatz, der die Fragestellung kritischer Erkenntnistheorie ebenso aufnimmt wie modifiziert. Die Bedingungen der Möglichkeit von Erkenntnis sucht er, in Weiterführung der »kopernikanischen Wende« Kants, im Bewußtsein mit seinen strukturierenden und vereinheitlichenden Funktionen. Gleichzeitig kritisiert er aber das (neukantianische) Projekt einer Theorie unseres Erkenntnisvermögens als reduktionistisch, weil es kognitive Akte für sich und nicht im Zusammenhang des Lebensprozesses behandelt. Nur ein prinzipieller Wandel der Betrachtungsweise – moderner ausgedrückt: ein Paradigmenwechsel –, so argumentiert Dilthey, kann die kognitivistische Engführung der Erkenntnistheorie überwinden. Die überfällige Einbeziehung aller Grunddimensionen unseres In-der-Welt-Seins soll dann zu einer Erweiterung des Begriffs »Bewußtsein«, vor allem aber zur Integration epistemologischer Analysen in den Lebenszusammenhang der Subjekte führen. Diese Integration hält Dilthey nicht nur wegen der Gefahr wissenschaftsgläubiger Selbstentfremdung für geboten, er ist auch von dem inneren Zusammenhang kognitiver Akte mit den anderen Bereichen des psychischen Lebens überzeugt. Das Erkennen kann isoliert gar nicht erklärt werden, denn »die Welt ist [...] nicht für den bloßen Verstand da« (GS XIX, 79).

Wenn der erkennende Weltzugang als unselbständiger Teilaspekt des bewußten Lebens begriffen wird, dann verschiebt sich auch der Schwerpunkt theoretischer Reflexion auf die »Selbstbesinnung, im Gegensatz gegen Erkenntnistheorie«.[18] »Selbstbesinnung« vollzieht sich als »Analysis des ganzen Bestandes und Zusammenhangs der Tatsachen des Bewußtseins [...], welche eine Grundlegung des Zusammenhangs der Wissenschaften ermöglicht«. Sie »findet im Zusammenhang der Tatsachen des Bewußtseins ebensogut die Grundlagen für das Handeln wie für das Denken.« (GS XIX, 79) Die Erweiterung der Erkenntnistheorie zur Selbstbesinnung des bewußten Lebens erlaubt daher auch eine Integration theoretischer und praktischer Philosophie. Selbstbesinnung soll die Interdependenzen zwischen den verschiedenen Aspekten des Lebensprozesses (Handeln/Bewerten/Erkennen) herausarbeiten und damit das Denken in getrennten Bereichen durch ein Denken in Zusammenhängen ersetzen.

Den ersten fundamentalen Sachverhalt, auf den solche Selbstbesinnung stößt, bezeichnet Dilthey als den »Satz der Phänomenalität« (GS XIX, 58). In diesem wird die erkenntniskritische Grundeinsicht umgesetzt, daß unser Bewußtsein das unhintergehbare Medium des Wirklichkeitszugangs ist. Was nicht in unserem Bewußtsein ist, das ist für uns überhaupt nicht da:

> »Bewußtseinstatsachen sind das einzige Material, aus welchem die Objekte aufgebaut sind. [...] Daher lebe ich nur scheinbar unter von meinem Bewußtsein unabhängigen Dingen; in Wirklichkeit unterscheidet sich mein Selbst von Tatsachen meines eigenen Bewußtseins, Gebilden, deren Ort in mir selber ist. Mein Bewußtsein ist der Ort, welcher diese ganze scheinbar so unermeßliche Außenwelt einschließt, der Stoff, aus dem alle Objekte, die sich in ihr stoßen, gewoben sind. [...] Und Existenz selber, Realität, Dasein: das sind nur Ausdrücke für die Art und Weise, in welcher mein Bewußtsein seine Eindrücke, seine Vorstellungen besitzt.« (GS XIX, 58-59)

Mit diesen pointierten Formulierungen verabschiedet sich Dilthey von der Vorstellung, es könnte einen unmittelbaren Wirklichkeitszugang geben, für den die Dinge nicht mehr unter den Bedingungen des Bewußtseins stünden. Wir können die Struktur unseres psychischen Lebens nicht hintergehen und daher auch die Frage niemals beantworten, wie die Dinge denn »an sich« beschaffen wären, unabhängig davon, wie sie für unser Bewußtsein gegeben sind. Dabei darf allerdings nicht vergessen werden, daß »Bewußtsein« für Dilthey nicht nur Vorstellungen, sondern alles Psychische, insbesondere auch Wertungen und Willensimpulse, einschließt. Wäre der »Satz der Phänomenalität« nämlich rein kognitivistisch zu verstehen, dann würden in ihm Wirklichkeit und Vorstellung identifiziert; ein metaphysischer Idealismus wäre die Folge, für den alles Wirkliche, wie bei Fichte, die Form des Bewußtseins hat. Diese Deutung weist Dilthey ausdrücklich zurück. Uns ist zwar nur eine bewußte Realität gegeben. Aber im Bewußtsein der Realität selbst findet sich, wenn Lust- und Unlustgefühle (der affektive Aspekt) und die Begierde (der Willensaspekt) einbezogen werden, das Subjekt auf etwas verwiesen, das es nicht selbst ist: die von ihm unabhängige Wirklichkeit. »Das von uns als Ding Unterschiedene [besitzt] eben durch die Art, wie es im Bewußtsein gegeben ist, eine Art von Realität, welche in eine bloße Zuständlichkeit meiner selbst, in ein bloßes percipi [19] niemals aufgelöst werden kann.« (GS XIX, 74) Diesen Gedanken hat Dilthey in seiner mittleren Phase ausführlicher behandelt, und ich werde darauf später noch zu sprechen kommen. Jedenfalls darf der »Satz der Phänomenalität« nicht mit der idealistischen Behauptung verwechselt werden, das Bewußtsein bestimme das Sein. Für Dilthey ist die gegenständliche Wirklichkeit vom Subjekt unabhängig. Eben diese Unabhängigkeit ist aber nur im Bewußtsein von Subjekten erfahrbar – indem ich mir beispielsweise bei dem Versuch, durch eine geschlossene Tür zu treten, den Kopf stoße – und *insofern* von dessen Beschaffenheit abhängig.

Neben seiner erkenntnis*kritischen* Bedeutung hat der »Satz der Phänomenalität« aber auch einen positiven Kern: »Jeder Gegenstand so gut als jedes Gefühl ist als Tatsache des Bewußtseins gegeben [...]. Dies schließt ein, daß allem und jedem, welches ich so in mir erlebe und erfahre, Existenz zugeschrieben wird [...], nämlich die einer Tatsache des Bewußtseins.« (GS XIX, 61) Bewußtseinstatsachen sind also solche objektive Bestandteile der Realität, sie existieren (wenn auch nur mental), und das ganz unabhängig davon, ob ihnen etwas in der gegenständlichen Wirklichkeit entspricht oder nicht. »Der psychische Akt ist, weil ich ihn erlebe.« (GS XIX, 63) So hat der Satz »Der gegenwärtige König von Frankreich ist glatzköpfig« die unbezweifelbare Wirklichkeit einer Bewußtseinstatsache für denjenigen, der ihn formuliert – sei es auch nur, um seine Absurdität darzutun –, obwohl es seit 1848 nichts mehr gibt, worauf er sich in der Wirklichkeit beziehen könnte. Auch die Überzeugung eines religiösen Menschen, daß eine göttliche Vorsorge sein Leben durchwalte, ist höchst real und erzeugt geistige Tatsachen sowie empirische Handlungen (Lebenseinstellungen, Gottesdienstbesuche etc.), die nicht vom Wahrheitsgehalt dieser Überzeugung, sondern allein von ihrem Bestehen abhängig sind.

Geistige Tatsachen müssen daher als das unhintergehbare Medium anerkannt werden, in dem sich unser Wirklichkeitsbezug realisiert. Der positive Gehalt des »Satzes der Phänomenalität« besteht also darin, daß er das psychische Erleben als jenes »Reich der unmittelbaren Realität« (GS XIX, 64) herausstellt, das nicht Erscheinung einer unbekannt bleibenden Hinterwelt ist, sondern die »Sache selbst«. Diltheys Grundüberzeugung, daß die Geisteswissenschaften im Vergleich zu den Naturwissenschaften den ursprünglicheren, lebensnäheren Realitätsbegriff beanspruchen können, hat hier ihre Wurzeln. Die Wirklichkeit von Bewußtseinstatsachen fällt mit ihrer Existenz zusammen, sie ist, einmal zu Bewußtsein gelangt, gar nicht mehr sinnvoll bezweifelbar. Ein Schmerzerlebnis ist der Schmerz selbst und nicht die Erscheinung einer anderen, dem Erleben entzogenen Wirklichkeit (was eine physiologische Ursache des Schmerzes natürlich nicht ausschließt). Dieser Sachverhalt trifft für den psychischen Innenaspekt all dessen zu, was im Bewußtsein gegeben ist. Eine Wissenschaft, deren Gegenstand die phänomenalen Realitäten des Bewußtseins bilden, hat Dilthey zufolge demnach einen zweifachen epistemischen Vorrang: Zum einen ist der Zusammenhang des psychischen Lebens mitsamt seinen Gehalten und Vollzügen die unhintergehbare, elementarste Tatsache, auf die jede erkenntnistheoretische Analyse stößt; deshalb bleiben, zum anderen, auch naturwissenschaftliche Welterklärungen auf Aussagen über phänomenale Realität angewiesen.

Im »Satz der Phänomenalität« zielt Dilthey auf eine Konzeption geistiger Erfahrung, die sich so dicht wie möglich an die nächstgegebene, alltägliche Lebenswirklichkeit anschließt. Die phänomenologische Deskription des im Bewußtsein vor aller Theoretisierung Gegebenen führt dabei zum Aufweis einer elementaren Gegebenheitsweise, die dem Realitätsbegriff der Geisteswissenschaften in besonderer Weise gerecht werden soll: dem »Innewerden«:

»Mit dem Wort Innewerden bezeichne ich eine Tatsache, welche meine Selbstbeobachtung immer von neuem darbietet. Es gibt ein Bewußtsein, welches nicht dem Subjekt des Bewußtseins einen Inhalt gegenüberstellt (vor-stellt), sondern in welchem ein Inhalt ohne jede Unterscheidung steht. In ihm sind dasjenige, welches seinen Inhalt bildet, und der Akt, in welchem das geschieht, gar nicht zweierlei. Das, was inne wird, ist nicht gesondert von dem, welches den Inhalt dieses Innewerdens ausmacht.« (GS XIX, 66)

Das Innewerden ist – im Unterschied etwa zu Wahrnehmung und Vorstellung – eine ursprüngliche Form des Bewußtseins, in der Innen und Außen, Subjekt und Objekt noch gar nicht geschieden sind. In seinen elementarsten Vollzügen erfährt das Selbst sich gar nicht als ein solches, von der Welt unterschiedenes; vielmehr sind es erst die komplexeren Tatsachen des Bewußtseins, in denen dieser Unterschied analytisch aufweisbar wird. Daß ein solches Innewerden, wie Dilthey meint, die fundamentalste Schicht von Bewußtseinstatsachen ausmacht, ist für das Selbstverständnis der Geisteswissenschaften höchst folgenreich. Die Innenperspektive des Subjekts erweist sich dann nämlich in ihrem Kern als welthaltig: Bewußtseinstatsachen sind gar nicht subjektiv in dem Sinn, daß von ihnen aus erst eine Brücke zur Welt der Objekte geschlagen werden müßte; in ihren elementarsten Erscheinungsformen sind sie Ausdruck eines vorgängigen Zusammenhangs von Bewußtsein und Welt, der erst nachträglich in seine beiden Bestandteile zerlegt werden kann. Allerdings haftet auch dem Innewerden schon ein Moment der Reflexion an. Wer nämlich einer Sache völlig hingegeben ist – Dilthey führt als Beispiel den selbstvergessenen Zuschauer einer Theateraufführung an –, ist sich dessen gerade nicht inne. Innewerden ist für die geisteswissenschaftliche Analyse so zentral, weil es die elementarste Form bewußten Gegebenseins darstellt, in der Selbst und Gehalt des Selbst noch ungeschieden auftreten.

Die erkenntnisanthropologische Untersuchung des bewußten Erlebens stößt auf die psychische Realität der Bewußtseinsinhalte, die – da mit ihrem Gegebensein identisch – unmittelbar gewiß sind und daher als Ausgangspunkt aller Realitätserschließung gelten müssen. Wie ist das genauer zu verstehen? Dilthey unterstreicht auf der einen Seite immer wieder, daß der »Satz der

Phänomenalität« mit dem Aufweis einer durch das Erleben im Bewußtsein gegebenen unmittelbaren Realität den Geisteswissenschaften erst einen eigenen Wirklichkeitszugang erschließt. Auf der anderen Seite ist ihm völlig klar, daß die zweifelsfreie Gewißheit des Innewerdens sich nicht einfach in die analytischen Operationen dieser Wissenschaft hinüberretten läßt: »Die in der inneren Wahrnehmung gegebene Tatsache des Bewußtsein ist verschieden von der Aussage, welche diese Tatsache ausdrückt. Ausdrückt? Die gewöhnliche Meinung ist sehr überzeugt, in der Aussage ›ich bin sehr traurig‹ nur dasselbe ausgedrückt, ausgesprochen zu besitzen, was unausgesprochen in dem Innewerden dieses Zustandes enthalten ist. Aber in Wirklichkeit ist diese Annahme schon in dem vorliegenden einfachsten Falle nicht berechtigt.« (GS XIX, 83)

Sie ist es deshalb nicht, weil die Artikulation eines im Innewerden Gegebenen eine qualitative Veränderung bedeutet. Die eigentümliche Art, in der sich etwas im Innewerden anfühlt, ist selbstevident und keinem Irrtum ausgesetzt. Aber schon jede expressive Äußerung eines Innegewordenen kann mißlingen, indem sie etwa die gefühlte Qualität sprachlich unangemessen ausdrückt. Auch der Satz »Ich bin sehr traurig« artikuliert einen Empfindungsinhalt auf eine Weise, die hinter diesem prinzipiell zurückbleiben kann. Bereits der einfachste Ausdruck einer psychischen Tatsache ist eben nicht mit dieser einfach identisch, sondern stellt eine sprachliche Formung dar. Noch mehr gilt von den diskursiven Aussagezusammenhängen der Geisteswissenschaften, daß in ihnen unmittelbares Wissen nur mit Hilfe von »Denkakten, durch welche aus Tatsachen des Bewußtseins Erfahrung gebildet wird« (GS XIX, 83), zugänglich werden kann. Wissenschaftliche Aussagen über das in den Bewußtseinstatsachen gegebene unmittelbare Wissen von der Realität sind also nicht wie dieses selbst gegen Irrtum immun. Sosehr der »Satz der Phänomenalität« auch die methodischen Grundoptionen der Geisteswissenschaften bestimmt, sowenig erlaubt er die Ausschaltung der begrifflichen Operationen des »Zerlegens und Verknüpfens, des Urteilens und Schließens« (GS XIX, 83).

Noch deutlicher wird dieser diskursiv-analytische Charakter der Geisteswissenschaften, wenn in den Blick gerät, was Dilthey den (neben dem »Satz der Phänomenalität«) zweiten Hauptsatz der Philosophie nennt. Dieser lautet: »Der Zusammenhang, in welchem Wahrnehmung etc., Begriffe auftreten und stehen, ist ein psychologischer, d.h. er ist in der Totalität des Seelenlebens enthalten.« (GS XIX, 75) Die Bewußtseinstatsachen, von denen auszugehen ist, sind keine isolierten psychischen Atome, sondern Elemente eines sich als kontinuierlich und zusammenhängend erfahrenden bewußten Lebens. Deshalb ist die Art und Weise, in der Erlebnisse auftreten, durch die Totalität des Bewußtseins ebenso bestimmt, wie sich umgekehrt diese Totalität erst aus ihren Elementen aufbaut und gar keine unabhängige Existenz hat. Wissenschaftlicher Erfahrung wird dieser Zusammenhang dadurch zugänglich, daß seine Struktur mit Hilfe logisch-diskursiver Verfahren von Trennung und Verbindung der ihm zugehörigen Glieder analysiert wird.

An dem Verhältnis von psychischer Tatsache und Zusammenhang des Seelenlebens läßt sich auch die hermeneutische Grundstruktur der Geisteswissenschaften exemplarisch verdeutlichen. Obwohl nämlich der Begriff »Hermeneutik« erst im Spätwerk Diltheys eine Schlüsselrolle spielt, ist schon die Erkenntnispsychologie der *Einleitung* hermeneutisch angelegt. Dilthey stellt bei seinen methodischen Untersuchungen immer die Wechselbeziehung von Teil und Ganzem in den Mittelpunkt: Ein Strukturganzes – die Totalität des Seelenlebens, eine Handlung, ein Text, ein Kultursystem etc. – stellt eine charakteristische Beziehung seiner Teile untereinander her, konstituiert sich aber selbst erst in diesen Beziehungen und kann für sich, ohne seine Teile, gar nicht verstanden werden. Ganzes und Teil implizieren sich wechselseitig, weshalb ein Verstehen des Ganzen die Kenntnis seiner Teile ebenso voraussetzt, wie umgekehrt erst die Kenntnis des Ganzen überhaupt die Zuordnung der Teile *als* Teile des Ganzen ermöglicht.

Dieses gegenseitige Bedingungsverhältnis ist nach Dilthey ein elementarer Sachverhalt, dessen Geltung sich von der Individualpsychologie bis hin zu höchst komplexen sozialen Systemen erstreckt. Eine Melodie zu erkennen, setzt beispielsweise voraus, daß die einzelnen Töne zwar als solche gehört, gleichzeitig aber als Elemente einer musikalischen Sequenz erfaßt werden, die den Tönen eine eindeutige Position zuweist. Einzelton und Melodie sind also wechselseitig voneinander abhängig. Die Melodie besteht aus der Abfolge einzelner Töne, andererseits werden aber diese Töne überhaupt erst durch die Melodie als Teile eines strukturierten Ganzen verständlich. So erlaubt es nur der Vorgriff auf die sich bildende Melodie, beim Hören eines Violinkonzerts unter allen von Streichinstrumenten erzeugten Tönen diejenigen durch besondere Aufmerksamkeit herauszuheben, die dem Part des Solisten angehören.

Zudem kann das musikalische Beispiel auch den zeitlich-dynamischen Charakter veranschaulichen, der für den Zusammenhang des Lebensprozesses bestimmend ist. Eine Melodie hat einen zeitlichen Verlauf, in dem die Elemente durch ein Vorher und Nachher geordnet werden. Jeder spätere Ton nimmt auf jeden früheren Bezug, wodurch ein fortschreitender Zusammenhang entsteht, der den Spielraum erwartbarer Folgetöne vorgibt. In vergleichbarer Weise läßt sich die Totalität des Lebenszusammenhangs als eine nach vorn offene zeitliche Sequenz verstehen, in der frühere Erlebnisse strukturbildend wirken und damit einen Verstehenshorizont für spätere abgeben. Zeitliche Sukzession, wie die »erlebte Lebendigkeit« (GS XIX, 215) sie als Dauer und Wechsel erfährt, strukturiert die Mannigfaltigkeit der psychischen Zustände im Bewußtsein.[20]

Dilthey konzipiert den psychologischen Zusammenhang als die wichtigste Kategorie, von der die Analyse der Bewußtseinstatsachen geleitet wird. Konkret ergibt sich daraus die methodische Forderung, alle psychischen Vollzüge, besonders auch die intellektuellen Operationen, als unselbständige Teile der zeitlich sich aufbauenden »Totalität des Seelenlebens« zu behandeln. Es wird daher danach gefragt, in welcher Weise und durch welche im Lebensprozeß gründenden Notwendigkeiten Kognitionen, Volitionen und Affekte sich verbinden, trennen, gegenseitig fördern oder stören. Die hermeneutische Einsicht, daß die isolierte Betrachtung unseres kognitiven Vermögens sachwidrig ist und einer am Zusammenhang des Lebensprozesses orientierten Betrachtungsweise weichen muß, ist für Dilthey ein epochaler Schritt auf dem Weg menschlicher Selbstverständigung. Die gesamte bisherige Philosophie nämlich, stellt Dilthey fest, »wurde von dem Schein einer isolierten Gestaltung der Intelligenz getäuscht«, während in Wirklichkeit alle metaphysischen Weltbilder »in der Totalität der menschlichen Gemütskräfte« (GS XIX, 76) entstanden seien.

Die These, daß kognitive Überzeugungen in einem psychologisch analysierbaren Zusammenhang mit affektiven Wertungen und willensbezogenen Handlungsgewohnheiten stehen, hat noch eine weitere, »lebensphilosophische« Pointe. Die Totalität des Seelenlebens ist schließlich, wie ich oben gezeigt habe, immer schon welthaltig. Wille und Gefühl bringen schon in den elementarsten Vollzügen des Subjektes dessen Abhängigkeit von der intersubjektiven und objektiven Welt zur Geltung. Der psychologische Zusammenhang des Bewußtseins ist kein isolierbarer Bereich weltfreier Innerlichkeit, sondern die Art und Weise, in der Wirklichkeit für wollend-fühlend-vorstellende Wesen gegeben ist. Über die Einordung in die Totalität des Seelenlebens werden Erkenntnisprozesse in den Lebensprozeß integriert. Der »zweite Grundsatz« der Philosophie eröffnet die Aussicht auf eine Theorie der lebensweltlichen Genese unseres kognitiven Vermögens.

Mit seinen erkenntnisanthropologischen Argumenten für die Revision des herkömmlichen, kognitivistisch reduzierten Erfahrungsbegriffs argumentiert Dilthey sehr grundsätzlich. Wenn ein am Lebensprozeß orientiertes Erfahrungskonzept tatsächlich selbst noch die Grundstrukturen des kognitiven Weltzugangs aus sich entwickeln kann, dann muß es den theoretischen Status vollständiger Allgemeingültigkeit für sich beanspruchen. Dilthey argumentiert hier also aus einer Perspektive, die der Unterscheidung von Natur- und Geisteswissenschaften voraus liegt, und sein Begriff unrestringierter Erfahrung beansprucht universale Relevanz. Wie paßt dieser Sachverhalt mit seiner erklärten Absicht zusammen, eine philosophische Begründungsstrategie zu entwickeln, die speziell auf den Bereich der Geisteswissenschaften zugeschnitten ist?

Naturwissenschaften, Geisteswissenschaften und Philosophie

Im ersten Buch der *Einleitung* gibt Dilthey eine »Übersicht über den Zusammenhang der Einzelwissenschaften des Geistes, in welcher die Notwendigkeit einer grundlegenden Wissenschaft dargetan wird« (GS I, 1). Ihr stellt er eine allgemein gehaltene Definition voran, die Wissenschaft als einen »Inbegriff geistiger Tatsachen« (GS I, 5) bestimmt, sofern diese die Merkmale der Bestimmtheit, Konstanz, Allgemeingültigkeit, Begründetheit, Mitteilbarkeit und Kohärenz aufweisen. Nach dieser Definition haben es also auch die Naturwissenschaften mit »geistigen Tatsachen« – nicht etwa unmittelbar mit dinglichen Realitäten – zu tun und sind insofern »Geisteswissenschaften«. Alles, was überhaupt menschlichem Erkennen zugänglich werden kann, ist in diesem weiten Sinne eine geistige Tatsache.

Dilthey hält sich allerdings mit diesem allgemeinen Wissenschaftsbegriff nicht lange auf, sondern zerlegt den »Inbegriff geistiger Tatsachen« sofort in die beiden Bereiche der Natur- und der Geisteswissenschaften. Während die Naturwissenschaften »den ursächlichen Zusammenhang des Naturlaufs« (GS I, 16) zergliedern, beschreiben und analysieren die Geisteswissenschaften »die geschichtlich-gesellschaftliche Wirklichkeit« (GS I, 4). Diese klare Unterscheidung hat allerdings nur methodische, nicht etwa ontologische Bedeutung: »Natur« und »Subjektivität« bezeichnen keine Seinsbereiche, sondern *Hinsichten*, nach denen eine umfassende Wirklichkeit erschlossen werden kann, die uns eben nie an sich, sondern immer schon als geistige Tatsache gegeben ist. Beide Theoriebereiche konstituieren sich daher nicht nur durch die Wahl der entsprechenden Methode – Kausalerklärung/geschichtliches Verstehen –, sondern ebensosehr durch Abstraktion von der jeweils anderen Perspektive. So wird beispielsweise ein neurophysiologisch orientierter Psychiater bestrebt sein, psychische Störungen kausal auf hirnorganische Schädigungen zurückzuführen, und möglichen geschichtlich-biographischen Ursachen wenig Aufmerksamkeit schenken. Umgekehrt wird sein psychoanalytisch ausgebildeter Kollege sich auf das Verstehen der frühkindlichen Persönlichkeitsentwicklung des Betroffenen konzentrieren und nicht primär nach neurophysiologischen Erklärungen suchen.

Zu der methodischen Unterscheidung von Natur- und Geisteswissenschaften steht Diltheys Idee einer grundlegenden Wissenschaft in einem ambivalenten Verhältnis. Sofern diese nämlich eine umfassende Strukturtheorie der Bewußtseinstatsachen in dem durch den »Satz der Phänomenalität« bezeichneten Rahmen sein will, stellt sie die begrifflichen Vorgaben bereit, durch welche die Disjunktion Naturwissenschaften/Geisteswissenschaften überhaupt erst möglich wird. Sofern hingegen die »Tatsachen des geistigen Lebens« (GS I, 5) im engeren Sinn, im Unterschied zu denen der Natur betrachtet werden, verkleinert sich der Geltungsbereich der von ihm geforderten Grundwissenschaft auf den Bereich der Geisteswissenschaften. Zwischen diesen beiden Positionen hat Dilthey immer geschwankt, was im Verlauf seiner Wirkungsgeschichte eine Reihe von Verständnisschwierigkeiten zur Folge gehabt hat. Es empfiehlt sich daher, zwischen einem weiten und einem engen Gebrauch des Begriffsfeldes »geistige Tatsache, Bewußtseinstatsache, innere Erfahrung« bei Dilthey klarer zu unterscheiden, als dieser selbst es getan hat. In ihrer weiten Bedeutung kennzeichnen die genannten Ausdrücke in dieser Unterscheidung den trivialen, erkenntnistheoretisch aber fundamentalen Sachverhalt, daß Realität uns nur als in unser Bewußtsein (dieser Begriff schließt bei Dilthey auch den affektiven und willentlichen Weltzugang ein) *aufgenommene* Wirklichkeit zugänglich ist: »Wie das Objekt aussieht, wenn niemand es in sein Bewußtsein aufnimmt, kann man nicht wissen wollen.« (GS I, 394) Die erkenntniskritische Klärung dieses Sachverhaltes liegt daher der Unterscheidung von Natur- und Geisteswissenschaften voraus. Im engeren Sinn bezeichnet das Begriffsfeld »Bewußtseinstatsache« aber nur solche geistigen Phänomene, in denen von der kausal bestimmten, subjektunabhängigen Wirklichkeit gerade abgesehen wird: seelische Zustände, Gedanken, soziale und geschichtliche Sinnstrukturen. Die theoretische Aufhellung dieser spezifischeren Kategorien gehört dann – als geisteswissenschaftliche Philosophie – zur Grundlagenreflexion der Geisteswissenschaften.

Daß Dilthey zwischen diesen beiden Möglichkeiten zeitlebens geschwankt hat, hängt mit seiner Suche nach einem Begriff unverkürzter Erfahrung eng zusammen. Die »innere Erfahrung« nämlich, wie er sie in der Rede von den Tatsachen des Bewußtseins konzipiert, soll zwar die methodische Eigenbestimmtheit der Geisteswissenschaften fundieren. Da »innere Erfahrung« aber einfach Diltheys Ausdruck für die im Zusammenwirken des Affektiven, Voluntativen und Kognitiven sich vollziehende alltägliche Weltaneignung ist, eröffnet ihre Erschließung durch die Geisteswissenschaften eine ursprüngliche Wirklichkeit, aus der die Naturwissenschaften durch Abstraktion vom nichtkognitiven Weltzugang erst entsprungen sind. »Geisteswissenschaft« versteht Dilthey als den methodischen Versuch, die uns nächste, geschichtlich-gesellschaftliche Realität theoretisch zu erschließen. Seine Konzeption ist durchdrungen von der Überzeugung, daß die Innenperspektive von Subjekten zusammen mit dem Bereich des sozialen Sinns die dichteste, reichhaltigste, differenzierteste Erfahrung von Wirklichkeit ermöglicht, während die Natur uns immer nur indirekt gegeben ist. »Unser Bild der ganzen Natur [erweist sich] als bloßer Schatten, den eine uns verborgene Wirklichkeit wirft, dagegen Realität, wie sie ist, besitzen wir nur an den in der inneren Erfahrung gegebenen Tatsachen des Bewußtseins.« (GS I, XVIII) Allerdings wurde Dilthey zunehmend klar – die »hermeneutische« Ausrichtung seines Spätwerks bezeugt das am deutlichsten –, daß auch die wissenschaftliche Erschließung innerer Erfahrung diese nie in der vortheoretischen Unmittelbarkeit des Innewerdens zugänglich machen kann, sondern nur in ihren objektivierten Ausdrucksgestalten.

Erkenntnistheoretisch betrachtet, sind die Naturwissenschaften für Dilthey also Derivate des in den Geisteswissenschaften erschlossenen ursprünglich-alltäglichen Realitätszugangs. Der epistemischen Abkünftigkeit der Naturwissenschaften aus lebenswehltlichen Erfahrungen entspricht aber andererseits eine ebenso fundamentale Abhängigkeit dieser Erfahrungen von den körperlichen Vorgängen, die sie ermöglichen und deren Erklärung Aufgabe der Naturwissenschaften ist. Daß uns Realität nur als Bewußtseinstatsache gegeben ist, läuft keineswegs auf einen idealistischen Primat des Geistigen hinaus. Dilthey denkt geistige Vollzüge ganz nüchtern als die Innenseite körperlicher Prozesse und betont daher ausdrücklich, daß es keine »reinen Geisteswissenschaften« (GS I, 14) gibt, diese vielmehr »Naturerkenntnis zur Grundlage« (GS I, 14) haben. »So ist das geistige Leben eines Menschen ein nur durch Abstraktion herauslösbarer Teil der psycho-physischen Lebenseinheit, als welche ein Menschendasein und Menschenleben sich darstellt.« (GS I, 15)

Ob wir uns als »Zusammenhang geistiger Tatsachen« oder als »körperliches Ganzes« (GS I, 15) erfahren, hängt allein davon ab, welchen Standpunkt wir einnehmen: »Gehe ich von der inneren Erfahrung aus, so finde ich die gesamte Außenwelt in meinem Bewußtsein gegeben, die Gesetze dieses Naturganzen unter den Bedingungen meines Bewußtseins stehend und sonach von ihnen abhängig.« (GS I, 15) Aus der objektivierenden Perspektive der Naturwissenschaft hingegen, die sich aus dem lebensweltlichen Erfahrungszusammenhang herausgelöst hat, erscheint diese subjektive Innenperspektive als kausal bedingt durch die Zustände des Nervensystems. Es handelt sich hier um »zwei verschiedene, nicht ineinander aufhebbare Standpunkte für die wissenschaftliche Auffassung« (GS I, 15)[21], die aber durch eine zweifache Asymmetrie gekennzeichnet sind: Natur ist die *Möglichkeits*bedingung des Bewußtseins, Bewußtsein die *Erkenntnis*bedingung der Natur. Die geschichtlich-gesellschaftliche Wirklichkeit hat zwar eine Eigenstruktur, die naturwissenschaftlich nicht begriffen werden kann, weil sie die Perspektive innerer, sinnhafter Erfahrung voraussetzt; darin gründet die »relative Selbstständigkeit der Geisteswissenschaften« (GS I, 17). Diese Eigenstruktur zeigt sich aber, aus der Perspektive des Naturwissenschaftlers, als bedingt durch materielle Gesetzmäßigkeiten und Prozesse, die wir gar nicht von innen erfahren können; daher rührt die relative Abhängigkeit der Geistes- von den Naturwissenschaften.

Dilthey hält die geisteswissenschaftliche Innen- und die naturwissenschaftliche Außenperspektive gleichermaßen für unentbehrliche, aufeinander nicht reduzierbare Bestandteile unserer Wirklichkeitsdeutung. Er ist also ein entschiedener Gegner einheitswissenschaftlicher Konzeptionen. Er akzentuiert aber auch sehr stark die Entfremdungseffekte, die eine naturalistische Sichtweise mit sich bringt: »Die Tatbestände der Gesellschaft sind uns von innen verständlich [...]. Die Natur ist uns stumm. Nur die Macht unserer Imagination ergießt einen Schimmer von Leben und Innerlichkeit über sie. [...] Die Natur ist uns fremd. Denn sie ist uns nur ein Außen, kein Inneres. Die Gesellschaft ist unsere Welt.« (GS I, 36) Von der romantischen – und in jüngster Zeit wieder modernen – Naturauffassung, für die auch in der außermenschlichen Natur ein Geistiges lebendig ist, hat sich Dilthey gründlich verabschiedet. Die Eigentümlichkeiten von Subjektivität dürfen nicht einfach auf die vom Subjekt unabhängige Wirklichkeit projiziert werden, sowenig, wie auf der anderen Seite Naturgesetze die von Menschen gemachte Realität erklären können. Diltheys emphatisches Interesse an der sinnhaften Welt des Psychischen und Sozialen ist daher nicht zuletzt auch Ausdruck einer skeptischen Haltung in bezug auf die Möglichkeit einer radikal objektiv-naturalistischen Weltbetrachtung.

Zur Zeit der Entstehung der *Einleitung* gingen die meisten Philosophen ganz selbstverständlich davon aus, daß Wirklichkeit und Objektivität gleichgesetzt werden könnten. Diese Einstellung ist auch heute noch weit verbreitet. Nur solche Sachverhalte gelten ihr als wirklich, die in einer neutralen, objektiven Einstellung – d.h. für jeden potentiellen Beobachter in der gleichen Weise – erkennbar sind. Mit John Searle ließe sich diese Überzeugung als »der Standpunkt der dritten Person«[22] bezeichnen. Dilthey sah dagegen in aller Deutlichkeit, daß bewußte Erlebnisse aus dieser Perspektive vollständig herausfallen, weil sie nur in der Einstellung der *ersten* Person – im Singular für private Erlebnisse, im Plural für sozio-kulturelle Sachverhalte – zugänglich sind. Nur für ein Individuum, das sich seiner selbst bewußt ist, nur für den Teilnehmer einer sozialen Welt von Bedeutungen gibt es Geistiges – nicht für einen neutralen, von außen zuschauenden Beobachter. Durch die Fundierung der Geisteswissenschaften auf bewußte Erlebnisse sucht Dilthey dieser Einsicht gerecht zu werden. Gegen die dominierende Orientierung an der Perspektive der dritten Person entwickelt er eine Erkenntnistheorie der ersten Person, die bei Bewußtseinstatsachen in ihrem Zusammenhang ansetzt.

Die sachliche Gliederung der gegen Naturalismus und Idealismus abgegrenzten Geisteswissenschaften ergibt sich aus der sinnhaften, durch die Relation von Teil und Ganzem bestimmten Struktur ihres Materials, der »geschichtlich-gesellschaftlichen Wirklichkeit, soweit sie als geschichtliche Kunde im Bewußtsein der Menschheit sich erhalten hat, als gesellschaftliche, über den gegenwärtigen Zustand sich erstreckende Kunde der Wissenschaft zugänglich gemacht worden ist« (GS I, 24). Nur methodisch lassen sich die Teilaspekte dieser Wirklichkeit voneinander trennen, weshalb auch die einzelnen Geisteswissenschaften als »Teile eines umfassenden analytischen Verfahrens, die einzelnen Wahrheiten als Aussagen über Teilinhalte dieser Wirklichkeit aufgefaßt werden [müssen]« (GS I, 30). Beispielsweise entstehen durch die methodische Akzentuierung der horizontalen oder aber der vertikalen Dimension die Gesellschafts- bzw. Geschichtswissenschaften. Die sozialen und historischen Phänomene, deren Verständnis Ziel dieser Geisteswissenschaften ist, sind aber allein in der inneren Erfahrung von Individuen gegeben. Zwar darf etwa der Sinngehalt eines Gedichtes keineswegs, modern ausgedrückt, mit seiner mentalen Repräsentation in einem bestimmten Bewußtsein verwechselt werden; psychische Realität bildet jedoch den unhintergehbaren Ausgangspunkt aller geisteswissenschaftlichen Untersuchungen. Gesellschaft und Geschichte bauen sich aus Individuen auf. »Die Theorie dieser psycho-physischen Lebenseinheiten ist die Anthropologie und Psychologie.« (GS I, 29)

Psychologische Untersuchungen sind ein elementarer Bestandteil von Diltheys wissenschaftlichem Programm. Die methodischen Konturen seiner geisteswissenschaftlichen Psychologie entwickelt Dilthey, indem er ihre Stellung im Zusammenhang der Geisteswissenschaften und ihr Verhältnis zur – naturwissenschaftlich orientierten – erklärenden Psychologie genauer bestimmt. Dabei leitet ihn dieselbe Denkfigur der »relativen Selbständigkeit«, die er auch schon für die Abgrenzung von den Naturwissenschaften herangezogen hat. Selbständig ist eine einzelne Geisteswissenschaft, soweit sich die Strukturmerkmale angeben lassen, durch die ihr spezifischer Gegenstand sich klar von anderen unterscheidet. Als relativ erweist sich diese Selbständigkeit, weil diese Merkmale intern mit den Strukturen anderer Gegenstandsbereiche verknüpft sind, also nur durch einen mehr oder minder willkürlichen Abstraktionsakt von ihnen getrennt werden können. Obwohl es möglich sein muß, jede einzelne Geisteswissenschaft durch klare begriffliche Merkmale als ein eigenes Untersuchungsgebiet zu bestimmen, sind die Grenzen zu anderen Betrachtungsweisen daher fließend. Die methodischen Abstraktionsleistungen, in denen sich die speziellen Wissenschaften ausbilden, greifen isolierend einzelne Züge der gesellschaftlich-geschichtlichen Wirklichkeit heraus, die real nur als

Subjektphilosophie

Wissenschaften Kulturwissenschaften

unselbständige Momente eines umfassenden Zusammenhangs auftreten. Dieser Zusammenhang läßt sich nach Dilthey aber eben nicht einem Begriff unterordnen; er darf nicht konstruiert werden und erschließt sich allein durch die Zergliederung seiner Teile.

Im Falle der Wissenschaft von den elementaren Lebenseinheiten (der Psychologie) arbeitet Dilthey besonders deutlich heraus, daß die einzelnen Geisteswissenschaften den isolierenden Charakter ihrer methodischen Operationen nur zu ihrem Schaden verdrängen können:

»Wohl ist die psychophysische Einheit dadurch in sich geschlossen, daß für sie nur Zweck sein kann, was in ihrem eigenen Willen gesetzt ist, nur wertvoll, was in ihrem Gefühl so gegeben ist, nur wirklich und wahr, was als gewiß, als evident vor ihrem Bewußtsein sich bewährt. Aber dieses so geschlossene, im Selbstbewußtsein seiner Einheit gewisse Ganze ist andererseits nur in dem Zusammenhang der gesellschaftlichen Wirklichkeit hervorgetreten; [...] seine ganze Inhaltlichkeit ist nur eine inmitten der umfassenden Inhaltlichkeit des Geistes in der Geschichte und Gesellschaft vorübergehend auftretende Gestalt [...]. Der Gegenstand der Psychologie ist also jederzeit nur das Individuum, welches aus dem lebendigen Zusammenhang der Gesellschaft ausgesondert ist, und sie ist darauf angewiesen, die allgemeinen Eigenschaften, welche psychische Einzelwesen in diesem Zusammenhang entwickeln, durch einen Vorgang der Abstraktion festzustellen. Den Menschen, wie er, abgesehen von der Wechselwirkung mit der Gesellschaft, gleichsam *vor* ihr ist, findet sie weder in der Erfahrung, noch vermag sie ihn zu erschließen [...]«. (GS I, 30)

Die methodisch herausgehobene Stellung der Psychologie ergibt sich für Dilthey daraus, daß geschichtlich-gesellschaftliche Wirklichkeit nur für Individuen *erfahrbar* ist: »Außerhalb der psychischen Einheiten, welche den Gegenstand der Psychologie bilden, gibt es überhaupt keine geistige Tatsache für unsere Erfahrung«. (GS I, 29) Daß alle geistigen Tatsachen im Bewußtsein *gegeben* sein müssen, macht sie jedoch nicht zu psychischen Tatsachen. Historische, sozialwissenschaftliche, literaturgeschichtliche usw. Untersuchungen thematisieren die je spezifische Struktur ihrer Gegenstände, die nicht aus den Strukturen des Psychischen hergeleitet und schon gar nicht auf diese reduziert werden kann. Diltheys Psychologie soll durch die Analyse der psychophysischen Lebenseinheiten die begriffliche Basis für höherstufige Wissensformen – etwa die Theorie sozialer Systeme – bereitstellen, bleibt aber aufgrund ihres abstrahierenden Charakters inhaltlich auf die anderen geisteswissenschaftlichen Disziplinen angewiesen. »Der einfachste Befund, welchen die Analysis der geschichtlich-gesellschaftlichen Wirklichkeit abzugewinnen vermag, liegt in der Psychologie vor; sie ist demnach die erste und elementarste unter den Einzelwissenschaften des Geistes; dementsprechend bilden ihre Wahrheiten die Grundlage des weiteren Aufbaus. Aber ihre Wahrheiten enthalten nur einen aus dieser Wirklichkeit ausgelösten Teilinhalt und haben daher die Beziehung auf diese zur Voraussetzung.« (GS I, 33)

Insbesondere läuft diese Einsicht auf die Forderung hinaus, »das Individuum als ein Bestandteil der Gesellschaft« (GS I, 32) zu untersuchen, die individualpsychologische Perspektive also durch eine sozialpsychologische zu ersetzen. Dilthey war der Überzeugung, daß eine solche intersubjektiv erweiterte Psychologie sich auf die Beschreibung der Sachverhalte und Zusammenhänge zu beschränken hätte, die in ihrem Gegenstandsgebiet auftreten. Geisteswissenschaftliche Psychologie soll »deskriptive Wissenschaft« (GS I, 33) sein und psychische Sachverhalte nicht unter hypothetische Gesetzmäßigkeiten subsumieren, wie dies in der erklärenden Psychologie versucht wird. Dilthey hält kausale Erklärungen des Psychischen nicht für unmöglich, aber für sekundär. Deskriptiv soll seine Psychologie deshalb verfahren, weil ihre zentrale Aufgabe in der Verfügbarmachung unreduzierter Erfahrung für die analytischen Operationen der Geisteswissenschaft besteht. Diese Aufgabe erfordert die Entwicklung möglichst verfeinerter Methoden für die Darstellung des im Bewußtseinszusammenhang Gegebenen, nicht die Suche nach deduktiven Erklärungsmodellen. Biographische Darstellungsformen haben in den Geisteswissenschaften deshalb einen Platz, der ihnen nicht streitig gemacht werden kann. In der Biographie werden die unterschiedlichen Lebensäußerungen und sozialen Interaktionen eines Individuums als Selbstzweck erfahrbar, als Ausdrucksformen einer Zusammenhang stiftenden Innenansicht der Wirklichkeit.

Als nächstes Glied tritt in Diltheys geisteswissenschaftlichem Theorieverbund eine Wissenschaft auf, die sich mit den sozialpsychologischen und kulturellen Eigentümlichkeiten der einzelnen ethnischen Gruppen und Völker beschäftigt: die Ethnologie, auch vergleichende Anthropologie oder Völkerkunde genannt. Die Konzeption der in sich selbst zentrierten Lebenseinheit wird hier nicht auf biologische Individuen, sondern auf größere soziale Gruppen angewendet. Dilthey charakterisiert Völker als »lebendige und relativ selbständige Zentren der Kultur in dem gesellschaftlichen Zusammenhang einer Zeit, Träger der geschichtlichen Bewegung« (GS I, 41). Methodisch insistiert er auf seinem analytisch-deskriptiven Verfahren und weist synthetische Wesensbegriffe wie »Volksgeist« und »Nation« als unbrauchbar zurück. Solche Begriffe bergen, ähnlich wie die Bezeichnungen für die einzelnen Bereiche der menschlichen Realität – Religion, Kunst, Wissenschaft, Staat etc. –, die Gefahr einer Verdinglichung in sich. Dilthey vergleicht sie mit den »substanzialen Formen«, die der Naturforschung im Mittelalter den Blick auf die Wirklichkeit verstellt haben. Geschichtlich-gesellschaftliche Wirklichkeit erschließt sich durch die Analyse der sozialen Interaktionen von Individuen, nicht durch die Zuordnung klassifikatorischer Begriffe.

Solche Interaktionen bringen sich stabilisierende Zweckzusammenhänge hervor, die die jeweiligen Interaktionsteilnehmer überdauern und dem individuellen Verhalten als sprachlicher, kultureller, sozialer, politischer etc. Rahmen zugrunde liegen. Im Entwicklungsprozeß kultureller Tradition bestimmen die Resultate früherer Verständigungsprozesse und Handlungen die Ausgangsbedingungen der ihnen folgenden. Für diese vielfältig verflochtenen sozialen Zweckzusammenhänge wählt Dilthey den Begriff des »Systems«. Ihm entsprechen die Einzelwissenschaften von den Systemen der Kultur. Die »Wechselwirkung der Individuen unter den Bedingungen des Naturganzen [erzeugt] in geschichtlicher Steigerung zusammengesetzte Tatsachen« (GS I, 45) von relativer transhistorischer Stabilität. Diese kulturellen Tatsachen verbinden die psychophysischen Lebenseinheiten als Elemente eines zweckbestimmten Systems. Voraussetzung für das Entstehen kultureller Systeme ist eine hinreichende Gleichartigkeit der individuellen Bedürfnisse, die eine Koordination von Handlungen zweckmäßig und aussichtsreich erscheinen läßt. Der Systembegriff Diltheys hat also ein anthropologisch-psychologisches Fundament. Darüber hinaus erlaubt die psychologisch aufweisbare Mehrdimensionalität des menschlichen In-der-Welt-Seins ein Verständnis der Vielfalt kultureller Systeme. Diese unterliegen einer Ausdifferenzierung und Spezialisierung schon deshalb, weil die Beziehung zwischen den kognitiven, affektiven und voluntativen Aspekten des Lebensprozesses eine geschichtlich vielfach variable Größe darstellt. Beispielsweise integriert der Gedanke wissenschaftlicher Rationalität als eine historische Ausformung des kognitiven Wirklichkeitsverhältnisses zahlreiche Individuen mitsamt ihren Überzeugungen (»Bewußtseinstatsachen«) zu dem kulturellen System »Wissenschaft«.

In jedem solchen System sind die einzelnen Elemente durch spezifische, nur in Grenzen variable Abhängigkeitsbeziehungen verbunden, die den individuellen Lebensprozeß zwar voraussetzen, ihn aber auch in hohem Maße bestimmen. Eine allgemeine Systemtheorie hätte Dilthey zufolge die Aufgabe, solche invarianten Strukturmerkmale anzugeben. Die Strukturbegriffe der Einzelwissenschaften von den kulturellen Systemen sind als »Begriffe zweiter Ordnung« (GS I, 45) auf die Begrifflichkeit der Psychologie bezogen, unterscheiden sich von dieser aber prinzipiell, weil die Struktur eines Systems nicht aus den Merkmalen seiner Elemente allein abgeleitet werden kann. So setzt die politische Ökonomie den psychologischen Begriff des Bedürfnisses voraus, fragt aber nicht mehr nach den Bedürfnissen von Individuen, sondern nach der Zweckmäßigkeit eines sozialen Systems der Bedürfnisse. Natürlich sind die einzelnen Systeme nur abstrahierend voneinander zu unterscheiden. Sie können sich gegenseitig durchdringen und einander partiell repräsentieren, wie dies zum Beispiel bei Kunst und Religion besonders deutlich ist. Zudem muß jedes Individuum als ein Kreuzungspunkt verschiedener Systeme begriffen werden, da in seinem Lebenszusammenhang alle Wirklichkeitsbezüge eine Einheit bilden.

Der Systemgedanke erlaubt es Dilthey, von der deskriptiven Erfassung psychischer Tatsachen zur Analyse übergreifender Beziehungsmuster überzugehen, dabei aber eine verdinglichende Auffassung abstrakter Realitäten wie Kultur und Gesellschaft zu vermeiden. Kulturelle Systeme beruhen auf »direkten und indirekten Wechselwirkungen von Individuen in der Gesellschaft« (GS I, 50). Sie haben keine metaphysische Substanz und existieren nicht unabhängig von den Handlungen und sozialen Interaktionen der sie hervorbringenden einzelnen. Indem sie aber diese Wechselwirkungen durch Tradition stabilisieren, bringen sie eine die individuelle Lebensspanne überdauernde soziale Realität hervor, die für jeden einzelnen den »Charakter von massiver Objektivität« (GS I, 51) hat. Diltheys Systemgedanke erlaubt hier eine ideologiekritische Anwendung: Was uns in unmittelbarer Wahrnehmung der sozialen Verhältnisse als Realität von dinglicher Härte begegnet – die marxistische Tradition spricht von der Gesellschaft als der »zweiten Natur« –, durchschaut der Geisteswissenschaftler als Ergebnis der geschichtlichen Stabilisierung sozialer Interaktionen. Kulturelle Systeme verstetigen soziale Strukturen, sind aber nur relativ stabil, weil sie durch den Zufluß neuer Erfahrungen einer kontinuierlichen Entwicklung unterworfen bleiben. Andererseits ist unübersehbar, daß Dilthey eine eher »harmonistische« Auffassung kultureller Systeme in den Vordergrund stellt. Dominierend bleibt hier der Gedanke einer zwanglosen Vermittlung individueller Zwecke, die wegen ihrer anthropologisch verbürgten und traditionell stabilisierten Gleichartigkeit nie ernsthaft in Konflikt miteinander geraten können.

Diese harmonische Sicht des sozialen Ganzen als Produkt systemischer Integration muß aber nach Dilthey durch eine andersartige Betrachtungsweise ergänzt werden. In ihr wird die Koordination individueller Willensimpulse nicht mehr allein unter dem Gesichtspunkt gemeinsamer Zwecke gesehen, sondern als spannungsvolle Beziehung von »Gemeinsinn« und »Machtausübung« behandelt. Die sozialintegrative Instanz gemeinschaftlicher Gefühle einerseits, die Steuerung von Handlungen durch Ausübung von Herrschaft andererseits bilden die beiden Grundtatsachen, die ein Verständnis sozialer Institutionen ermöglichen. Damit entsteht die letzte Gruppe im Verband der Geisteswissenschaften: die »Wissenschaften der äußeren Organisation der Gesellschaft« (GS I, 47). Ihr Gegenstand sind jene Strukturen der gesellschaftlichen Wirklichkeit, die mit »Herrschaftsverhältnissen und äußerer Bindung vom Willen« (GS I, 47) einhergehen. Die Politische Wissenschaft bildet den Mittelpunkt dieser Gruppe, die auch eine allgemeine Theorie sozialer Verbände be-

Soziale Institutionen

inhaltet. Solche Verbände sind durch gesellschaftliche Differenzierungsprozesse für nahezu alle Bereiche des gesellschaftlichen Zusammenhangs »von der Lebensgemeinschaft der Familie bis zu der gegenseitigen Versicherungsgesellschaft gegen Hagelschaden« (GS I, 75) entstanden. Dilthey sieht nun deutlich, daß weder Zweckzusammenhänge noch soziale Gefühle für sich allein schon die Entstehung dieser gesellschaftlichen Institutionen verständlich machen können. Zumal für die Genese politischer Strukturen führt er daher Machtverhältnisse, mithin äußeren Zwang, als zweiten bestimmenden Faktor ein, ohne diesen wichtigen Punkt allerdings systematisch weiter zu würdigen.

Zwischen die »äußere Organisation der Gesellschaft« und die von innen verstehbaren Kultursysteme fügt Dilthey als Bindeglied die »Rechtsordnung« ein. In der Architektur seines geisteswissenschaftlichen Gebäudes kommt daher den Rechtswissenschaften eine wichtige Stellung zu: Sie analysieren und interpretieren jene gesellschaftliche Institution, deren Funktion in der Integration von machtbestimmter Ordnung und verstehbaren Zweckzusammenhängen besteht: das Recht. »In der Tatsache des Rechts sind, als an der Wurzel des gesellschaftlichen Zusammenlebens der Menschen, die Systeme der Kultur noch nicht von der äußeren Organisation der Gesellschaft getrennt. Das Merkmal dieses Tatbestandes ist, daß jeder Rechtsbegriff das Moment der äußeren Organisation der Gesellschaft in sich enthält.« (GS I, 54) Das Recht hat daher einerseits einen unaufhebbaren Zwangscharakter, es zielt auf die »äußere Bindung der Willen« (GS I, 55). Andererseits hängt seine Geltung aber davon ab, daß es aus der Innenperspektive der Gesellschaftsmitglieder als zweckmäßig für alle erkannt werden kann: »Das Recht ist ein auf das Rechtsbewußtsein als eine beständig wirkende psychologische Tatsache gegründeter Zweckzusammenhang.« (GS I, 54) Nur indem das Recht zugleich als äußerer Zwang und als inneres

Rechtsbewußtsein auftritt, kann es zwischen staatlicher Ordnung und gesellschaftlichem Lebensprozeß, zwischen Politik und Kultur vermitteln.[23]

Mit der Funktionsbestimmung der Rechtswissenschaften ist der Überblick über den Kanon der Geisteswissenschaften abgeschlossen. Schematisch betrachtet, ergibt sich folgendes Bild:

Einzelwissenschaften von der geschichtlich-gesellschaftlichen Wirklichkeit:

Psychologie
(deskriptive Theorie der psycho-physischen Lebenseinheiten als Bestandteile der Gesellschaft)

Ethnologie/vergleichende Anthropologie
(deskriptive Theorie der sozialen Lebenseinheiten auf der Basis natürlicher Gliederungen)

Wissenschaften von den kulturellen Systemen
(Strukturbeschreibung der kulturellen Zweckzusammenhänge: Theorie der Kunst, Religion, Wissenschaft etc.)

↑
Rechtswissenschaften
(Theorie der rechtlichen Verhältnisse als Bindeglied zwischen kulturellen Zweckzusammenhängen und äußerer Organisation)
↓

Wissenschaften von der äußeren Organisation der Gesellschaft
(Theorie der Verbände, Staatswissenschaft)

An dieser Konzeption eines lockeren Verbandes von interdependenten Einzelwissenschaften fällt auf, daß Dilthey zwischen den Geisteswissenschaften im engeren Sinn und den Sozialwissenschaften nicht klar unterscheidet. Während sich in unserer Gegenwart immer mehr die Ausdrücke »Kultur«- bzw. »Humanwissenschaften« als Oberbegriffe für beide Wissenschaftsgruppen durchsetzen, gehören nach Diltheys Ansicht auch sozialwissenschaftliche Analysen den Geisteswissenschaften zu. Sachlich hängt das damit zusammen, daß für ihn die Einnahme einer lebensweltlichen Perspektive das Konstitutionsprinzip der Geisteswissenschaften ausmacht. Wie die *Breslauer Ausarbeitung* zeigt, erzwingt die wissenschaftliche, auf diskursiv-logische Operationen angewiesene Theoriebildung zwar die Distanzierung von der Unmittelbarkeit des Erlebens, nicht aber von der Binnenperspektive des Lebensprozesses. Diese Binnenansicht ist nach Dilthey für die sozialwissenschaftliche Analyse der realen gesellschaftlichen Verhältnisse ebenso maßgebend wie die geisteswissenschaftliche Untersuchung der Phänomene des kulturellen Überbaus. Ein solcher Ansatz hat den Vorteil, die gemeinsamen Merkmale der von Menschen gemachten Welt gegenüber der Natur besonders deutlich in den Blick zu bekommen, erschwert aber wegen seiner Orientierung am Sinn- und Zweckvollen auch die Diagnose von Spannungen und ideologischen Aspekten im Verhältnis von Kultur und Gesellschaft.

Zwischen den Einzelwissenschaften des Geistes bestehen vielfältige Abhängigkeitsbeziehungen des Komplexen vom Elementaren und umgekehrt. Hinsichtlich der Art und Weise, in der die Tatsachen der geschichtlich-gesellschaftlichen Wirklichkeit gegeben sind, erweist sich dabei die deskriptive Psychologie als grundlegend. Sie hat die Aufgabe, innere Erfahrung als die ursprüngliche Form alltäglicher Wirklichkeitserschließung darzustellen und damit die Eigenständigkeit der humanen Lebenswelt gegenüber einer naturwissenschaftlichen Realitätsauffassung zu sichern. Demselben Zweck dient auch Diltheys vielgliedrige Konzeption der Geisteswissenschaften. Diesen ist der Plural wesentlich: Keine *einzelne* Wissenschaft kann für sich der Komplexität innerer Erfahrung und der relativen Eigenständigkeit kultureller Sinngebilde gerecht werden. Geschichtlich-gesellschaftliche Wirklichkeit ist in den Geisteswissenschaften nur durch analytische Zergliederung in relativ selbständige Teilbereiche erschlossen, nicht jedoch in Form einer begrifflichen Synthese als Ganzes überschaubar. Gibt es aber über das lockere Beziehungsgeflecht der psychologischen, ethnologischen, kultursystematischen, staatswissenschaftlichen etc. Perspektiven hinaus auch eine synthetische Perspektive – eine »*Erkenntnis dieses Ganzen* der geschichtlich-gesellschaftlichen Wirklichkeit?« (GS I, 87)

Diltheys *Einleitung* argumentiert für die Unmöglichkeit jeder metaphysischen und die Unumgänglichkeit einer erkenntnistheoretischen Beantwortung dieser Frage. Die Metatheorie der Geisteswissenschaften muß die Gestalt erkenntniskritischer Selbstbesinnung auf das Verhältnis der Einzelwissenschaften untereinander und zu den logischen und psychologischen Bedingungen der Erfahrbarkeit geschichtlich-gesellschaftlicher Wirklichkeit haben. Die in der zweiten Hälfte des 19. Jahrhunderts verfügbaren Ansätze zu einer Metatheorie dieser Wirklichkeit unterzieht Dilthey dabei einer vernichtenden Kritik. Weder die Philosophie der Geschichte in der Tradition Herders und Hegels noch die umfassende Gesellschaftswissenschaft Auguste Comtes und Herbert Spencers kann vor seinem nachmetaphysischen Erfahrungsbegriff bestehen.

Unter »Philosophie der Geschichte« versteht Dilthey »eine Theorie, welche den Zusammenhang der geschichtlichen Wirklichkeit durch einen entsprechenden Zusammenhang zu einer

Einheit verbundener Sätze zu erkennen unternimmt.« (GS I, 93) Dieses theoretische Projekt hält er für prinzipiell verfehlt, weil ein solcher kognitiv feststellbarer letzter Zusammenhang, Zweck oder Sinn der Geschichte gar nicht existiert. Daß die Interaktion psychophysischer Lebenseinheiten Zweckzusammenhänge hervorbringt, erlaubt nicht den Schluß auf einen übergreifenden Weltzweck. Die Suche nach dem wahren Sinn der Geschichte, nach einer Formel, in der sich ihr objektiver Zusammenhang darstellt, ist nicht nur unsinnig, weil sie unser Erkenntnisvermögen überfordert; sie hat die Gestalt einer Frage, auf die es keine Antwort gibt. »Jede Formel, in der wir den Sinn der Geschichte ausdrücken, ist nur ein Reflex unseres eigenen belebten Inneren« (GS I, 97), extrapoliert also unzulässig die affektiv-voluntativ-kognitive Binnenperspektive von Subjekten zu einer objektiven, begrifflich darstellbaren Realität. Geschichtsphilosophie ist letzten Endes religiös verwurzelte Metaphysik, die den christlichen Gedanken eines göttlichen Heilsplanes zur Vorstellung eines erkennbaren, zielgerichteten Gangs der Geschichte im ganzen säkularisiert hat.

Die idealistische Geschichtsphilosophie ist nach Dilthey zwar der Einsicht in den Eigensinn historischer Prozesse entsprungen, hat aber dann durch ihr Streben nach begrifflicher Vereinheitlichung und Systematisierung dieser Prozesse den Bereich des Erfahrbaren hinter sich gelassen. Demgegenüber sei die Soziologie (oder »positive Philosophie«) Auguste Comtes schon ihrem Ansatz nach als sachwidrige Naturalisierung des Geschichtlichen zu begreifen. Die naturwissenschaftliche Weltanschauung Comtes mit ihrem Anspruch, auch die Gesetze der Menschheitsentwicklung zu kennen, hatte im 19. Jahrhundert eine enorme Popularität und fungierte vielfach als eine Art von humanistisch-sozialtechnologischer Ersatzreligion. Der heutige Leser kann Diltheys Kritik an Comte ohne Schwierigkeiten auf zeitgenössische Spielarten der Naturwissenschaftsgläubigkeit übertragen, um an ihnen die Plausibilität seiner Argumente zu überprüfen.

Comtes Soziologie dient Dilthey als schlagendes Beispiel für seine These, daß die Erweiterung des naturwissenschaftlichen Erfahrungsbegriffs auf alle Aspekte der Wirklichkeit nicht etwa eine metaphysikfreie Weltsicht hervorbringt, sondern ihr genaues Gegenteil: eine »derbe naturalistische Metaphysik« (GS I, 105). Erkenntnistheoretisch mache diese Metaphysik den fundamentalen Fehler, innere Erfahrung – die Binnenperspektive des Subjekts – zu leugnen. Wer wie Comte die vollständige Erklärbarkeit psychischer Zustände durch physiologische behauptet, übersieht, daß die Abhängigkeit des Geistigen von neurobiologischen Prozessen ersteres nicht auf letztere reduziert: Das in innerer Wahrnehmung Gegebene hat eine eigenständige Qualität, der eine eigenständige geisteswissenschaftliche Methode entsprechen muß. Comte belasse es aber nicht bei einer reduktionistischen Deutung der gesellschaftlich-geschichtlichen Wirklichkeit, sondern glaube sogar, durch eine Extrapolation naturwissenschaftlicher Gesetzmäßigkeiten die allgemeinsten Entwicklungstendenzen der Geschichte erkennen zu können. Solche Generalisationen sind nach Dilthey doppelt erfahrungswidrig: Sie naturalisieren die menschliche Wirklichkeit, und sie überschreiten die Grenzen dessen, was uns durch Erfahrung zugänglich ist: »Alles metaphysischer Nebel.« (GS I, 112)

Die Rede von einem Sinn der Geschichte im ganzen ist für Dilthey streng genommen sinnlos, weil geschichtlicher »Sinn« nicht weiter reicht als die Fähigkeit endlicher Subjekte, Räume und Zeiten übergreifende Zweckzusammenhänge hervorzubringen: »Aus der unendlichen Mannigfaltigkeit einzelner Werte baut sich der Sinn der geschichtlichen Wirklichkeit auf« (GS I, 97). Erkennbar ist er genau in dem Maße, in dem er von den handelnden Menschen verstanden oder aber, im Blick auf die objektivierten

Ausdrucksformen dieses Handelns, von den Geisteswissenschaften analysiert werden kann.

An Diltheys Kritik geschichtsphilosophischer oder soziologischer[24] Bemühungen um die Totalerkenntnis von Geschichte läßt sich auch verdeutlichen, in welchem Sinn sein Denken sicher *nicht* als »Historizismus« charakterisiert werden darf. Sofern nämlich, wie in dem bekannten Buch von Karl Popper[25], unter »Historizismus« eine theoretische Position verstanden wird, die eine Erkenntnis objektiver Gesetze der geschichtlichen Entwicklung behauptet, ist Dilthey offensichtlich ein entschiedener Anti-Historizist. Für ihn ist die Zukunft offen und die Vergangenheit nur insoweit gesetzmäßig strukturiert, als historische Zweckzusammenhänge der geisteswissenschaftlichen Analyse zugänglich werden.

Diltheys Zweifel an der Möglichkeit einer begrifflich-synthetischen, über die Einzelwissenschaften hinausgehenden Erkenntnis der menschlichen Wirklichkeit führt ihn zu einer grundsätzlichen Neubestimmung der Rolle philosophischen Denkens:

»Alle Fäden der bisherigen Erwägungen laufen in der folgenden Einsicht zusammen. Das Erkennen der geschichtlich-gesellschaftlichen Wirklichkeit vollzieht sich in den Einzelwissenschaften des Geistes. Diese aber bedürfen ein Bewußtsein über das Verhältnis ihrer Wahrheit zu der Wirklichkeit, deren Teilinhalte sie sind, sowie zu den anderen Wahrheiten, die gleich ihnen aus ihrer Wirklichkeit abstrahiert sind, und nur ein solches Bewußtsein kann ihren Begriffen die volle Klarheit, ihren Sätzen die volle Evidenz gewähren.

Aus diesen Prämissen ergibt sich die Aufgabe, eine *erkenntnistheoretische Grundlegung der Geisteswissenschaften* zu entwickeln, alsdann das in einer solchen geschaffene Hilfsmittel zu gebrauchen, um den inneren Zusammenhang der Einzelwissenschaften des Geistes, die Grenzen, innerhalb deren ein Erkennen in ihnen möglich ist, sowie das Verhältnis ihrer Wahrheiten zueinander zu bestimmen. Die Lösung dieser Aufgabe könnte als Kritik der historischen Vernunft, d.h. des Vermögens des

Menschen, sich selber und die von ihm geschaffene Gesellschaft und Geschichte zu erkennen, bezeichnet werden.« (GS I, 116)

Die Kritik der historischen Vernunft basiert auf dem von Dilthey entwickelten Begriff innerer Erfahrung bzw. inneren Erlebens. Dessen wichtigste Funktion besteht in der methodischen Absicherung eines sinnstrukturierten Wirklichkeitszugangs, in dem Willensimpulse mit Wertungen und Überzeugungen verbunden auftreten. Dieser Wirklichkeitszugang aus der (inter-)subjektiven Perspektive ist zeitlich-geschichtlich strukturiert, und auch seine theoretische Erschließung setzt eine geschichtliche Entwicklung voraus, in deren Verlauf die metaphysische Begründung der Geisteswissenschaften fragwürdig wird. Das umfangreiche zweite Buch der *Einleitung* hat Dilthey der Analyse jenes historischen Prozesses gewidmet, an dessen (vorläufigem) Ende das metaphysische Weltverhältnis des Menschen sich als ein objektivistisches Selbstmißverständnis herausstellt.[26]

Historische Vernunft als Kritik der Metaphysik

Diltheys Projekt einer erkenntnistheoretischen Selbstbesinnung zielt darauf ab, »im Gegensatz gegen den herrschenden Empirismus wie gegen die Spekulation« (GS I, 124) geschichtlich-gesellschaftliche Wirklichkeit als die uns nächste Realität aufzuweisen, aus der alle anderen Weltperspektiven durch Abstraktion gewonnen sind. Dieser systematischen, an einer Phänomenologie der Bewußtseinstatsachen orientierten Perspektive entspricht ein historischer Argumentationstypus. Durch eine Rekonstruktion der geschichtlichen Wandlung von Weltbildern im Abendland möchte Dilthey aufzeigen, daß die reale Entwicklung unseres Wirklichkeitsverständnisses nur aus dem dreidimensionalen

Weltzugang innerer Erfahrung heraus, nicht als rein kognitiver Prozeß verstanden werden kann. Lebensphilosophisch betrachtet, ist eben die Erkenntnis der Wirklichkeit keine Spiegelung objektiver Sachverhalte in der vom Subjekt unabhängigen Welt, sondern verwoben in das wertende und praktisch-willentliche Weltverhältnis endlicher Wesen. Eben dieser nicht aufzuhebende Lebensbezug des Erkennens ist aber Dilthey zufolge in dem lange Zeit dominierenden metaphysischen Weltverständnis verkannt worden.

Dabei versteht er Metaphysik nicht primär als ein inhaltliches System von Aussagen über die allgemeinsten Wirklichkeitsstrukturen, sondern vor allem als eine Denkform, die »der Unterordnung der Wirklichkeit unter das Gesetz des Erkennens entspringt« (GS I, 125). Diese Auffassung von Metaphysik beruht auf dem bewußtseinsphänomenologischen Nachweis, daß »Erkennen« als abstrahiertes Derivat von »Erleben« betrachtet werden muß. Sie hat eine Erweiterung des Begriffsumfangs zur Folge, mit der sich Dilthey vom Selbstverständnis der untersuchten geistigen Formationen verabschiedet. Beispielsweise ist für ihn »der Materialismus oder der naturwissenschaftliche Monismus so gut Metaphysik als die Ideenlehre Platos«. Obwohl sich Materialisten als Anti-Metaphysiker verstehen, fallen sie unter seinen Begriff der metaphysischen Denkform, weil sie »die allgemeinen notwendigen Bestimmungen des Seienden« (GS I, 130) als objektive, vom menschlichen Weltzugang losgelöste Sachverhalte darstellen. Diltheys historische Untersuchungen nehmen deshalb die Gestalt einer Kritik der metaphysischen Denkform an, weil sich in dieser das kognitivistische Selbstmißverständnis des menschlichen Weltverhältnisses geschichtlich sedimentiert hat. Konkreter geht es um den Aufweis, daß die Geisteswissenschaften nicht metaphysisch, also durch Behauptungen über das subjektunabhängige Wesen der Welt, sondern nur durch erkenntnistheoretische Selbstbesinnung begründet werden können.

Daß die metaphysische Denkform überwunden werden muß, ist für Dilthey selbstverständlich. Daß sie aber so lange Zeit unangefochten herrschen konnte, zeigt die Stärke ihres anthropologischen Fundaments. Für das historische Denken hat jede geschichtliche Formation ihre Berechtigung, ja Notwendigkeit darin, der gültige Ausdruck eines menschlichen Selbst- und Weltverständnisses gewesen zu sein. In besonderem Maß gilt dies von der Metaphysik und ihrer Suche nach Vereinheitlichung und Systematisierung unserer Perspektiven auf die Wirklichkeit. Ähnlich wie Schopenhauer geht Dilthey davon aus, daß es eine Art von »metaphysischem Bedürfnis« gibt, ein tiefverwurzeltes, Räume und Zeiten übergreifendes Streben nach Vermittlung des eigenen Lebenszusammenhangs mit dem größeren Ganzen. In seiner ursprünglichen Form kann dieses Bedürfnis nicht befriedigt werden, weil unserer Erfahrung nur die von Menschen gemachten Zweckzusammenhänge der Geschichte, nicht jedoch ein absoluter Zweck zugänglich ist. Die nachmetaphysische Philosophie und Geisteswissenschaft hat diesen erkenntniskritisch-skeptischen Vorbehalt aufgenommen. »Selbstbesinnung« führt zur Einsicht in die Unlösbarkeit der Frage nach dem letzten Sinn des Ganzen, aber auch zu der Erkenntnis, daß diese Frage, vom Umkreis theoretischer Systeme auf den Bereich persönlicher Lebensdeutung reduziert, selbst nachmetaphysischen Zeitaltern nicht erspart bleibt. Als Theorieentwurf und Begründungsstrategie ist die Metaphysik den Tod durch erkenntniskritische Aufklärung gestorben, als Tiefendimension unserer Wirklichkeitserfahrung lebt sie für Dilthey weiter: »Aber das Meta-Physische unseres *Lebens* als persönliche Erfahrung, d.h. als moralisch-religiöse Wahrheit bleibt übrig.« (GS I, 384). Die geisteswissenschaftliche Philosophie spielt in dieser Hinsicht eine doppelte Rolle: Sie kritisiert die kognitiven Ansprüche von Metaphysik, stellt aber auch einen Begriff unverkürzter Erfahrung bereit, der es erlaubt, diese metaphysische Tiefendimension zu artikulieren – freilich nur als Ausdruck humaner, im Geschichtsprozeß erzeugter Sinnzusammenhänge.

Dilthey betrachtet metaphysische Weltbilder als geistige Gebilde, die zwar die Gestalt theoretischer, rein intellektuell nachvollziehbarer Systeme haben, in Wirklichkeit aber auf andere, nämlich religiöse Wurzeln zurückgehen. Die »Selbstbesinnung, welche die Metaphysik auflöst, findet in ihrer Tiefe abermals – das religiöse Erlebnis.« (GS I, 136) Dieses religiöse Erlebnis – als anthropologische Basis des »metaphysischen Bedürfnisses« – soll »in der Totalität aller Gemütskräfte« entstehen und sich gegenüber dem »Differenzierungsprozeß des geistigen Lebens« (GS I, 137) mehr oder minder unverändert erhalten. Unbeschadet aller kulturellen Wandlungen bleibe das religiöse Erlebnis in den Tiefenschichten von Subjektivität wirksam und bilde den »*dauernden Untergrund der intellektuellen Entwicklung*« (GS I, 138). Mir scheint, daß Dilthey hier mit der Annahme einer anthropologischen Konstante arbeitet, die seinem geschichtlichen Denken nur schwer einverleibt werden kann. Seine These vom religiösen Ursprung der Metaphysik ist auf diese Annahme auch gar nicht angewiesen, sondern läßt sich durch geschichtliche Analysen empirisch überprüfen. Auf die differenzierten und detaillierten Untersuchungen, in denen Dilthey die Geschichte des metaphysischen Denkens rekonstruiert, kann ich hier allerdings nur in stark vereinfachender und verkürzender Form eingehen, wobei ich mich am Leitbegriff innerer Erfahrung orientiere.

Im frühesten Stadium der abendländischen Kulturentwicklung sieht Dilthey das religiöse Erlebnis mit dem mythischen Vorstellen verbunden, das durch die anthropomorphe Übertragung der von innen gespürten Lebendigkeit auf die gesamte Wirklichkeit charakterisiert ist. Mit der Herausbildung der griechischen Wissenschaft beginnt aber dann die Suche nach vernünftigen Erklärungen für natürliche Prozesse: »Die lebendigen Kräfte, welche der affektiv bewegte Mensch als die Hand des Unendlichen an ihm empfand, wurden immer mehr an den Horizont des sich erweiternden Umkreises von natürlichem Geschehen gedrängt« (GS I, 143). Dabei stellt Dilthey vor allem zwei Faktoren heraus: zum einen die Entwicklung von Industrie und Handel – mit Marx zu reden die Entfaltung der Produktivkräfte –, zum anderen die Rationalisierung und »Anonymisierung« der mythischen Gottheiten durch die Theogonien, von denen uns diejenige Hesiods noch erhalten ist. Diltheys knappe Hinweise auf die Zersetzung des mythischen Weltbildes sind ein gutes Beispiel dafür, daß in seinem Konzept für eine scharfe Trennung von realen und ideellen Faktoren des Geschichtsprozesses kein Raum ist. Ganz unbefangen kann er die Entwicklung der ökonomischen Verhältnisse zusammen mit Neuerungen im kulturellen Bereich für das Verständnis geschichtlicher Veränderungen heranziehen, weil die lebensweltliche Perspektive der Geisteswissenschaften eben beides – freilich ganz überwiegend unter der harmonisierenden Kategorie des Zweckzusammenhangs – einschließt.

Die Ablösung mythisch-ganzheitlicher durch natürliche Erklärungen hat nach Dilthey eine zusätzliche Dimension, die für die weitere Entwicklung des Weltverständnisses konstitutiv gewesen ist, nämlich das Aufkommen eines analytisch-diskursiven Zugangs zur Realität. »Die Wirklichkeit kann nur durch Aussonderung einzelner Teilinhalte sowie durch die abgesonderte Erkenntnis derselben dem Gedanken unterworfen werden; denn in der komplexen Form ist sie für denselben nicht faßbar.« (GS I, 145) So entsteht im antiken Griechenland die Mathematik als Theorie eines Wirklichkeitsgebiets, das für sich entwickelt werden kann und einer rein rationalen Behandlung zugänglich ist. Diltheys Darstellung konzentriert sich auf die paradigmatische Rolle der Mathematik für die Entstehung der metaphysischen

Leitvorstellung, die Wirklichkeit im ganzen sei vernünftig strukturiert und deshalb auch in ihrem An-sich-Sein kognitiv zugänglich. In dieser Perspektive gilt der analytische Charakter unserer begrifflichen Erkenntnis zwar als die notwendige Bedingung gesicherten Wissens, birgt gleichzeitig aber auch die Gefahr, daß Teilaspekte sachwidrig verabsolutiert werden: zum einen Teilinhalte innerhalb der Vielfalt rational erkennbarer Strukturen, zum anderen der rational-erkennende Teilaspekt des menschlichen In-der-Welt-Seins gegenüber seiner ursprünglichen Mehrdimensionalität.

Die Entstehungsphase metaphysischer Grundpositionen in der griechischen Antike stellt Dilthey in subtilen Analysen ausführlich dar, wobei er in Abhängigkeit von der Bedeutung religiöser Vorstellungen die mechanistische, pantheistische und monotheistische Weltansicht klassifizierend unterscheidet. Die mechanistische Metaphysik von Leukipp und Demokrit sieht von transzendenten Mächten bewußt ab und führt alle Wirklichkeit auf Atome und ihre Bewegung zurück. In den pantheistischen Konzeptionen, wie sie aus älteren Quellen vor allem in der Stoa entwickelt worden sind, dominiert dagegen die Vorstellung der Allbeseeltheit, einer die gesamte Realität durchdringenden und lenkenden Instanz. Anaxagoras gilt Dilthey als Begründer des »griechischen Monotheismus«, der Lehre »von der Vernunft als dem selbständigen, zweckmäßig wirkenden Beweger« (GS I, 166) des Kosmos. Diese so verschiedenen metaphysischen Entwürfe kommen jedoch alle darin überein, daß in ihnen bestimmte Eigentümlichkeiten der menschlichen Erfahrung unkritisch-verabsolutierend auf die Wirklichkeit im ganzen ausgedehnt werden: »[...] jeder Gestalt des europäischen Denkens folgt [daher] das skeptische Bewußtsein der Schwierigkeiten und Widersprüche in den grundlegenden Voraussetzungen« (GS I, 173).

Durch Sokrates und Platon wird eine neue Stufe philosophischer Selbstkritik erreicht. Sokrates hat nach Dilthey zum einen das kritische Verfahren entwickelt, jede Behauptung nach ihrem Geltungsgrund zu befragen, und zum anderen als erster den theoretischen Rückgang auf das Bewußtsein praktiziert. Indem Sokrates diesen aber nur als »Rückgang in den Erkenntnisgrund des Wissens« – also unter Ausschluß des Affektiven und Voluntativen – betrachtet, drängt er die Fragestellung in die Richtung einer »Metaphysik als Vernunftwissenschaft« (GS I, 179), wie sie später von Platon konzipiert worden ist. Mit den klassischen Denkern Griechenlands konstituiert sich die Metaphysik als eine »Begriffsphilosophie«, die die allgemeinsten Strukturen der Wirklichkeit in einem System fundamentaler Begriffe, den »substanzialen Formen« (GS I, 184), darstellen möchte.

Logik und Metaphysik traten bei Aristoteles in eine noch engere Beziehung, denn dieser verstand die logischen Formen von Begriff, Urteil und Schluß als genaue Entsprechungen ontologischer Strukturen. In der aristotelischen Philosophie sieht Dilthey den deutlichsten und geschichtlich wirksamsten Ausdruck eines korrespondenztheoretischen Verständnisses der Beziehung von Denken und Sein: Die Strukturen des Denkens und Erkennens sollen den objektiven Strukturen der Wirklichkeit *entsprechen.* Diesen so wirksamen Gedanken von der Wahrheit als Abbildung von Realität hält er für »*vollständig dunkel*: Wie ein Gedachtes einem draußen wirklich Existierenden entsprechen könne, davon kann sich niemand eine Vorstellung machen.« (GS I, 198) Hier zeigt sich besonders deutlich, daß die lebensphilosophische Betonung der nichtkognitiven Aspekte unseres Weltzugangs auch das Wahrheitsverständnis radikal verändert: Wahrheit kann dann nicht mehr als passive Abbildung einer subjektunabhängigen Realität verstanden werden; sie wird jener aktiven, auch Wille und Gefühl einschließenden Auseinandersetzung mit der Welt untergeordnet, die den Lebensprozeß ausmacht. Anders formu-

Aristoteles

liert: Metaphysik verstand sich seit Aristoteles als die Erkenntnis eines »objektiven, im Kosmos realisierten Begriffssystems« (GS I, 199). Diese Konzeption ist mit der erkenntnispsychologischen Einsicht unverträglich, daß Wirklichkeit uns nur im wertend-wollend-erkennenden Lebensprozeß erfahrbar wird, also immer schon von den Subjekten *mit* geformt ist.

Für das Verständnis von Diltheys eigener Position ist seine Interpretation der Kritik besonders aufschlußreich, die von den nacharistotelischen Skeptikern seit Pyrrhon am Erkenntnisoptimismus metaphysischer Philosophie geübt worden ist. Skeptische Philosophen hatten immer wieder darauf hingewiesen, daß unsere Wahrnehmungen nicht den Schluß auf die objektive Realität des in ihnen Gegebenen zulassen, daß wir – wie es Dilthey mit Kant formuliert – das Ding an sich nicht erkennen können. Dilthey hält diese Kritik, soweit sie die Erkennbarkeit des objektiven Weltzusammenhangs betrifft, für überzeugend und endgültig. Das Endurteil der Skepsis »über die ganze Position des Metaphysikers ist in Geltung geblieben, sie haben die Metaphysik zersetzt: aber die Wahrheit ist eben nicht Metaphysik« (GS I, 236). Allerdings bleibe die Skepsis der Metaphysik noch verhaftet. Sie beziehe Wahrheit nämlich wie diese auf das vom Subjekt unabhängige Bestehen von Sachverhalten in der objektiven Welt und schließe dann fälschlich von der Unhaltbarkeit dieser Auffassung auf die Unmöglichkeit wahrer Erkenntnisse. Weil wir keine wahren Aussagen darüber machen können, wie die Wirklichkeit unabhängig von unserer Erkenntnis beschaffen wäre – wir müßten dafür in der Lage sein, zugleich wegzusehen und hinzuschauen –, sollen wahre Aussagen als solche unmöglich sein. Der Skeptiker schüttet aber Dilthey zufolge das Kind mit dem Bade aus. Er »erweist die *Unmöglichkeit*, den objektiven Zusammenhang der *Außenwelt* zu erkennen« (GS I, 237), übersieht aber, daß die Tatsachen des Bewußtseins als solche in ihrem phänomenalen Gehalt schlechthin gewiß sind, daß uns im Innewerden psychischer Zustände ein sicheres, wenn auch – modern gesagt – prädiskursives Wissen gegeben ist. Kurz: Er begreift den »Satz der Phänomenalität« nur in seiner negativen Bedeutung und verkennt seinen positiven Gehalt. Deshalb hat der Skeptizismus zwar die Selbstgewißheit metaphysischen Denkens erfolgreich erschüttern können, die erkenntnistheoretische Selbstbesinnung auf den inneren Zusammenhang des bewußten Lebens aber nicht gefördert.

Mit der Begegnung von griechischer Metaphysik und christlicher Wirklichkeitserfahrung entsteht eine grundsätzlich neue Situation. Während sich das metaphysische Erkenntnisinteresse in der vorchristlichen Antike weitgehend auf den kognitiven Zugang zu objektiven Strukturen konzentriert hatte, dominierten im Weltverhältnis des Christentums nach Dilthey der voluntative und affektive Aspekt: »Die Erfahrungen des Willens und des Herzens verschlingen mit ihrem ungeheuren Interesse jeden anderen Gegenstand des Wissens, sie erweisen sich in ihrer *Selbstgewißheit* allmächtig gegenüber jedem Ergebnis der Betrachtung des Kosmos sowie gegenüber jedem Zweifel, der aus Erwägungen über das Verhältnis der Intelligenz zu den von ihr abzubildenden Gegenständen stammte.« (GS I, 251) Mit dem frühen Christentum ist innere Erfahrung zu einer weltbildprägenden Kraft geworden. Die »Christianisierung« der griechischen Philosophie – oder, aus gegensätzlicher Perspektive, die metaphysische Überformung des Christentums – vollzog sich als eine wechselseitige Durchdringung von kognitiven Weltbildern einerseits, wertenden Daseinsdeutungen und praktischen Lebensformen andererseits. Dieser folgenreiche Prozeß hat nach Dilthey die Gestalt einer »Vergeschichtlichung« der Metaphysik. Indem nämlich der christliche Glaube den jüdischen Offenbarungsgedanken zur Vorstellung des menschgewordenen Gottessohnes radikalisiert, wird Gott selbst, der höchste Gedanke religiöser Sinndeutung, »in geschichtlicher Lebendigkeit ergriffen« (GS I, 254). Im frühen Christentum entsteht damit etwas weltgeschichtlich Neues: das geschichtliche Bewußtsein.

Die dogmatische Entwicklung der ersten Jahrhunderte deutet Dilthey vor dem Hintergrund seiner These, daß die Komplexität innerer Erfahrung sich nie vollständig in ein begriffliches System übersetzen läßt. Diese Schwierigkeit verschärft sich, wenn die Arbeit der Begriffsbildung dem von der griechischen Metaphysik überkommenen Mißverständnis unterliegt, nicht etwa die Selbsterfahrung bewußten Erlebens, sondern objektive Sinnstrukturen faßbar zu machen. Im Lichte dieser beiden Einsichten erscheint die Entstehung eines Systems dogmatischer Glaubenssätze als kognitivistisches Selbstmißverständnis des inneren Erlebens: »Wenn es [das Christentum] den Gehalt seiner Erfahrung zu klarem Bewußtsein bringen wollte, mußte es ihn in den Vorstellungszusammenhang der Außenwelt aufnehmen, welchem derselbe nach den Beziehungen von Raum, Zeit, Substanz und Kausalität eingeordnet wurde. So war die Entwicklung dieses Gehalts im Dogma zugleich seine Veräußerlichung.« (GS I, 258) Am deutlichsten läßt sich der unlösbare Konflikt zwischen der Entdeckung innerer Erfahrung und der Suche nach einer objektiv gültigen Metaphysik bei Augustinus beobachten.

Augustinus erscheint zunächst als Protagonist der Wende zum Subjekt, zur inneren Realität des bewußten Lebens. Selbstbesinnung, in der das Individuum sich als geschichtlich Gewordenes erfährt, bilde, so Dilthey, den Ausgangspunkt seiner begrifflich-theoretischen Anstrengungen. Die Betonung der Geschichtlichkeit im persönlichen Lebensvollzug wie im göttlichen Handeln ist eng verknüpft mit einer im Willen zentrierten Selbsterfahrung. Im personalen Gottesbild des Augustinus wird das erkennende gegenüber dem wollenden Subjekt zweitrangig, weil der individuelle Wille nun als Kern der Person, als Zentrum der religiösen Suche nach Begegnung mit Gott erfahren wird. Augustinus überwindet nach Dilthey die intellektualistische Verkürzung des metaphysischen Denkens auf der Ebene subjektiver Erfahrung, indem er diese als *Leben* begreift und das im Lebensprozeß Gewahrte als unmittelbare Gewißheit auffaßt. Er baut diese Einsichten aber nicht zu einer Theorie des inneren Erlebens aus, sondern fällt in platonische Deutungsmuster zurück, die er zu einer »Metaphysik des Willens« (GS I, 267) modifiziert.

Diltheys Darstellung des mittelalterlichen Denkens konzentriert sich auf die innere Spannung zwischen der religiösen Wirklichkeitserfahrung und ihrer Objektivierung in kognitiven Weltbildern. Was zuerst an Augustinus verdeutlich wurde, soll für die monotheistischen Religionen Judentum, Christentum und Islam ingesamt gelten: Sie »haben ihren Mittelpunkt in einem Willensverhältnis[27] des Menschen zu Gott« (GS I, 273). Dieses Willensverhältnis ist an die Binnenperspektive von Subjekten gebunden und daher nicht in einem System objektiver Sachverhalte darstellbar. Sobald das in innerer Erfahrung Gewahrte zu einer Vorstellung vergegenständlicht wird, entstehen daher Antinomien, nicht aufzuhebende Widersprüche zwischen dem subjektiven und dem objektiven Standpunkt[28]. Die fundamentalste Antinomie kommt nach Dilthey dadurch zustande, daß wir uns aus der Binnenperspektive wollender Subjekte heraus als frei erfahren, durch die religiöse Vorstellung eines allmächtigen und allwissenden Gottes aber gleichzeitig genötigt werden, unsere freien Handlungen als durch Gott vollständig bedingt zu verstehen. In dieser religiösen Antinomie drückt sich die Unvereinbarkeit der subjektiven und der objektiven Perspektive als Konflikt zwischen menschlicher und göttlicher Freiheit aus. Da ein und dieselbe freie Handlung nur einem einzigen Subjekt als Verursacher zugeschrieben werden kann, schließen sich menschliche und göttliche Freiheit gegenseitig aus. Unlösbar ist diese Antinomie, weil sie innere Erfahrung und äußere Kausalität auf derselben Ebene ansiedelt. Darauf kann der religiöse Glaube aber prinzipiell nicht verzichten, denn seine Vorstellung von einem freien, gütigen, allmächtigen Gott beruht ja gerade auf einer Übertragung von subjektiven Erlebnisgehalten auf die subjektunabhängige Wirklichkeit. In ähnlicher Weise bringt der Versuch, die Gehalte religiöser Erfahrung in den Vorstellungszusammenhang göttlicher Eigenschaften zu bringen, Antinomien hervor. So entsteht das unauflösbare Problem der Theodizee durch die Verbindung der Prädikate »Allmacht« und »Güte« in Gott. Diese Prädikate schließen sich aus, denn ein allmächtiger Gott hat auch das Böse verursacht oder wenigstens zugelassen, was mit seiner universalen Güte unvereinbar ist.

Der für das metaphysische Denken ruinöse Widerspruch zwischen äußerer Vorstellung und innerer Erfahrung verschärfte sich nach Diltheys Rekonstruktionsversuch im 13. Jahrhundert dadurch, daß, durch die Rezeption arabischer Philosophen, kosmologische und naturwissenschaftliche Fragestellungen in den Begriffsraum christlicher Theologie eindrangen. Wo der verklärende Blick der Neuscholastik harmonische Synthesen von Philosophie und Theologie zu sehen glaubt, macht Dilthey zersetzende Konflikte aus, die auf ein Grundproblem zurückgeführt werden können: den »Widerspruch zwischen dem Zusammenhang der Natur, deren Begriff von der äußeren Wahrnehmung aus festgestellt wird, und der moralisch-religiösen Weltordnung, deren Gewißheit von den inneren Erfahrungen des Willens aus in der Menschheit entstanden ist« (GS I, 317). So entstehen die Antinomien zwischen Intellekt und Wille Gottes, zwischen der Ewigkeit der Welt und ihrer zeitlichen Schöpfung. Derselbe Grundwiderspruch findet sich auch in den mittelalterlichen Deutungen der geschichtlich-sozialen Welt, als Spannung zwischen der zeitlich-dynamischen Erfahrung von Freiheit und der statischen Vorstellung einer objektiven Ordnung gesellschaftlicher Wirklichkeit. »Die lebendige persönliche Erfahrung des Willens, welcher Bedürfnis und Veränderung einschließt, kann nicht in Einklang gebracht werden mit der unveränderlichen Welt ewiger Gedanken, in denen der Intellekt die notwendige und allgemeingültige Wahrheit besitzt.« (GS I, 349) Am Ausgang des Mittelalters haben sich die innere und äußere Perspektive schon soweit differenziert, daß ihre Verbindung in einem metaphysischen Weltbild aporetische Züge annimmt.

Seine Behandlung der neuzeitlichen Entwicklung überschreibt Dilthey: »Die Auflösung der metaphysischen Stellung des Menschen zur Wirklichkeit« (GS I, 351). In der Neuzeit kommt es zu einem irreversiblen Prozeß sozialer Differenzierung, in dem sich Recht, Kunst und Wissenschaft als relativ selbständige Subsysteme etablieren können, ohne noch an metaphysische Totalisierungen gebunden zu sein. Die metaphysische Denkform löst sich in diesem Prozeß zwar noch keineswegs auf, sondern erreicht sogar im Gegenteil in den großen Systemen des 17. Jahrhunderts und im Deutschen Idealismus einen neuen Höhepunkt. Es kommt aber zu einem gesellschaftlichen Funktionswandel der Metaphysik, in dem sich ihr objektiv obsoleter Charakter gegen die Selbstauffassung ihrer Vertreter durchsetzt: »Eine *freie Mannigfaltigkeit von metaphysischen Systemen*, deren keines erweisbar ist, hat sich nun gebildet.« (GS I, 358) Diese Systeme können nach der Zersetzung ihrer Denkform in den spätmittelalterlichen Antinomien und nach dem Aufkommen selbständiger, positiver Wissenschaften nicht mehr als verbindliche, objektiv gültige Weltanschauungen auftreten. Obwohl sie in ihrem Selbstverständnis diesen Anspruch erheben – am deutlichsten wohl bei Hegel –, werden sie in der sozialen Realität nur noch als »Privatsysteme« (GS I, 358) rezipiert, im besten Fall als gültiger Ausdruck der spezifischen Art und Weise, in der repräsentative Individuen die Welt betrachten.

Korrelativ zum Niedergang der Metaphysik, ihrer gesellschaftlichen Verbannung ins Reich subjektiver Gemütsbedürfnisse, vollzieht sich der Aufstieg der Naturwissenschaften. Er setzt voraus, daß ein bestimmter Aspekt des Erlebens – die äußere Wahrnehmung – durch Abstraktion aus seinem Kontext herausgelöst wird: »Das Naturerkennen scheidet sich von dem seelischen Gesamtleben ab.« (GS I, 359) Dilthey insistiert daher auch darauf, daß das naturwissenschaftliche Weltverständnis keine neue Metaphysik begründet. Die Grundbegriffe der Naturwissenschaft wie Gesetz, Kraft oder Atom stehen genauso unter dem »Satz der Phänomenalität« wie die Grundbegriffe der Geisteswissenschaften. Sie sind Konstruktionen, »Geschöpfe des wissenschaftlichen Verstandes« (GS I, 369), mit denen wir uns die Strukturen der Natur modellhaft erklären, keine Wesenheiten, die in der objektiven Realität vorkommen. Versuche, auf der Grundlage naturwissenschaftlicher Erkenntnisse eine neue, Subjekt und Natur übergreifende Metaphysik zu entwickeln[29], sind daher in zwei Hinsichten unzureichend: Sie übersehen, daß sich die Naturwissenschaften nur durch Abstraktion aus einem umfassenderen Erfahrungszusammenhang entwickelt haben und diesen daher nie vollständig einholen können. Und sie umgehen den erkenntnistheoretischen Vorbehalt, daß auch unser Wissen von der Natur keine objektiven Strukturen abbildet, sondern durch die Bedingungen des Lebensprozesses mitbestimmt ist.

Im Kontrast zu den Naturwissenschaften und zur Metaphysik bestimmt Dilthey am Ende des zweiten Buchs der *Einleitung* die Rolle der Geisteswissenschaften. Ihr Gegenstand ist die geschichtlich-gesellschaftliche Wirklichkeit in den Grenzen dessen, was durch Analyse und begriffliche Bearbeitung innerer Erfahrung zugänglich wird. Sie müssen ohne eine teleologisch ausgerichtete Metaphysik der Geschichte auskommen. Damit tritt gegenüber allen begrifflichen Vereinfachungen die »grenzenlose

Vieldeutigkeit des *geschichtlichen Stoffes*« (GS I, 374) hervor: eine Grunderfahrung des Historismus, die nach Dilthey nur in dem Maße begrenzt werden kann, in dem eine strukturale Analyse interne Beziehungen (»Zwecksysteme«) zwischen den historischen und sozialen Phänomenen zu rekonstruieren imstande ist.

In der Entstehungsphase der Geisteswissenschaften im 17. und 18. Jahrhundert wurde die Diversität dieser Phänomene zunächst mit Hilfe einer theoretischen Konstruktion erfaßt, für die Dilthey den Titel »natürliches System« geprägt hat. Seinen verschiedenen Ausprägungen als Naturrecht, natürliche Theologie, natürliche Religion usw. sind im zweiten Band der *Gesammelten Schriften* umfangreiche Untersuchungen gewidmet. Das »natürliche System« bezog die Erscheinungen der geschichtlich-gesellschaftlichen Wirklichkeit nicht mehr auf objektive Seinsstrukturen, sondern auf *den* Menschen, verstanden als Kollektivsingular. Zum universellen Erklärungsinstrument avancierte damit die menschliche Natur, wobei diese sowohl eher psychologisch als auch eher biologisch-naturalistisch aufgefaßt werden konnte. Gegenüber dem falschen Objektivismus der Metaphysik war das ein entscheidender Fortschritt. Auf der anderen Seite orientierte sich die naturalistische Auffassung der Geisteswissenschaften aber an einer zeitlosen, der Geschichte wie der Gesellschaft vorgängigen Menschennatur und konnte deshalb ihrem Gegenstand nicht gerecht werden. Bei genauerer Betrachtung löst sich die Fiktion einer solchen einheitlichen Natur auf und weicht der Einsicht in die vielfältigen Interdependenzen von psychologischen, geschichtlichen, sozialen, biologischen usw. Faktoren der menschlichen Entwicklung, die nur in empirischen Analysen gewonnen werden können. »So geht der *Fortschritt der Geisteswissenschaften* durch das *natürliche System* zur *entwicklungsgeschichtlichen* Ansicht.« (GS I, 382)

In dem als Entwicklungszusammenhang verstandenen Lebensprozeß der Subjekte bündeln sich die verzweigten Argumentationen der *Einleitung.* Erkenntnistheoretische Selbstbesinnung und kritische Rekonstruktion der Metaphysikgeschichte konvergieren in der Einsicht, daß wir nicht hinter das Leben zurückgehen können, um uns an objektive Strukturen zu halten:

»Bilder des eigenen Selbst, Bilder des psychischen Lebens sind es, welche den Metaphysiker geleitet haben, als er über Denkbarkeit entschied und deren insgeheim wirkende Gewalt ihm die Welt umwandelte in eine ungeheure phantastische Spiegelung seines eigenen Selbst. Denn das ist das Ende: der metaphysische Geist gewahrt sich selber in phantastischer Vergrößerung, gleichsam in einem zweiten Gesicht.

So trifft die Metaphysik am Endpunkt ihrer Bahn mit der Erkenntnistheorie zusammen, welche das auffassende Subjekt selber zu ihrem Gegenstand hat. Die Verwandlung der Welt in das auffassende Subjekt durch diese modernen Systeme ist gleichsam die Euthanasie der Metaphysik.« (GS I, 405)

Dilthey versteht die Geisteswissenschaften als das nach-metaphysisch ernüchterte, wissenschaftliche Medium jener »Selbstbesinnung«, durch die bewußtes Leben sich in der Welt orientiert, die es selbst hervorgebracht hat.

3. Diltheys mittlere Phase: Ästhetik, Pragmatismus und deskriptive Psychologie

Mit dem ersten Band der *Einleitung* hatte Dilthey ein programmatisches Werk veröffentlicht, in dem die Selbständigkeit der Geistes- gegenüber den Naturwissenschaften im Rückgang auf die Subjektivität des bewußten Erlebens verteidigt worden war. Wie besonders in den nachgelassenen Texten zur Fortsetzung des ersten Bandes deutlich wird, basiert sein theoretisches Projekt der Erschließung unreduzierter Erfahrung auf einer »Erkenntnistheorie der ersten Person«, die sich auf die Binnenperspektive gelebten Lebens einläßt. Für Dilthey hat daher der ständige Verweis auf die in innerer Erfahrung gegebenen Bewußtseinstatsachen einen präzisen Sinn: Er soll daran erinnern, daß Wirklichkeit zunächst im alltäglichen Lebensvollzug der Subjekte als bewußtes Erleben gegeben ist, bevor sie Gegenstand wissenschaftlicher Erkenntnis werden kann. Dilthey wollte die Geisteswissenschaften als diejenigen wissenschaftlichen Disziplinen verstanden wissen, die den primären Modus sinnhafter Welterschließung systematisch erforschen, ihm sozusagen theoretisch die Treue halten.

Allerdings wußte er genau, daß der Erlebnisstrom in seiner Unmittelbarkeit auch durch eine Erkenntnistheorie innerer Erfahrung nicht theoriefähig gemacht werden kann, weil er nur im Selbstvollzug des erlebenden Subjektes gegeben ist. Wird also mit der Anbindung der Geisteswissenschaften an die Perspektive der ersten Person nicht eine falsche Unmittelbarkeit suggeriert? Diese Schwierigkeit bewog Dilthey später zu der Einsicht, daß die Geisteswissenschaften als Ausgangsmaterial ihrer begrifflichen Operationen keine Erlebnisse, sondern nur – bereits symbolisch geformte – Erlebnis*ausdrücke* verwenden können. Hier liegt sicher ein zentrales Problem des bewußtseinstheoretischen Ansatzes. Es hat, zusammen mit verwandten Problemen, die weitere Entwicklung der geisteswissenschaftlichen Methodik bestimmt. Auf die wichtigsten Probleme möchte ich kurz hinweisen:

— Schon in der *Einleitung* hatte Dilthey zwar den Zusammenhang der einzelnen Erlebnisse betont und ihn durch den Begriff der »Struktur« verdeutlicht. Das Verhältnis zwischen der Totalität des Bewußtseins und seinen einzelnen Erscheinungsformen war damit aber kaum befriedigend geklärt. Wenn Dilthey also darin recht behalten wollte, daß der Stellenwert und die Verarbeitung der Erlebnisse von der Struktur des Ganzen bestimmt wird – und umgekehrt –, dann mußte er eine Theorie des seelischen Zusammenhangs und seiner Entwicklung vorlegen. Seine Untersuchungen zur Ästhetik aus der zweiten Hälfte der achtziger Jahre sind von dieser sachlichen Notwendigkeit geleitet. Am Beispiel poetischer Prozesse arbeitet Dilthey dort allgemeine Strukturmerkmale psychischer Bildungsprozesse heraus.

— In methodischer Hinsicht äußert sich das Problem als Spannung zwischen dem analytischen Verfahren Diltheys und seiner Betonung der Totalität des Seelenlebens. Wenn »das Ganze« nur durch Zergliederung seiner Teile zugänglich wird, andererseits aber die Teile nur durch den Vorgriff auf einen Begriff des Ganzen als *dessen* Teile erkennbar werden, dann entsteht das klassische Problem des hermeneutischen Zirkels. Dilthey hat versucht, diesem durch ein besseres Verständnis von individuellen wie gesellschaftlich-geschichtlichen Entwicklungsprozessen gerecht zu werden.

— Die Konzentration auf das bewußte Erleben läßt die Frage

zunächst offen, welche Erlebnisgehalte für die Geisteswissenschaften zentral sind: die Manifestationen psychischer Individualität oder die Ausdrucksformen geschichtlich-gesellschaftlicher Wirklichkeit. Wie ist das Verhältnis von Psychologie und Geschichte zu bestimmen? Diltheys hartnäckige Suche nach einer psychologischen Grundlegung der Geisteswissenschaften scheint hier zunächst den geläufigen Vorwurf des Psychologismus zu bestätigen. Klarheit läßt sich in dieser Frage aber nur gewinnen, wenn man zwei Bedeutungen von »Psychologie« unterscheidet: Psychologie im Sinne einer erkenntnisanthropologischen Analyse der Gegebenheitsform geistiger Phänomene überhaupt darf nicht mit Psychologie im Sinne einer Wissenschaft von den Inhalten des individuellen Bewußtseins verwechselt werden. Diltheys weitere Entwicklung ist dadurch gekennzeichnet, daß die *methodischen* Grundlagenreflexionen der *Einleitung* (erste Bedeutung von Psychologie) ihre Gültigkeit zwar behalten, der *Gegenstand* der Geisteswissenschaften aber immer deutlicher in intersubjektiven, kulturell tradierten Bedeutungsgehalten gesehen wird, die sich ohne Bezug auf die Psychologie in ihrer zweiten Bedeutung bestimmen lassen. Auf dem Weg zur Klärung dieser Fragen bilden seine Untersuchungen zur deskriptiven Psychologie eine wichtige Etappe.

— Dilthey scheint zwischen einem geistigen Gehalt im allgemeinen und seinem psychischen Repräsentiertsein gar nicht zu unterscheiden. Der Satz »Wasser kocht bei hundert Grad« ist aber nicht damit identisch, daß ich ihn gerade denke; er kann vielmehr als derselbe zum Bewußtseinsinhalt zahlloser Subjekte werden. Die Erkenntnis, daß Bedeutungen nicht mit ihrem mentalen Gegebensein zusammenfallen, markiert eine weitere Grenze psychologischer Analysen. Diese Erkenntnis hat Dilthey erst in seinem Spätwerk verarbeitet, in dem er Psychologie und Hermeneutik deutlich voneinander unterschied.

– Seine Vorgehensweise, beim Bewußtsein mit seiner Betonung phänomenaler Realität anzusetzen, zieht Dilthey den Verdacht zu, sich in allzu großer Nähe zum Idealismus zu befinden. Wird nicht die gesamte Realität vergeistigt, wenn Bewußtseinstatsachen derart in den Mittelpunkt rücken? Auf dieses Problem reagiert Dilthey, indem er herausarbeitet, wie das bewußte Erleben die pragmatische Grundstruktur des menschlichen In-der-Welt-Seins sichtbar macht: Im Erlebnisstrom kommt ein wesentlich praktischer Weltbezug zum Bewußtsein, den Dilthey näher als reziproke Beziehung von Subjekt und umgebendem Milieu bestimmt. In seinen Arbeiten aus der Zeit um die neunziger Jahre entwickelt er eine handlungstheoretische Konzeption des Bewußtseins, mit der die idealistische Schlagseite des Begriffs innerer Erfahrung überwunden werden soll.

In dem Jahrzehnt nach der Veröffentlichung der *Einleitung* unternimmt Dilthey drei wichtige Schritte auf dem Weg zu einer philosophischen Grundlegung der Geisteswissenschaften: Er fragt – am Beispiel der Ästhetik – nach den Strukturgesetzen, die den Bewußtseinszusammenhang entstehen lassen, er interpretiert das bewußte Erleben als die Innenseite einer praktischen Wechselbeziehung von Selbst und Umgebung und er erkundet die Reichweite einer beschreibenden Psychologie für die adäquate Erfassung geistiger Phänomene. Diese Schritte sollen in den folgenden Abschnitten nachvollzogen werden.

Die »Modellwissenschaft« der Ästhetik

Nach Dilthey dürfen wir uns die einzelnen Bestandteile des Bewußtseins – Erinnerungen, Wahrnehmungen, Vorstellungen, Gefühle, Willensimpulse, Hoffnungen etc. – nicht als psychische Atome denken, die in wechselnden Konstellationen im Erlebnisstrom auftauchen. Die unterschiedlichen Komponenten unseres bewußten Erlebens hängen vielmehr miteinander in der Weise zusammen, daß sie eine dynamische Totalität bilden, die all ihren Bestandteilen eine spezifische Färbung verleiht. Dabei bleiben die Elemente des Psychischen nicht unverändert, sondern modifizieren sich ständig. Dilthey war der Überzeugung, daß die Wechselwirkungen der Bewußtseinsgehalte untereinander und mit dem psychischen Ganzen bestimmten Gesetzmäßigkeiten folgen, die sich am Entstehungsprozeß poetischer Gebilde besonders deutlich beobachten lassen.

Seine Poetik hat daher in zweifacher Hinsicht Modellcharakter: Dilthey analysiert am Paradigma dichterischen Schaffens nicht nur jene psychischen Vorgänge, die für künstlerische Produktionen im allgemeinen charakteristisch sein sollen, er betrachtet auch die Poetik als eine Art von »Modellgeisteswissenschaft«[30]. Die dichterische Umsetzung des Erlebens in fixierte Ausdrucksgestalten soll die Funktionsweise der psychischen Totalität erkennen lassen, wie auch umgekehrt der produktionsästhetische Prozeß vom Lebenszusammenhang her gedeutet wird: »Leben« rückt in eine ästhetische Perspektive, Kunst wird zur Artikulation bewußten Erlebens. Daß diese psychologische Interpretation von Kunst als Lebensausdruck die Unterschätzung der transindividuellen Bedeutungen der Kunstwerke begünstigt, die in ihrer Symbolstruktur enthalten sind, ist ein berechtigter und häufig erhobener Einwand. Dilthey selbst hat in seinem Spätwerk die Hermeneutik objektiver Bedeutungsgestalten ins Zentrum gerückt. Zum Verständnis der Art und Weise, in der sich das psychische Leben der Individuen als ein Zusammenhang organisiert, trägt die Poetik der späten achtziger Jahre dennoch wichtige Einsichten bei.

Schon in der programmatischen Rede über *Dichterische Einbildungskraft und Wahnsinn* von 1886 erteilt Dilthey der romantischen Vorstellung einer inneren Verwandtschaft von künstlerischem Genie und seelischer Krankheit eine schroffe Absage. Er begreift den Dichter als paradigmatischen Menschen und erwartet sich von einer psychologischen Analyse des poetischen Prozesses daher ein besseres Verständnis der holistischen Funktionsweise unseres Bewußtseins. Das »*Genie ist keine pathologische* Erscheinung, sondern der *gesunde, der vollkommene Mensch.*« (GS VI, 94)

Als methodischer Grundbegriff fungiert dabei die Kategorie der »Einbildungskraft«. Dilthey versteht sie als das für die Genese des Bewußtseinszusammenhangs konstitutive Vermögen, gegebene Erfahrungen durch Umgruppierung, Intensitätsveränderung, phantasievolle Ergänzung etc. zu überschreiten. Während die Einbildungskraft im allgemeinen in den Zusammenhang unserer praktischen Orientierung in der Welt eingebunden bleibt, ist die dichterische Einbildungskraft vom Realitätsprinzip suspendiert: »[...] freie Gestaltung der Bilder und ihrer Verbindungen, uneingeschränkt von den Bedingungen der Wirklichkeit« (GS VI, 93).

Mit dem Wirken der Einbildungskraft eng verbunden ist eine weitere zentrale Kategorie Diltheys, der »erworbene Zusammenhang des Seelenlebens« (GS VI, 95). Er tritt an die Stelle der traditionellen Vorstellung, die Seele sei eine metaphysische Substanz, und fungiert als regulierende Größe, die die einzelnen Aspekte des Erlebnisstroms durch Bewertung, Ordnung, Verbindung von aktuellen Wahrnehmungen und Erinnerungen zu Komponenten einer übergreifenden Einheit synthetisiert. Nach Dilthey ist die ständig neue Bestimmung dieses Verhältnisses von Teil und Ganzem ein zentrales Moment der Bewußtseinstätigkeit: »Die höchste und schwierigste Leistung des Seelenlebens besteht darin, den erworbenen Zusammenhang desselben auf die gerade im Blickpunkt des Bewußtseins befindlichen Wahrnehmungen, Vorstellungen und Zustände wirken zu lassen.« (GS VI, 94) Im Falle des Traums und bei pathologischen Erscheinungen fällt, so glaubt Dilthey, die regulierende Wirksamkeit des erworbenen Zusammenhangs aus, während sie im poetischen Prozeß besonders deutlich spürbar ist, nur eben befreit von der Bindung an lebenspraktische Notwendigkeiten.

Daß ein kohärentes und konsistentes Wirklichkeitsverhältnis eine psychische Integrationsinstanz voraussetzt, die die einzelnen Erlebnisse aufeinander bezieht, ist Diltheys Grundgedanke, der jeden psychischen Atomismus unmöglich macht. Erst durch die ständige, in der Regel unbewußte Wirksamkeit des erworbenen Zusammenhangs ist eine Welt für uns da:

»Und zwar umfaßt dieser Zusammenhang unsere Vorstellungen, die in unseren Gefühlen gegebenen Wertbestimmungen und die in unserem Willen entstehenden Zwecke. Er besteht nicht in den Inhalten allein, sondern auch in den Verbindungen zwischen ihnen. Diese Verbindungen werden als Verhältnisse von Vorstellungen, als Wertabmessung, als Ordnung der Zwecke erfahren, erlebt und dann dem Zusammenhang des Seelenlebens eingeordnet. [...] Dieser Zusammenhang des Seelenlebens wirkt nun auf die im Blickpunkte des Bewußtseins befindlichen Vorstellungen oder Zustände. Er wird besessen und wirkt und ist doch nicht bewußt. Seine Bestandteile sind nicht klar vorgestellt, nicht deutlich getrennt; ihre Verbindungen sind nicht unterscheidbar herausgehoben; und doch sind die im Bewußtsein befindlichen Vorstellungen und Zustände an diesem Zusammenhang orientiert, an ihm begrenzt, bestimmt und begründet. Dunkel, wie wir ihn besitzen, reguliert und beherrscht er Affekte und Eindrücke. [...] So wirkt dieser erworbene Zusammenhang in einer sehr feinen und doch kraftvollen Weise regulierend. Er erhält das feste Verhältnis zu der ganzen erarbeiteten Einsicht in die Wirklichkeit. Mindert sich seine Energie, dann verliert der Geist die Kontrolle gegenüber willkürlichen Auslegungen des auf ihm lastenden Gefühlsdrucks, gegenüber auftretenden Halluzinationen.« (GS VI, 94f.)

Diese welterschließende Funktion des erworbenen psychischen Zusammenhangs läßt sich nicht nur in geisteswissenschaftlichen, sondern auch in neurophysiologischen Begriffen darstellen: »In der Großhirnrinde sind die Bedingungen für die Reproduktion von Vorstellungen und ihren Verbindungen angesammelt, aufgespeichert. Sie ist gegenüber den einzelnen Reizungen, welche die subkortikalen Zentren in die Hemisphäre werfen, gleichsam ein großer Ordnungs-, Hemmungs- und Regulierungsapparat.« (GS VI, 95, vgl. auch 168) Dilthey nimmt also durchaus psychischen Vorgängen gegenüber verschiedentlich eine objektivierende Perspektive ein, die sich auf den Standpunkt des neutralen Beobachters – der dritten Person – und nicht den des subjektiven Erlebens – der ersten Person – stellt. Er ist sich dessen bewußt, daß die Beobachterperspektive immer möglich ist, daß jedes subjektive Erlebnis eine objektive Seite hat, von der aus es sich als physikalisches bzw. physiologisches Geschehen darstellt. »Die Unmöglichkeit der Ableitung von geistigen Tatsachen aus solchen der mechanischen Naturordnung, welche in der Verschiedenheit ihrer Provenienz gegründet ist, hindert nicht die Einordnung der ersteren in das System der letzteren.« (GS I, 11)

Wir können also vom Standpunkt des Beobachters aus alle geistigen Phänomene als neurophysiologische beschreiben, wir können sogar, wie es Dilthey selbst versucht hat, die psychische Integrationsinstanz des erworbenen Zusammenhangs erklären, indem wir auf die neuronalen Verbindungswege zwischen Gehirnarealen hinweisen, durch die die Verarbeitung von Reizen gesteuert wird. Mit einer solchen Erklärung wird aber gar nichts darüber gesagt, wie sich die neurophysiologischen Prozesse aus der Perspektive der ersten Person darstellen. Die Binnenperspektive des Erlebens kann nach Dilthey dem Zusammenhang der physikalischen Welt zwar eingeordnet werden, sie ist aber nicht aus diesem ableitbar. Auch eine perfekte Kenntnis aller Vorgänge im Gehirn würde uns kein Verständnis der Art und Weise ermöglichen, in der ein Subjekt sich und die Welt bewußt erlebt.[31] Deshalb ist die geisteswissenschaftliche Methode mit ihrer Erkenntnistheorie der ersten Person prinzipiell nicht durch einen naturwissenschaftlichen Zugang ersetzbar.

Wodurch wird nun aber der erworbene Zusammenhang des Seelenlebens modelliert? Welche Faktoren sind bei der Genese einer kohärenten Wirklichkeits- und Selbstdeutung entscheidend? Mit seiner Antwort auf diese Frage begibt sich Dilthey in die Nähe pragmatistischer Positionen, für die Begriffe immer auf lebenspraktische Handlungen bezogen sind. Er deutet nämlich die Tatsachen des Bewußtseins als die psychische Gegebenheitsform unseres praktischen Weltverhältnisses: »[...] von der Außenwelt her ruft das Spiel der Reize Empfindung, Wahrnehmung, Vorstellungen hervor; nun wird in dem Mannigfachen der Gefühle der Wert dieser Veränderungen für das Eigenleben erfahren; und die von den Gefühlen erregten Antriebe und Willensakte wirken dann wieder nach außen zurück. Diese beständige Wechselwirkung zwischen unserem Eigenleben und dem Milieu, in dem es atmet, leidet und handelt: das ist unser Leben.« (GS VI, 95) Erst in den späteren Schriften der mittleren Phase hat Dilthey diesem Gedanken eine genauere Ausführung gegeben. An dieser Stelle ist es entscheidend, seine Bedeutung für das Verständnis der psychischen Totalität zu erkennen: Der seelische Zusammenhang bildet sich nicht in einer isolierten Sphäre des Geistigen aus, er verdankt vielmehr seine Entstehung einer dauernden Interaktion zwischen dem Individuum und seinem sozialen, kulturellen, natürlichen etc. Milieu. Auch dann, wenn der erworbene Zusammenhang des Seelenlebens nicht der aktuellen Regulierung des Selbst- und Weltverhältnisses dient, wie im Falle künstlerischer Einbildungskraft, bleibt er durch seine Entstehungsgeschichte mit der lebenspraktischen Realität verbunden.

Deshalb ist Kunst realitätsgesättigt, obwohl sie keinen praktischen Zwecken dient. Kunstwerke machen sich den erworbenen seelischen Zusammenhang unter Absehung seiner Alltagsrolle zunutze, um durch Steigerung und Idealisierung seinen Wirklichkeitsbezug noch schärfer herauszuarbeiten. »Das Typische, das Idealische in der Dichtung ist eine solche Art, vermittels der Erfahrung dieselbe so zu überschreiten, daß sie doch mächtiger gefühlt und tiefer verstanden wird als in den treuesten Kopien des Wirklichen.« (GS VI, 172)

Die Organisation der einzelnen Sinneseindrücke, Erinnerungen usw. war in der Psychologie vor Dilthey meistens durch Assoziationsprozesse erklärt worden: Wenn etwa ein Kind mehrmals hintereinander erlebt, daß es auf eine bestimmte Verhaltensweise hin von seinen Eltern gelobt wird, dann wird es bei entsprechendem Verhalten elterliches Lob erwarten, weil sich diese Vorstellung assoziativ mit der Ausführung einer Handlung verknüpft hat. Dilthey hält eine solche Erklärung des psychischen Zusammenhangs jedoch für völlig unzureichend, weil sie den dynamischen Charakter des Erlebnisstroms nicht berücksichtigt und Bewußtseinsinhalte als fixe Größen behandelt. Dem psychischen Atomismus der Assoziationspsychologie setzt er das Wechselspiel von neuen Eindrücken und erworbenem seelischen Zusammenhang entgegen. Wie ein einzelner Eindruck beachtet, bewertet, eingeordnet wird, ist dann von seiner affektiven Einschätzung und von dem Aufmerksamkeitswert abhängig, der ihm relativ zum Zusammenhang zukommt.

Im Blick auf ihre poetische Verwendung bezeichnet Dilthey die Inhalte des Bewußtseins als »Bilder«. Solche Bilder sind, wie er gegen die psychologische Standardvorstellung betont, wesenhaft veränderlich. Durch ihre Beziehung zu der regulierenden Instanz des erworbenenen seelischen Zusammenhangs erhalten sie einen bewegten Charakter, eine, wie Dilthey sagt, »triebartige

Energie«. Ein Bild ist »Leben, Vorgang. Es entsteht, enfaltet sich und erlöscht wieder. Dasselbe Bild kehrt sowenig wieder, als ein abgefallenes Blatt im neuen Frühling.« (GS VI, 99) Erst in der Wechselbeziehung von Teil und Ganzem entsteht ein bewußtes Welt- und Selbstbild. Diese dynamische Auffassung des Bewußtseins ist von neueren Untersuchungen empirisch bestätigt worden. So hat sich etwa in der Gedächtnispsychologie die Erkenntnis durchgesetzt, daß Erinnerungsbilder nicht unveränderlich sind, sondern einem kreativen Prozeß unterliegen – Diltheys »Einbildungskraft« –, der Vergangenes im Licht gegenwärtiger Erfahrungen neu interpretiert, ihm neue Gefühls- und Aufmerksamkeitswerte zuweist und häufig sogar vor den »harten Fakten« nicht haltmacht.[32]

In seiner *Poetik*[33] entfaltet Dilthey den Grundgedanken des erworbenen seelischen Zusammenhangs zu einer Theorie psychischer Bildungsprozesse und ihrer Ausdrucksformen. Die poetische Produktion erscheint ihm dabei als ein besonders geeignetes Forschungsobjekt, weil sich ihr Niederschlag durch den Gang der Geschichte hindurch in großem Umfang erhalten hat. Fast unmerklich setzt Dilthey hier einen neuen Akzent, der dann in der hermeneutischen Spätphase seines Schaffens dominant wird. Sein Hinweis darauf, daß die »Geschichtlichkeit des Seelenlebens« (GS VI, 108) sich in den Kultursystemen äußert, baut eine Brücke zwischen der psychologischen und der geschichtlichen Perspektive. Innere Erfahrung objektiviert sich in solchen kulturellen Ausdrucksformen: Sie tritt aus der Innerlichkeit des Individuums heraus und ins Medium symbolisch artikulierter Intersubjektivität ein.

Dieser Übergang von der ersten Person Singular zur ersten Person Plural läßt erst jene objektivierten Ausdrucksgestalten entstehen, auf die sich die Geisteswissenschaften beziehen müssen. Ich hatte bereits darauf hingewiesen, daß Dilthey schon früh

Seelische Entwicklung

Individuelle Seelenentwicklung + Kultur

Zweifel an der Wissenschaftsfähigkeit unmittelbaren Erlebens kamen. Dieses zentrale Problem seines Ansatzes verliert aber an Bedeutung, wenn Erleben in einer *internen* Beziehung zu seinem Ausdruck steht. Im Frühwerk Diltheys sieht es gelegentlich zwar so aus, als ob Erlebnisse unmittelbar »innerlich« verstanden werden könnten. Bereits in der Poetik, noch deutlicher aber im Spätwerk, wird Verstehen immer als Teil einer dreigliedrigen Struktur mit den Bestandteilen Erlebnis, Ausdruck, Verstehen gedeutet. Erlebnisse in ihrer Unmittelbarkeit sind dem Verstehen niemals zugänglich, wohl aber Erlebnisausdrücke, in denen sich das Erleben sprachlich – oder in musikalischen, bildlichen etc. Symbolen – objektiviert hat.

Dichtungen dienen Dilthey als herausragendes Beispiel für die innere Beziehung von Erlebnis und Ausdruck. Erlebnisse sind auf ihren Ausdruck hin angelegt. Von dem spontanen, durch ein Schmerzempfinden hervorgerufenen Aufschrei bis zu der durchkomponierten Gefühlswelt einer Wagner-Oper reicht dieser innere Zusammenhang. Er bestimmt die geisteswissenschaftliche Theoriebildung in zunehmendem Maße, indem er als Brücke zwischen der psychologischen Betonung bewußten Erlebens und der hermeneutisch-geschichtlichen Herausarbeitung objektiver Ausdrucksgestalten herangezogen wird. Im Falle von Dichtungen ist der Rückbezug der sprachlichen Ausdrücke auf spezifische Erlebnisqualitäten Dilthey zufolge besonders deutlich: »Die wirkenden Kräfte scheinen noch lebendig in dem Erzeugnis zu pulsieren. Die Vorgänge vollziehen sich heute, wie zu jeder früheren Zeit [...]. So kann das dichterische Bilden, seine psychologische Struktur und seine geschichtliche Variabilität besonders gut studiert werden. Die Hoffnung entsteht, daß durch die Poetik das Wirken der psychologischen Vorgänge in den geschichtlichen Produkten besonders genau aufgeklärt werden könne.« (GS VI, 108f.)

Diltheys Poetik untersucht die Bildungsgesetze, nach denen die dichterische Einbildungskraft, reguliert durch den erworbenen seelischen Zusammenhang, Erleben in Ausdrucksgestalten umsetzt. Gegen diese Position ließe sich der Einwand erheben, Kunstwerke würden damit nur nach ihrer expressiven Seite gewürdigt, nach dem, was sie über das Innenleben ihrer Verfasser verraten. Sie wäre dann psychologische Interpretation im schlechtesten Sinn. Diltheys Grundgedanke, Dichtungen als Erlebnisausdrücke zu verstehen, hat aber eine erkenntnistheoretische Pointe. Erlebnisse sind für ihn, wie schon gezeigt, keine rein innerlichen Vorgänge, sondern die ursprüngliche Weise, in der innere und äußere Realität für ein Subjekt existiert. »Im Leben ist mir mein Selbst in seinem Milieu gegeben [...]. Poesie ist Darstellung und Ausdruck des Lebens. Sie drückt das Erlebnis aus [...].«[34] Dichtungen sind sprachliche Gestaltungsformen welt- und selbstbezüglicher Erlebnisse. Ihr Erlebnisbegriff liegt der Trennung von psychischem Innen und welthaftem Außen voraus. Gegenstand der Dichtung ist dementsprechend nicht der kontemplativ seine Innenwelt belauschende, sondern der handelnde Mensch. Dichtkunst ist das am höchsten entwickelte Ausdrucksmedium für die Innenansicht des Lebensprozesses, so wie die Naturwissenschaften Ausdruck einer externen Perspektive sind, in der von den persönlichen Lebensbezügen abstrahiert wird.

Wo das interne Verhältnis von Erlebnis und Ausdruck bewußt gemacht und den literarischen Produktionen zugrunde gelegt wird, entsteht daher eine Form von Dichtung, die sich als »ästhetische Weltansicht« (GS VI, 117) begreift. Poesie wird zum »selbständigen Vermögen, Leben und Welt zu schauen«, zum »Organ des Weltverständnisses« (GS VI, 116). Dilthey denkt hier vor allem an Goethe und Schiller, an die deutsche Romantik, an Schlegel und Schelling. Zu dieser »deutschen Ästhetik« (GS VI, 119) mit ihrer philosophischen Aufwertung der Kunst nimmt er eine teils kritische, teils zustimmende Position ein. Kritisch steht Dilthey allen Versuchen gegenüber, das poetische Weltverständnis metaphysisch nutzbar zu machen, es also, wie bei Schelling, auch der Erklärung natürlicher Prozesse zugrunde zu legen. Das liefe auf eine Verabsolutierung der Binnenperspektive des Subjektes hinaus. Zustimmend greift Dilthey jedoch die Einsichten der »deutschen Ästhetik« in die Wechselbeziehung von Erlebnis und Ausdruck auf. So erläutert er seine Auffassung im Rückgriff auf die ästhetischen Briefe Schillers: »Die Gestalt muß Leben werden und das Leben Gestalt. [...] Ich werde den Satz, daß der ästhetische Vorgang die im Gefühl genossene Lebendigkeit in der Gestalt erfaßt und so die Anschauung beseelt, oder diese Lebendigkeit in Anschauung darstellt und so das Leben in Gestalt überträgt, daß also Übersetzung von Erlebnis in Gestalt und von Gestalt in Erlebnis hier beständig stattfindet, als das Schillersche Gesetz bezeichnen.« (GS VI, 117)

Dilthey arbeitet in seiner Poetik mehrere solcher Gesetze heraus, ohne allerdings zwischen psychologischen Wirkungszusammenhängen, sprachlichen Regeln und Gesetzen im naturwissenschaftlichen Sinn klar zu unterscheiden. Er äußert sogar die Hoffnung, auf dem Gebiet der ästhetischen Theorie werde zuerst »die innere Erklärung eines geistig-geschichtlichen Ganzen nach kausaler Methode« (GS VI, 125) gelingen. Der geisteswissenschaftliche Gesetzesbegriff ist aber von seinem naturwissenschaftlichen Pendant viel stärker unterschieden, als solche Formulierungen erkennen lassen. Naturwissenschaftliche Gesetze erlauben immer korrekte Voraussagen, wenn die Ausgangsbedingungen bekannt sind. Der prognostische Wert geisteswissenschaftlicher Bildungsgesetze ist hingegen gleich Null. Niemand, nicht einmal der Dichter selbst, könnte aus der Kenntnis seiner psychischen Zustände und der poetischen Gesetze Diltheys die konkrete Gestalt einer Dichtung ableiten. Solche Gesetze sind nicht kausal im strengen Sinn, sie bezeichnen Strukturmerkmale des bewußten Erlebens, die Verlaufsrichtungen vorzeichnen, ohne sie zu determinieren.

Darin liegt auch der Sinn des von Dilthey so genannten »Schillerschen Gesetzes«. Es prägt in markanter Weise den poetischen Prozeß, benennt aber gleichzeitig eine Grundstruktur des Lebensvollzugs, seine Ausdruckstendenz, durch die eine erkennende Einstellung auf den Erlebnisstrom überhaupt erst möglich wird. Wenn bewußtes Erleben sich in den phänomenalen Qualitäten erschöpfen würde, die es jeweils aktuell bestimmen, dann könnte es weder Selbstreflexion noch Geisteswissenschaft geben. Erst die Wechselbeziehung zwischen dem Erleben und seiner – symbolischen – Artikulation läßt Bedeutungen entstehen, die dann eigenem Nachdenken oder wissenschaftlicher Analyse als Material dienen können. So werden beispielsweise Gefühle durch sprachliche, mimische und gestische Äußerungen artikuliert, und die Reaktion der Umwelt auf diese Artikulationen wirkt dann wieder auf das bewußte Erleben dessen zurück, der seiner Befindlichkeit Ausdruck verliehen hatte. Durch die Untersuchung poetischer Produktionen ist Dilthey klargeworden, daß der interne Zusammenhang von innerer Erfahrung und symbolischer Artikulation für bewußtes Leben konstitutiv ist.

Seine genauere Bestimmung verbindet sich in der *Poetik* mit der Analyse der psychischen Bildungsprozesse, in denen sich die Beziehung von Erlebnis und Bewußtseinstotalität realisiert. Mit einem sehr plastischen Ausdruck spricht Dilthey auch vom »Leben der Bilder« (GS VI, 139). Bilder sind Verknüpfungen von Bewußtseinsgehalten, die je nach Gefühls- und Aufmerksamkeitswert inneren Veränderungen unterliegen und Beziehungen zu anderen Bildern eingehen. In ihnen sind Vorstellungen, Gefühle, Willensimpulse zu einer handlungsorientierenden Einheit gebracht, die über das Gegebene produktiv hinausgeht: »[...] jedes

Handeln ist bestimmt durch ein Bild von etwas, das noch nicht ist […].«[35] Das Bildbewußtsein ist eine fundamentale Leistung der Einbildungskraft, durch die einzelne Erlebnisse zu größeren Einheiten verschmolzen werden. In Bildern entsteht das primäre Welt- und Selbstverständnis, weil sie die erkennenden, wertenden und willentlichen Komponenten unseres Bewußtseinslebens synthetisieren. So ist auch der persönliche Habitus eines Menschen, sein Stil, mitsamt seinen moralischen Orientierungen in handlungsleitenden Bildern repräsentiert: »[…] das Leben in diesen Bildern liegt jeder Idealvorstellung des eigenen Selbst zugrunde.«[36] Der Begriff des Bildes ist dabei natürlich nicht in einem photorealistischen Sinn gemeint. Innere Bilder sind keine mental abgespeicherten Photographien der äußeren Wirklichkeit, sondern charakteristische Konstellationen von Vorstellungen, Gefühlen und Handlungsmustern, die sich zu einer für das jeweilige Subjekt bedeutsamen Einheit verbinden.

Diltheys Konzept der inneren Bilder läßt auch deutlich werden, daß Erlebnis und Ausdruck keine scharf getrennten Kategorien sind. Sie bezeichnen die Grenzmarken eines Kontinuums, zwischen denen sich eine Vielzahl von Bewußtseinsäußerungen bewegt, die durch den Grad ihrer symbolischen Geformtheit unterschieden werden können. Auf der einen Seite steht das reine Erlebnis, die begrifflose, nur dem Individuum zugängliche phänomenale Qualität (zum Beispiel das Gefühl der Zufriedenheit nach Abschluß einer Arbeit), auf der anderen Seite die bewußte Artikulation des subjektiven Weltzugangs (zum Beispiel ein bis ins kleinste Detail vom Formwillen des Verfassers bestimmter Roman). Diltheys handlungsorientierende Bilder nehmen eine vermittelnde Zwischenstellung zwischen diesen beiden Polen ein: Das aktuelle Erleben ist in ihnen schon Teil einer sinnhaften Einheit geworden, die Vergangenheit (Erinnerungen) und Zukunft (Zielbilder für Verhaltensweisen) einschließt und damit psychische Kontinuität ermöglicht. Bilder sind aber wesentlich »vorbegriffliche Formen der Bedeutungsbildung«[37] und haben daher an der intersubjektiven Allgemeinheit sprachlicher Ausdrücke nur eingeschränkt Anteil.

Am Beispiel der poetischen Einbildungskraft wendet sich Dilthey der »Metamorphose der Bilder« (GS VI, 171) zu, die er durch drei Gesetze verständlich machen will. Mit Rudolf Makkreel spreche ich von den Gesetzen der »Ausschaltung«, »Steigerung« und »Ergänzung«.[38] Sie lassen sich zwar getrennt formulieren und beschreiben, treten aber in realen Bildungsprozessen immer in einen – von Dilthey erst später so genannten – »Wirkungszusammenhang«, in dem sie sich gegenseitig verstärken.

Das »Gesetz der Ausschaltung« ist elementar: »Bilder verändern sich, indem Bestandteile ausfallen oder ausgeschaltet werden.« (GS VI, 172) Schon beim ersten Eindruck wird die Detailliertheit und Genauigkeit eines Bildes von der Aufmerksamkeit bestimmt, die ihm zuteil wird. Spätere Reproduktionen im Gedächtnis sind immer durch aktuelle Interessenlagen und entsprechende Aufmerksamkeitswerte bestimmt, so daß die Vorstellungen einer dauernden Veränderung unterliegen: »Jedes Erinnerungsbild wird aus erworbenen Bestandteilen aufgebaut, aber die augenblickliche Bewußtseinslage entscheidet darüber, welche dieser Bestandteile zum Aufbau des Bildes benutzt werden.« (GS VI, 172) Bewußtes Erleben ist durch permanente Selektion der Bewußtseinsgehalte mittels der Unterscheidung zwischen wesentlichen und unwesentlichen Komponenten charakterisiert. Wer sich zum Beispiel an etwas erinnert, der holt nicht einfach aus dem Speicher seines Gedächtnisses eine Erinnerungsspur durch mentale Konzentration wieder hervor; er entscheidet vielmehr immer auch gegenwarts- und kontextbezogen, an welche Sachverhalte er sich erinnern will. Erinnern schließt daher prinzipiell ein Weglassen ein. In seiner bewußten Anwendung ist das »Gesetz der Ausschaltung« ein wesentlicher Bestandteil des poetischen Prozesses. So wählt beispielsweise der Autor eines Romans aus der Fülle möglicher psychologischer Details nur diejenigen aus, die seine Protagonisten in der gewünschten Weise charakterisieren.

Eine weitere Komponente der Bildmetamorphose ist das »Gesetz der Steigerung«: »Bilder verändern sich, indem sie sich dehnen oder zusammenschrumpfen, indem die Intensität der Empfindungen, aus denen sie zusammengesetzt sind, sich verstärkt oder vermindert.« (GS VI, 173) Während es im ersten Gesetz vor allem um die durch Konzentration bewirkten Veränderungen im Bildbewußtsein ging, stehen jetzt die Einflüsse von Gefühlen im Vordergrund. Emotionale Betroffenheit oder Distanz regulieren die Lebensbedeutung der Bilder. Da diese immer Verbindungen kognitiver, voluntativer und affektiver Bewußtseinskomponenten darstellen, sind sie in ihrer erlebten Intensität stimmungs- und gefühlsabhängig. Psychische Grenzsituationen zeigen das besonders deutlich: »*Melancholie* läßt die Farben der Wirklichkeit verblassen. Die Hypochondrie steigert die Bilder, in denen die Ursachen der Gemütsbelastung angeschaut werden, über das Tatsächliche hinaus.« (GS VI, 173) Für die poetische Einbildungskraft spielt das »Gesetz der Steigerung« eine wichtige Rolle. Dichter sind nach Dilthey Virtuosen des affektiven Betroffenseins, ähnlich wie Wissenschaftler Spezialisten für kognitive Verallgemeinerungen sind. »Der Dichter lebt in dem Reichtum der Erfahrungen der Menschenwelt, wie er sie in sich findet und außer sich gewahrt, und diese Tatsachen sind ihm weder Daten, welcher er zur Befriedigung seines Systems von Bedürfnissen nutzt, noch solche, von denen aus er Generalisationen erarbeitet; [...] sie sind ihm *bedeutsam*; die Gefühle des Dichters werden von ihnen angeregt [...].«[39] Der Lebensprozeß poetischer Naturen ist daher durch eine gesteigerte Gefühlsintensität charakterisiert. Von der Wahrnehmungsweise eines Charles Dickens oder Thomas Carlyle sagt Dilthey: »Die Felsen werden schroffer, die Wiesen saftiger, wenn ihr Auge darüber hingeht.« (GS VI, 174) Bewußt verwendet, zählt Steigerung zu den elementaren poetischen Techniken.

Durch Ausschaltung und Steigerung wird bereits eine »Idealisierung der Bilder« (GS VI, 174) erreicht. Aber erst mit dem »Gesetz der Ergänzung« wird die Reichweite und Struktur poetischer Bildungsprozesse sichtbar: »Bilder und ihre Verbindungen ändern sich, indem in ihren innersten Kern neue Bestandteile und Verbindungen eintreten und so diesen ergänzen.« (GS VI, 174) Diese Vorgänge laufen nicht auf der Ebene einzelner Bildvorstellungen ab und können daher auch nicht durch Assoziation und Verschmelzung verschiedener Bilder erklärt werden. Sie sind noch deutlicher als Ausschaltung und Steigerung auf die Totalität des Bewußtseins bezogen. Im dritten Gesetz geht es um einen Bildungsprozeß, durch den neue Bilder entstehen: Bilder, die nicht nur einzelne Wahrnehmungen oder Erinnerungen durch Aufmerksamkeit und Gefühlsbetonung präzisieren, die vielmehr von dem psychischen Zusammenhang aktiv geprägt sind und seine Wirklichkeitsdeutung aussprechen. Diesen Prozeß bezeichnet Dilthey als Ergänzung, weil die poetische Einbildungskraft immer auf den Materialien aufbaut, die bewußtes Erleben ihr zur Verfügung stellt. Ein im strengen Sinn neues Bild kann es gar nicht geben, denn Bilder werden erst durch die Anknüpfung an Vertrautes verständlich. Im Prozeß der Ergänzung wirkt der psychische Zusammenhang auf seine Gehalte so ein, daß die Bilder sich zum Ausdruck seiner Wirklichkeitsauffassung entfalten. »*Erst indem der ganze erworbene Zusammenhang des Seelenlebens wirkt*, können nun von ihm aus die Bilder sich umgestalten: *unzählbare, unmeßbare, geringmerkliche Veränderungen* in ihrem Kern finden statt, und aus der Fülle des Seelenlebens entspringt so die Ergänzung des einzelnen.« (GS VI, 175) Im Prozeß der Ergänzung entstehen qualitativ neue Komplexe aus Vorstellungen, Gefühlen und Verhaltensdispositionen, in denen die inneren Bilder psychische Totalität verkörpern.

Obwohl Dilthey es nicht ausdrücklich sagt, ist auch dieses dritte Gesetz der künstlerischen Bildungsprozesse als pointierter Ausdruck allgemeiner Struktureigenschaften des bewußten Lebens konzipiert, deren Wirkungsweise an poetischer Kreativität nur besonders klar beobachtet werden kann. Ergänzung spielt in psychischen Bildungsvorgängen immer eine Rolle, weil erst durch sie die verschiedenen Bewußtseinsgehalte zum Ausdruck einer einheitlichen Selbst- und Welterfahrung geformt werden. Deutlich wird dieser Prozeß etwa an dem psychotherapeutischen Begriff der »Lebensmetaphern«. Durch Ausschaltung, Steigerung und vor allem Ergänzung formt ein Individuum innere Bilder so um, daß sie zu »Lebensmetaphern« werden, die sein Selbstbild, die von ihm gewünschte Existenzform verkörpern können. Für künstlerische Kreativität ist das Verfahren der Ergänzung ohnehin fundamental: Ausschaltung und Steigerung brächten für sich alleine nur eine »Karikatur des Wirklichen« (GS VI, 175) zustande, aber keine ausdrückliche Gestaltung des bewußten Erlebens.

Mit den Gesetzen der Bildmetamorphose exemplifiziert Dilthey die holistische Funktionsweise des Bewußtseins. Am poetischen Prozeß lassen sich diese psychischen Gesetzmäßigkeiten deshalb so gut analysieren, weil sie sich dort, anders als im alltagspraktischen Normalfall, ohne externe Einflüsse frei entfalten können. Künstlerische Aktivitäten setzen eine – wenigstens teilweise – Distanzierung vom alltäglichen Lebensverlauf immer voraus, sie erfordern Konzentration auf die freie Wirkung der Einbildungskraft. Deshalb war Dilthey der Meinung, daß der Entstehungsprozeß von Dichtungen die dynamische Struktur des Bewußtseins besonders deutlich sichtbar werden läßt: Poetik als Modellgeisteswissenschaft.

Am Beispiel des dichterischen Erlebnisausdrucks hat Dilthey die allgemeinen Gesetze erarbeitet, von denen die Wechselbeziehung zwischen den psychischen Gehalten und der Totalität des Bewußtseins bestimmt wird. Die Verarbeitung des Erlebnisstroms ist aber auch davon abhängig, ob sie von der affektiven, willentlichen oder kognitiven Dimension des In-der-Welt-Seins geprägt wird. Je nachdem, welches psychische Grundvermögen gerade leitend ist, unterscheidet Dilthey daher drei Hauptarten von Bildungsvorgängen, denen drei Formen der Einbildungskraft entsprechen, durch die über das faktisch Gegebene jeweils hinausgegangen wird.

— Kognitive Bildungsprozesse machen die erste Gruppe aus. Unter der Dominanz des erkennenden Verhaltens zeigt sich die Wirksamkeit des erworbenen psychischen Zusammenhangs hier vor allem in der »Apperzeption«. Darunter versteht Dilthey »die durch die Richtung der Aufmerksamkeit vermittelte Aufnahme von Erfahrungsinhalten, Sinnesempfindungen oder inneren Zuständen in den Zusammenhang des Bewußtseins« (GS VI, 144). Erfahrene Gehalte werden durch den Vorgang der Apperzeption korrigierend oder bestätigend in bereits vorhandene Vorstellungskomplexe integriert. Neue Erfahrungen werden also nicht einfach passiv aufgenommen, sondern vor dem Hintergrund des psychischen Zusammenhangs mit Aufmerksamkeitswerten versehen. Beispielsweise wird derjenige, der lange Zeit unter der Einflugschneise eines Flughafens gewohnt hat, den Lärm eines startenden Jets vermutlich mit geringerer Aufmerksamkeit bedenken als sein gerade erst eingezogener Nachbar. Dem erworbenen Zusammenhang des Seelenlebens ist der aktive, selektierende, dynamische Charakter von Wahrnehmungsvorgängen zu verdanken. Die Einbildungskraft geht über das Gegebene hinaus und gibt einen Kontext vor, der den Fokus des Bewußtseins auf bestimmte Erfahrungsgehalte hin- und von anderen weglenkt. Im Bereich des wissenschaftlichen Denkens kommt es dann durch die »wissenschaftliche Einbildungskraft« (vgl. GS VI, 145) zur Bildung von Hypothesen, die neue Erfahrungen ermöglichen und alte erklären sollen. Indem Dilthey Wissenschaft und Einbildungskraft zusammenbringt, kritisiert er implizit die positivistische Maxime, sich auf die gegebenen Fakten zu beschränken. Im Bewußtseinsleben »gegeben« sind eben auch die Leistungen der Einbildungskraft, durch die jede Verarbeitung neuer Eindrücke gesteuert wird. Ein kreatives, mit aktuellem Erleben in Wechselwirkung stehendes Moment ist für Dilthey der psychologischen Analyse ebenso zugänglich wie die ausdrücklichen Gehalte der Erfahrung.

— Wenn Willensvorgänge dominieren, dann kommt es zu praktischen Bildungsprozessen. »Ihr gemeinsames Merkmal ist, daß die Inhalte des Willens und die Verhältnisse in ihm in den Vorstellungen ihren Ausdruck gewinnen.« (GS VI, 146) Volitionen und Vorstellungen stehen nach Dilthey in einem inneren Zusammenhang, weil jeder Willensakt auf ein »Effektbild« (GS VI, 146) angewiesen ist, in dem das Handlungsziel als realisiert vorgestellt wird. Zwischen den in Effektbildern veranschaulichten Zwekken bestehen Abhängigkeitsverhältnisse und Bedeutungsunterschiede, die den Beziehungen zwischen elementaren und höherstufigen Bedürfnissen entsprechen. Abwägungen über die Verhältnismäßigkeit von Zweck und Mittel, Herrschafts- und Abhängigkeitsverhältnisse zwischen den verschiedenen Willenssubjekten kommen hinzu. All diese Faktoren schließen sich im erworbenen Zusammenhang des Seelenlebens zu einer Struktur zusammen, die den Willen bildet, indem sie ihm Effektbilder zuordnet und deren Beziehungen in eine hierarchische Ordnung bringt. Durch Abstraktion lassen sich ferner aus geordneten Paaren von Willensimpulsen und Effektbildern Kategorien der praktischen Vernunft gewinnen: »Gut, Zweck, Mittel, Abhängigkeit« (GS VI, 147). Mit Hilfe der skizzierten Bildungsprozesse wird in Effektbildern und abstrakteren Leitvorstellungen des Willens das Gegebene in Richtung auf ein Gewolltes hin überschritten. Hierin liegt die Leistung der »praktischen Einbildungskraft«.

– Die letzte Gruppe von Bildungsprozessen wird von Gefühlen gesteuert. Dabei denkt Dilthey zunächst an die Prägung unseres Wirklichkeitsverhältnisses durch Stimmungen. Affektives Betroffensein färbt auch alle kognitiven Bewußtseinsgehalte ein, gibt ihnen eine eigentümliche Tönung, die sich nicht einfach als eine subjektive Zutat abstreifen läßt, sondern eine wesentliche Komponente des In-der-Welt-Seins darstellt. Unter der Bezeichnung »Befindlichkeit« hat Martin Heidegger in *Sein und Zeit* solche Gedanken zu einer Theorie der welterschließenden Kraft von Stimmungen ausgebaut.[40] Im erworbenen Zusammenhang des Seelenlebens entstehen Verbindungen von Stimmungslagen und Vorstellungen, die das bewußte Erleben strukturieren. In die psychischen Bildungsprozesse sind aber auch vergänglichere Emotionen wie spontane Freude oder Erschrecken einbezogen. Für diese Prozesse ist die innere Beziehung von Erlebnis und Ausdruck entscheidend. Zumindest in ihren intensiveren Formen haben Gefühle nämlich einen expressiven Aspekt, sie drängen auf intersubjektiven Ausdruck, der dann seinerseits wieder Gefühle erregen kann. »Insbesondere suchen die gesteigerten Gefühlslagen gleichsam eine Entladung in Gebärden, Lauten und Vorstellungsverbindungen, die dann als Symbole dieses Gefühlsgehalts im Betrachter oder Hörer das Gefühl wieder anregen. So ruft ein Sinken oder Heben der Stimme, ein bestimmtes Tempo, Wechsel in Stärke oder Tonhöhe oder Geschwindigkeit, wie sie aus der Gefühlslage hervorgehen, auch wieder ein entsprechendes Gefühl hervor; die Schemata entstehen, deren sich die Musik bedient.« (GS VI, 147)

Damit ist nicht gesagt, daß musikalische Strukturen ausschließlich auf Affektivität bezogen sind, wohl aber, daß die affektiven Wirkungen von Musik an Bildungsprozesse geknüpft sind, in denen feste Verbindungen zwischen Ausdrucksgestalten und Gefühlslagen entstehen. »Diese Bildungsvorgänge ermöglichen, in die Ausbildung der höheren Gefühle, sowohl innerhalb der Individualexistenz als innerhalb der Entwicklung der Menschheit, eine Kontinuität zu bringen.« (GS IV, 147) In wirklichkeitserschließenden Stimmungen und in der Gestaltung von Gefühlsausdrücken entstehen wiederum Bilder, die über das Gegebene hinausgehen, indem sie es aus der Binnenperspektive affektiv betroffener Subjekte bewerten. Die Fähigkeit zu solchen Bildungsprozessen bezeichnet Dilthey als »künstlerische Einbildungskraft«. Wissenschaftliche, praktische und künstlerische Einbildungskraft sind die drei elementaren Fähigkeiten, durch deren Ausübung im erworbenen Zusammenhang des Seelenlebens die einzelnen Bewußtseinsgehalte miteinander in Beziehung gesetzt werden.

Erlebnis und Verhalten: Diltheys »Pragmatismus«

Schon im ersten Band der *Einleitung* hatte Dilthey anti-subjektivistisch auf der Welthaltigkeit innerer Erfahrung bestanden. Dennoch hatte dieser Begriff eine idealistische Schlagseite. Er konnte so interpretiert werden, als ob es die Geisteswissenschaften tatsächlich mit einer selbständigen inneren Wirklichkeit und nicht mit einem eigenständigen Modus der Erschließung innerer und äußerer Realität zu tun hätten. Damit zog sich die Psychologie der Bewußtseinstatsachen den Vorwurf methodischer Beliebigkeit zu: In dem weichen, plastischen Medium der psychischen Innenwelt gebe es keine harten Fakten, keine Erfolgskontrolle, keine Falsifizierung durch die Wirklichkeit.

Dilthey hat dieses Problem durchaus gesehen. Besonders in den Schriften der frühen neunziger Jahre betont er daher, daß die seelische Totalität eine Art Innenwelt der Außenwelt darstellt. Bewußtseinstatsachen und gegenständliche Wirklichkeit werden innerlich verbunden, indem bewußtes Erleben als der erkenntnistheoretische Zugang zu bewußtem Verhalten in der Welt interpretiert wird. Die praktische Wechselbeziehung zwischen dem Selbst und seinem Milieu tritt ins Zentrum, und mit ihr kommen auch die »harten Fakten« der äußeren Wirklichkeit ins Spiel. Bewußtes Erleben erscheint damit als Innenseite einer Lebenspraxis, die sich nicht nur an subjektiver, sondern genauso an intersubjektiver und dinglicher Realität zu orientieren hat. Diltheys *Poetik* und die »pragmatistischen«[41] Schriften der mittleren Phase stellen die Frage nach den Bestimmungsfaktoren geistiger Realität aus unterschiedlichen Blickwinkeln: Während die Analyse des poetischen Prozesses den Weltbezug des Bewußtseins als gegeben voraussetzt und sich auf das handlungsentlastete Eigenleben der Psyche konzentriert, stehen die »pragmatistischen« Arbeiten der mittleren Phase im Zeichen der praktischen Auseinandersetzung des Subjekts mit seiner Umgebung.

Die Grundbestimmungen dieser Mensch/Umwelt-Relation entwickelt Dilthey in der Auseinandersetzung mit den empirisch-naturwissenschaftlich orientierten Theoriekonzepten seiner Zeit. Seinem Freund Graf Yorck von Wartenburg gegenüber spricht er ironisch von seinen »schlimmen Neigungen für Evolutionslehre, Anthropologie und Völkerkunde [...].«[42] Auch der Grundbegriff »Leben« nimmt in dieser Phase eine deutlich biologische Färbung an: Geistiges Leben erscheint als die subtilste und differenzierteste Verkörperung von Struktureigenschaften, die für alle Lebensprozesse gelten. Gelegentlich spricht Dilthey sogar davon, er habe »den psychologischen Standpunkt zu dem biologischen erweitern und vertiefen müssen« (GS XIX, 345). In diesem vorsichtigen Biologismus, der im Spätwerk wieder weitgehend zurücktritt, kommt sein Bemühen zum Ausdruck, geistige Phänomene nicht antinaturalistisch in einer Hinter- oder Überwelt anzusiedeln, sondern ihre innere Verbindung mit physischen Prozessen herauszustellen.

Für den »pragmatistischen« Dilthey wird das psychische Leben von praktischen Erfordernissen geregelt, denen auch die kognitiven Prozesse, einschließlich philosophischer Aktivitäten, untergeordnet sind. So heißt es in seiner berühmten Ethik-Vorlesung von 1890: »Im Strukturzusammenhang des Seelenlebens ist das Denken gleichsam eine Einschaltung zwischen Eindruck und Reaktion: es muß in Handlung umgesetzt werden. Darauf beruht das Spiel des Kindes wie die gesamte Kultur. Denken und Erkennen stehen in dem lebendigen Wesen innerhalb eines teleologischen Strukturzusammenhanges, der von der Perzeption der Außenwelt hinüberreicht zu der gegenseitigen Anpassung zwischen der Außenwelt und sich selbst. So hat auch das philosophische Begreifen der Welt sein Ziel im Handeln.« (GS X, 13) »Gegenseitige Anpassung« ist Diltheys Grundbegriff, mit dem der erworbene Zusammenhang des Seelenlebens verständlich gemacht werden soll. Dieser Zusammenhang ist teleologisch, weil er auf den Erhalt und die Reproduktion des Lebens bezogen ist. Eindruck und Reaktion – in geisteswissenschaftlicher Wendung: Erlebnis und Ausdruck – bilden seine beiden Pole, zwischen denen sich alle psychischen Prozesse abspielen.

Für das Verständnis dieses handlungstheoretischen Modells sind zwei Aspekte entscheidend: Zum einen ist der Anpassungsdruck zwischen Milieu und Selbst wechselseitig zu denken. Wir passen uns nicht einfach an unsere soziale und natürliche Umgebung an, sondern formen diese durch intersubjektives und instrumentelles Handeln aktiv mit. Die bestimmende Denkfigur ist wiederum die einer hermeneutischen Wechselbeziehung von Teil und größerer Einheit (hier von Subjekt und Umgebung). Zum anderen kommt es darauf an, Diltheys handlungstheoretische Grundstruktur mit den Elementen Selbst (Reiz-psychische Verarbeitung-Reaktion) und Umwelt nicht nach dem kybernetischen Modell der Informationsverarbeitung zu verstehen. Menschen sind keine Maschinen, die informationellen Input nach syntaktischen Regeln so lange verarbeiten, bis ein motorischer Output in Form von Handlungen erzeugt wird. Für bewußtes Leben ist die semantische Dimension charakteristisch: Aufgenommene Eindrücke werden vor dem regulierenden Hintergrund des erworbenen Zusammenhangs in ihrem *Sinn* interpretiert, bevor sie handlungsleitend werden. Diese Struktur hat auf der elementaren Stufe physiologischen Lebens ein Pendant: Was als Reiz für einen Organismus gilt und welche Reaktionen er auslöst, bestimmt nicht der Reiz allein, sondern seine Beziehung zu dem Kontext der Bedürfnisse und Leistungen, die für den betreffenden Organismus strukturbildend sind.

Den handlungstheoretischen Ansatz hat Dilthey am weitesten in einer Schrift mit dem barocken Titel *Beiträge zur Lösung der Frage vom Ursprung unseres Glaubens an die Realität der Außenwelt und seinem Recht* von 1890 vorangetrieben. Mit dieser Arbeit verfolgt Dilthey das Ziel, seinen »Satz der Phänomenalität« im Rückgriff auf die Selbst/Milieu-Beziehung vor allen idealistischen Konsequenzen zu retten. Es geht also um das Problem, daß der epistemologische Vorrang des Bewußtseins nicht als ontologischer Vorrang gedeutet werden darf. Wenn die Welt nur für das bewußte Erleben *da* ist, wie können wir dann ausschließen, daß es sie nur im bewußten Erleben *gibt*? Allein die pragmatistische Interpretation des Psychischen als Innenaspekt einer praktischen

Weltbeziehung kann die idealistische Schräglage des bewußtseinsphilosophischen Ansatzes wieder korrigieren. Diltheys Korrekturversuch nimmt sich gleichzeitig eines berühmten philosophischen Problems an, der Frage nach der Realität der Außenwelt. Wir alle wissen, daß eine von uns unabhängige Wirklichkeit außerhalb unserer subjektiven Bewußtseinsinhalte existiert; können wir das aber auch beweisen? Kant hatte auf dieses Problem ausdrücklich hingewiesen, Dilthey eine Antwort versucht, und Heidegger spitzte mit seinem Konzept des In-der-Welt-Seins diese Antwort so sehr zu, daß bereits die Frage überflüssig werden sollte.[43]

Die Pointe von Diltheys Argumentation besteht im Hinweis auf die nicht-kognitiven Komponenten des Weltzugangs, unter denen er die »Triebe« besonders hervorhebt. »Ich erkläre den Glauben an die Außenwelt nicht aus einem Denkzusammenhang, sondern aus einem in Trieb, Wille und Gefühl gegebenen Zusammenhang des Lebens [...]. In dem System der Triebe, in den mit ihnen verbundenen lustvollen und unlustigen Gefühlen [...] ist die Erhaltung des Individuums und der Gattung unmittelbar zu den äußeren Lebensbedingungen in Beziehung gesetzt.« (GS V, 95f.) Wäre unser Verhältnis zur Wirklichkeit ein rein kognitives, bestünde also unser bewußtes Leben nur aus Vorstellungen, dann könnten wir niemals wissen, ob dem Innen unseres Bewußtseins auch ein physisches und soziales Außen entspricht. Durch unsere Bedürfnisnatur sind wir aber auf eine Realität verwiesen, deren Beschaffenheit wir anerkennen müssen. Dilthey belegt das am Beispiel des Nahrungstriebes: Die negativen Folgen des Genusses schädlicher Lebensmittel überzeugen uns ohne große Worte von der Realität und Subjektunabhängigkeit der Außenwelt. Einen Knollenblätterpilz als phänomenale Realität nur vorzustellen schadet nicht, ihn zu verzehren dagegen sehr.

In den *Beiträgen* konkretisiert Dilthey seine Vorstellungen von der Welthaltigkeit innerer Erfahrung, indem er die nicht-kognitiven Aspekte des bewußten Erlebens (Stimmungen und Gefühle, Willensdispositionen und Impulse) als Vermittler einer unabhängigen Realität bezeichnet und damit ihre kognitive Bedeutung aufzeigt. Gleichzeitig werden Gefühle und Wille auf die Bedürfnisnatur des Menschen, auf seine Triebe bezogen und so in die biologische Grundstruktur aller Lebensprozesse integriert. Den Grafen von Wartenburg konnte Dilthey im Briefwechsel sogar mit der Bemerkung schockieren: »Der Mensch ist im Kern ein Bündel von Trieben.«[44] Durch die Triebstruktur menschlicher Subjektivität sind wir auf andere und anderes angewiesen, ist unser Innenleben immer schon in eine außerpsychische Realität verstrickt: in die biologische Realität unseres Körpers und in die soziale und physikalische Realität unserer Umgebung. »Nahrungstrieb, Geschlechtstrieb, Kinderliebe, Abwehr-, Schutz- und Vergeltungstriebe, Bewegungs- und Ruhebedürfnis, die sich daran anschließenden sozialen, intellektuellen Gefühle und Volitionen bilden zusammen die Willensmacht des Menschen, welche gleichsam ihre Fangarme ringsumher nach Erfüllung und Befriedigung ausstreckt.« (GS V, 96)

Mit solchen Formulierungen, die auch von Sigmund Freud stammen könnten, macht Dilthey unzweideutig klar, daß die methodische Selbständigkeit der Geisteswissenschaften eine trieb-naturalistische Deutung des bewußten Erlebens keineswegs ausschließt. Alle geistigen Vollzüge, die subtilsten Formen abendländischer Hochkultur eingeschlossen, haben ihre Basis in dem Lebensprozeß, der von unserer Bedürfnisnatur bestimmt wird. »Die Vorgänge von Wahrnehmung und Denken, welche sich zwischen dem Reiz und der Willensreaktion auf den höheren Stufen des Lebens einschalten, erweitern und vermannigfaltigen sich nur in diesem Zusammenhang mit dem Triebleben.« (GS V, 96) Diltheys Zeitgenosse Friedrich Nietzsche hätte dem nur zustimmen können.

Die Pointe der geisteswissenschaftlichen Philosophie besteht eben nicht in einer Isolierung des Geistigen von der Natur, sondern in ihrem methodischen Anti-Reduktionismus. Daß alle geistigen Prozesse auf eine biologische, triebnaturalistische Basis angewiesen bleiben, bedeutet nicht, daß sie durch diese Basis vollständig erklärt und so auf sie reduziert werden könnten. Ein weiterer Aspekt ist hier von Bedeutung: Diltheys Begriff des Triebes zielt zwar auf eine Verbindung des Geistigen mit den biologischen Lebensprozessen. Anders als später bei Freud läuft seine Konzeption aber nicht auf die kritische Selbstentmachtung bewußter Subjektivität hinaus. Die narzistische Kränkung, die Freuds Triebtheorie uns zumutet, unterbleibt bei Dilthey, weil Triebe für ihn im bewußten Erleben von innen gespürt werden, von den Subjekten also gar nicht als etwas Externes erfahren werden können. Für die von Freud artikulierte Grunderfahrung der Moderne, nicht mehr Herr im Haus der eigenen Psyche zu sein, ist die geisteswissenschaftliche Methode Diltheys unsensibel.

Wie stellt Dilthey sich nun den Umwelt und Selbst umgreifenden, triebregulierten Lebenszusammenhang genauer vor? »[...] die Struktur alles Seelenlebens, der Grundtypus desselben [besteht] darin: Eindrücke und Bilder rufen in dem System unserer Triebe und der mit ihnen verbundenen Gefühle zweckmäßige Reaktionen hervor; durch diese werden willkürliche Bewegungen ausgelöst, und so wird das Eigenleben an seine Umgebung angepaßt.« (GS V, 96) Die folgende Skizze soll der groben Veranschaulichung des Lebensprozesses mit seinen verschiedenen Komponenten dienen:

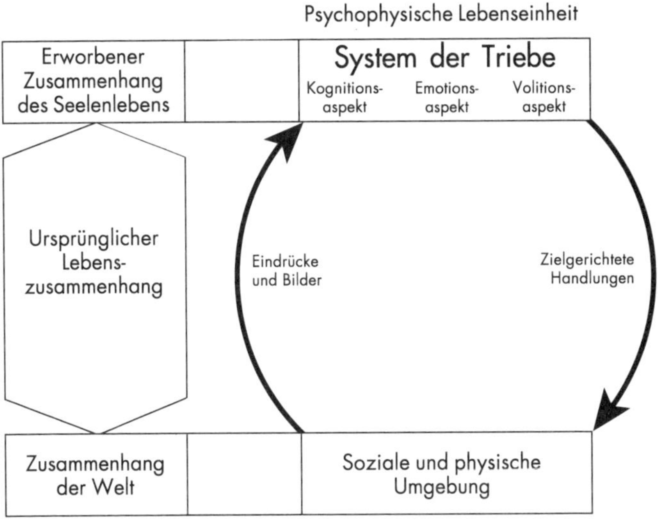

Auf einer ersten Betrachtungsebene stellt sich der Lebenszusammenhang als ein Handlungskreis dar, in dem Subjekt und Welt noch gar nicht als getrennte Bereiche auseinandergetreten sind. Deren Unterscheidung deutet Dilthey als eine im Lauf der Ontogenese sich entwickelnde Leistung des psychischen Zusammenhangs, die im Wechselspiel von »Impuls und Widerstand« entsteht: »Das Schema meiner Erfahrungen, in welchen mein Selbst von sich das Objekt unterscheidet, liegt in der Beziehung zwischen dem Bewußtsein der willkürlichen Bewegung und dem des Widerstands, auf welchen diese trifft.« (GS V, 98) Diese Erfahrung ist fundamental, weil sie uns dazu nötigt, zwischen unseren Bedürfnissen und den realen, externen Bedingungen ihrer Befriedigung zu unterscheiden.[45] Dadurch entsteht auch die Unterscheidung zwischen Subjekt und Objekt bzw. den anderen

Subjekten, die gleichbedeutend mit der Anerkennung einer eigenbestimmten, trans- und intersubjektiven Realität ist.

In diesem Prozeß spielt der unumgängliche Übergang vom Bedürfnis zur Handlung die zentrale Rolle. Triebhafte Impulse artikulieren sich motorisch und stoßen dabei auf etwas, das durch seinen Widerstand eine Eigenbeschaffenheit manifestiert. Diese Handlungsstruktur sieht Dilthey schon in der Embryonalentwicklung angelegt (vgl. GS V, 99f.), etwa in der taktilen Erfahrung des eigenen Körpers und der ihn umgebenden Gebärmutter. Im Lauf der Ontogenese lernt das Kind immer besser, seine motorischen Impulse auf die widerständige Realität abzustimmen. Bei gesunden Erwachsenen verlaufen zielgerichtete Handlungen dann meist glatt und reibungslos, ohne »Hemmung der Intention« (GS V, 103). Aber auch im Falle eingeschliffener Handlungsgewohnheiten fügen sich die Eigenbeschaffenheit der Dinge und der Eigenwille der Mitsubjekte nur deshalb der teleologischen Struktur der Handlung, weil sie durch praktische und soziale Lernprozesse bereits vorab handlungsbestimmend geworden sind. Ein Fahrradfahrer fällt beispielsweise deshalb nicht vom Fahrrad, weil er gelernt hat, das motorische Verhaltensschema »Fahrradfahren« auf die relevanten biomechanischen und physikalischen Gesetze abzustimmen. Und Individuen können sich nur deshalb in der sozialen Welt kompetent bewegen, weil sie die Muster sozialer Koordination von Handlungen erlernt haben.

Weil wir durch Bedürfnisse auf die Welt außerhalb unserer selbst angewiesen sind, müssen wir handeln. Und nur weil wir handeln müssen, erfahren wir eine Realität, die nicht in unserem Bewußtein aufgeht. Die Wirklichkeit ist nicht durch isolierte Kognitionsakte zugänglich, sondern vielmehr im Erfolg oder Mißerfolg unseres zielgerichteten Handelns. »Alle unsere Handlungen sind Experimenten zu vergleichen [...]« (GS V, 115), in denen erfüllte oder enttäuschte Erwartungen Lernprozesse auslösen. Besonders nachhaltig zeigt sich das im Falle überraschender Reaktionen: »Die Explosion überzeugt den erschreckten Chemiker am besten von der unabhängigen Natur des Objekts.« (GS V, 116) Wie die Vertreter des amerikanischen Pragmatismus betont Dilthey die Schlüsselrolle des praktischen Verhaltens für den Aufbau eines realitätsgerechten Weltbildes. Reine Geistwesen könnten nach der »pragmatistischen« Konzeption niemals eine Unterscheidung von Selbst und Welt ausbilden, weil ihnen die Erfahrung von Impuls und Widerstand fehlen müßte. Über diese Grunderfahrung entsteht im Bewußtsein gleichzeitig eine Kontrollinstanz, durch die seine Gehalte an die externe Realität angekoppelt werden. Der erworbene Zusammenhang des Seelenlebens ist ein Teilmoment des Handlungskreises zwischen Selbst und Milieu und bleibt daher über das Kriterium des Handlungserfolges mit der äußeren Wirklichkeit verbunden.

In den *Beiträgen* arbeitet Dilthey heraus, wie unser Wirklichkeitsbild auf einem praktischen Lebenszusammenhang basiert, in dem kognitive Akte in den Kontext zielgerichteter Handlungen eingebettet sind. Diese »pragmatistische« Perspektive baut er zwei Jahre später in einem wichtigen Text über *Leben und Erkennen*[46] weiter aus und macht sie für erkenntnistheoretische Grundlagenfragen fruchtbar. Hatten der erste Band der *Einleitung* und die *Breslauer Ausarbeitung* noch die Selbstgewißheit und phänomenale Realität innerer Erfahrung zum Ausgangspunkt, so konzentriert sich Dilthey nun auf die Vermittlungsprozesse, durch die das im Bewußtsein Gegebene modifiziert, strukturiert, in die psychische Totalität aufgenommen wird. Der Ansatz beim Innewerden von Bewußtseinstatsachen wird zwar nicht aufgegeben, aber verändert, indem das rezeptive Erleben in den Prozeß der praktischen Weltaneignung einbezogen wird. Viel entschiedener als in den früheren Texten stellt Dilthey her-

Versuch – Irrtum – Erfahrung

Innen – außen

aus, daß kontextbildende Prozesse den Lebenszusammenhang konstituieren und daher Bewußtseinstatsachen prinzipiell in ein Netz von Verweisungen einbezogen sind, durch das sie interpretiert werden. Die Betonung der einzelnen inneren Erfahrung ist mit der holistischen Funktionsweise des Bewußtseins nicht verträglich: »Nie kommt es für sich zur inneren Wahrnehmung.« (GS XIX, 334) »So mag ich mich abmühen wie ich will um die reine Erfahrung eines Gegebenen: es gibt das nicht; das Gegebene liegt außerhalb meiner direkten Erfahrung. [...] Alles, schlechterdings alles, was in mein Bewußtsein fällt, enthält Gegebenes geordnet oder unterschieden oder verbunden oder bezogen [...].« (GS XIX, 335)

Im Licht dieser Einsicht ist es auch mit der Unfehlbarkeit innerer Erfahrung nicht mehr weit her. Dilthey hatte sie damit erklärt, daß Vorstellung und Tatsache in phänomenaler Realität zusammenfallen, und hält daran auch weiter fest: Als »psychische Tatsache« (GS XIX, 338) ist der Schmerz, den jemand fühlt, objektiv. Richtet man den Blick aber auf den psychischen Zusammenhang, dann zeigt sich, wie solche Elementarerlebnisse in Beziehungen zu anderen Bewußtseinsaspekten stehen, durch die sie interpretiert werden. Bewußtes Leben besteht nicht aus »diskreten Bestandteilen«, es ist »Empfindungsmannigfaltigkeit« (GS XIX, 348). Der Versuch, ein unmittelbar Gegebenes zur Erkenntnis zu bringen, zerstört seine Unmittelbarkeit und führt zu der Einsicht, daß »man es überall mit Gegebenheiten, welche durch intellektuelle Prozesse angeordnet und interpretiert sind, zu tun hat« (GS XIX, 336). Diese Beziehungen und Prozesse der Kontextbildung können zu Täuschungen der inneren Wahrnehmung führen. Dilthey nennt als Beispiel die Erinnerung an frühere Empfindungen. Weil die Reproduktion eines Gefühls im Gedächtnis in der Intensität immer hinter dem ursprünglichen Eindruck zurückbleibt, verblassen solche Eindrücke allmählich.

Vergangene Freuden und Ängste wirken wie gedämpft, und nur durch Hilfsmittel wie etwa Tagebuchaufzeichnungen gelingt es uns, uns einen Eindruck von der tatsächlichen Stärke der damaligen Gefühle zu verschaffen.

In *Leben und Erkennen* geht es um die Verarbeitung des bewußten Erlebens im erworbenen seelischen Zusammenhang. Diese Verarbeitung wird durch den Lebensprozeß, die Interaktion von Subjekt und Milieu, gesteuert. Kognitive Prozesse der Ordnung, Verbindung und Trennung von Erlebnissen sind nach der »pragmatistischen« Einsicht Diltheys als Teilaspekte dieser umgreifenden Struktur zu verstehen. Eine spezifisch lebensphilosophische, dem amerikanischen Pragmatismus fremde Tönung kommt nun dadurch hinzu, daß die funktionale Einbindung des Erkennens auch als kognitive Schranke gedeutet wird: »Was Leben sei, ist ein nicht aufzulösendes Rätsel. [...] Das Leben bleibt für das Denken unergründlich, als das Datum, an welchem es selber auftritt, hinter welches es daher nicht zurückgehen kann.« (GS XIX, 346f.) Auf solche und ähnliche Formulierungen geht die Auffassung zurück, Diltheys Lebensphilosophie sei »irrationalistisch«.[47] Tatsächlich sieht Dilthey die Möglichkeiten der Vernunft als begrenzt an. Er traut ihr insbesondere nicht zu, die affektiven und voluntativen Aspekte unseres Weltverhältnisses zu durchdringen und zu formen. Der Vorwurf des Irrationalismus läuft also präziser formuliert auf die Behauptung hinaus, Dilthey arbeite mit einem reduktionistischen Vernunftkonzept, das die evaluativen und praktischen Komponenten von Rationalität außer acht lasse.

Die Behauptung von der »Unergründlichkeit« des Lebens hat aber noch eine andere Dimension, die in der Rezeptionsgeschichte Diltheys bisher kaum gewürdigt wurde. In dieser Behauptung drückt sich nämlich auch die Einsicht aus, daß die Binnenperspektive des menschlichen Lebens einzig im Vollzug zugänglich wird und insofern gar nicht theoriefähig ist. »Unergründlich« wäre das Leben dann in der reflexiven Einstellung der dritten Person, nicht aber in der vollziehenden Einstellung der ersten Person – weil es in ihr eben gelebt und nicht ergründet wird. In diesem Sinn deute ich Diltheys These von der Doppelgesichtigkeit des Lebens: »Der Ausdruck Leben spricht das einem jeden Bekannteste, Intimste aus, zugleich aber das Dunkelste, ja ein ganz Unerforschliches.« (GS XIX, 346) Einerseits ist gelebtes Leben in seinem Vollzug unbegreiflich, dem objektivierenden Blick des Beobachters entzogen: »[...] mir ist das Leben direkt nur als mein eigenes gegeben.« (GS XIX, 347) Die Handlungsstruktur des Lebensprozesses, der Gang vom Reiz zur Reaktion, bewirkt aber andererseits einen dauernden Übergang von dieser psychischen Innenperspektive zu objektivierenden Äußerungen, die dann auch einer beschreibenden Einstellung zugänglich sind und somit den Geisteswissenschaften zum Gegenstand werden können. Dilthey spricht daher von dem »unergründlichen, jedoch in seiner Artikulation der Beschreibung zugänglichen Zusammenhang des Lebens« (GS XIX, 350). Von dieser Perspektive aus muß sein Projekt einer deskriptiven Psychologie verstanden werden, auf das ich im nächsten Abschnitt dieses Kapitels noch zu sprechen kommen werde.

Die Vollzugsgeschichte des menschlichen Lebens hat sich auch in unseren kognitiven Schemata artikuliert und so die Grundbegriffe des Wirklichkeitszugangs hervorgebracht. Dilthey bezeichnet sie mit einem programmatischen Ausdruck als »Lebenskategorien« (GS XIX, 347). Er knüpft damit an eine spätestens seit Aristoteles virulente philosophische Fragestellung an, die meistens als das »Kategorienproblem« bezeichnet wird. Welche Grundbegriffe bestimmen (ontologisch) die Wirklichkeit bzw. (erkenntnistheoretisch) unsere Vorstellungen von ihr? In der für die Neuzeit charakteristischen zweiten Version ist das Kategorienproblem vor allem von Kant in seiner *Kritik der reinen Vernunft* behandelt worden. Dort stellt Kant eine Tafel von zwölf Kategorien auf, durch die das für die sinnliche Anschauung Gegebene nach je unterschiedlichen Gesichtspunkten seiner Einheit zu Objekten der Erkenntnis synthetisiert wird. Kants Kategorien sind reine, d. h. von Sinnlichkeit freie Begriffe des Verstandes, die nur unserem Erkenntnisvermögen zugehören, also ohne Bezug auf Affekte und Willen betrachtet werden können. Sie gelten a priori, unabhängig von Erfahrung, weil sie diese überhaupt erst möglich machen, und haben deshalb auch keine Entstehungsgeschichte.

Mit seinen Lebenskategorien knüpft Dilthey an die traditionelle Diskussion von Aristoteles bis Kant an, verabschiedet sich aber auch von einigen ihrer zentralen Voraussetzungen. Er weist die Vorstellung, Erkenntniskategorien könnten unabhängig vom handelnden Weltbezug entwickelt werden, ebenso zurück wie die These von ihrer Ungeschichtlichkeit und Unveränderlichkeit. Unsere kognitiven Schemata sind nach Dilthey in einem Evolutionsprozeß aus dem ursprünglichen Lebenszusammenhang von Selbst und Milieu hervorgegangen und tragen die Spuren ihrer Genese noch deutlich an sich. Dilthey historisiert und pragmatisiert das Kategorienproblem energisch, klammert aber die transkulturelle Geltungsfrage aus. Daß *unsere* – d. h. für ihn: die im Kontext der abendländischen Kulturentwicklung entstandenen – Muster des Erkennens und Handelns geschichtlich veränderlich sind, ist ihm selbstverständlich; daß sie aber auch interkulturell variieren und damit Verstehensprozesse erschweren könnten, wird ihm gar nicht zum Problem.

Seine Argumentation für die lebenspraktische Entstehung der Kategorien beginnt mit dem Aufweis des Lebenszusammenhangs von Selbst und Welt und knüpft an die Erwägungen der *Beiträge* über Impuls und Widerstand an: »Das Lebensgefühl setzt den Widerstand voraus. *Durch dieses Verhältnis von Wirken und Leiden ist ein Lebenszusammenhang zwischen diesem Ich und dem von ihm unterschiedenen Ding, der von ihm unterschiedenen Welt.*« (GS XIX, 354) Externe Objekte existieren für das Bewußtsein zuerst als Korrelate subjektiver Bedürfnisse und entsprechender Verhaltensweisen. »Daher ist jedes Objekt ursprünglich eine Lebenseinheit.« (GS XIX, 355) Im Verhalten von Kindern und im »animistischen« Glauben sog. Naturmenschen sieht Dilthey empirische Belege für diese Auffassung (vgl. GS V, 125f.). Wenn beispielsweise ein Kind wütend auf den Tisch einschlägt, an dem es sich gerade gestoßen hat, dann zeigt dieses Verhalten, daß auch der subjektexterne tote Gegenstand als Korrelat innerer Lebendigkeit gegeben ist, als Lebenseinheit. Die Erfahrung der Realität kennt im Lebenszusammenhang verschiedene Grade. Sie steht in einem Entsprechungsverhältnis zu der Stärke der vitalen Interessen und des erfahrenen Widerstands, die Selbst und Milieu verbinden. So gewinnt eine Landschaft für den Durchreisenden Realität durch die Mühe, die es kostet, sie zu durchqueren, oder durch die Aneignung der für sie typischen Nahrungsmittel.[48] An dieser Stelle der Argumentation wäre auch der Übergang zu einer erkenntnistheoretischen Deutung des Arbeitsprozesses leicht zu bewerkstelligen, der bei Dilthey selbst nicht stattfindet.

»Der Lebenszusammenhang, welcher im Subjekt und Objekt enthalten ist, wird in einer Mehrzahl realer Kategorien ausgedrückt, welche die Organe alles Verständnisses von Wirklichem für uns sind.« (GS XIX, 360) Die Lebenskategorien sind real, weil sie pragmatisch sind: Strukturmerkmale des Handlungskreises zwischen Selbst und Milieu. Von ihnen zu unterscheiden sind die, wie Dilthey sich mit Blick auf Kant ausdrückt, formalen Kategorien (vgl. GS XIX, 361). Sie bestimmen lediglich die Art und Weise, in der das isolierte Denken sich die Wirklichkeit deutet.

Wegen ihres rein kognitiven Ursprungs sind formale Kategorien für das Denken völlig durchsichtig und eindeutig. Reale Kategorien hingegen sind nach ihrer Zahl und ihrer Ordnung untereinander unbestimmt, weil sie über das Kognitive hinausgehen. Sie artikulieren Aspekte des Lebensprozesses, die sich der reflektierenden Betrachtung als die zentralen und relativ unveränderlichen darstellen. Es gibt aber keine begrifflichen Mittel, die eine Aussage über die Vollständigkeit der Artikulationsschemata erlauben würden. Als Leitfaden seiner Darstellung nutzt Dilthey daher die traditionellen Kategorien, deren Herleitung aus Lebenszusammenhängen er aufzeigen möchte.

Als ersten Grundbegriff behandelt er die »Selbigkeit«, von der sich die Begriffe des Ganzen, der Einheit, des mit sich identischen Dings, schließlich der Substanz herleiten lassen sollen. »Die Kategorie der Selbigkeit, vermöge deren in einer Lebenseinheit eine nur erlebbare, durch keinen Begriff ausdrückbare Einheit alles Unterschiedene und alle Veränderungen zusammenhält, ist für alles menschliche Verstehen und Denken von einer unermeßlichen Bedeutung.« (GS XIX, 362) Das »sinnhafte Erlebnis« von Selbigkeit, die »intimste Erfahrung des Menschen über sich« (GS XIX, 362) besteht in der Zentrierung der wechselnden Bewußtseinszustände auf ein erlebendes Subjekt, das sich eben dadurch als ein unvertretbares »Ich« erfährt. »Ich« bin es und kein anderer, der dies und jenes tut, sich an diese und jene vergangene Handlung erinnert, der sich radikal verändert oder den Eindruck hat, sich gar nicht verändert zu haben. Diese Erfahrung von Selbigkeit ist nicht mit der formalen Identität des a = a zu verwechseln, und sie setzt auch keineswegs voraus, daß ein gleichbleibender Wesenskern durch alle Veränderungen erhalten bleibt. Erlebte Selbigkeit ist an die Binnenperspektive je einzelner gebunden (ob sie dennoch genetisch durch Interaktionen mit anderen bedingt sein könnte, erörtert Dilthey nicht). Für die Entstehung der Ding- und Substanzkategorie ist es aber entscheidend, daß Selbigkeit nicht nur auf die intersubjektive Realität bezogen, sondern auch in die subjektunabhängige Wirklichkeit hineinprojiziert wird.

Objektvorstellungen gehen nach Dilthey aus der Übertragung der innen gespürten Lebendigkeit auf die äußere Welt hervor. Die Argumentation setzt hier die genetische Untersuchung der Subjekt-Objektspaltung fort. So, wie wir uns als Einheitspunkte von Kräften und Wirkungen erfahren, wird im Widerstandserlebnis das widerständige Etwas als Einheitspunkt, als selbiges Objekt gedeutet. Die Lebenskategorie der Selbigkeit läuft also auf eine Art vitalistischer Deutung der Natur hinaus, die deren Eigenbestimmtheit nur analogisierend nach dem Muster subjektiver Qualitäten begreifen kann. Eine erkenntnisanthropologische Analyse der Lebenskategorien muß daher auch auf ihre kognitiven Grenzen aufmerksam machen. Diese bestehen generell darin, daß die Wirklichkeit durch die Lebenskategorien nur als Komponente der menschlichen Lebenswelt erschlossen werden kann. Inwieweit naturwissenschaftliche Methoden diesen Bio- und Anthropozentrismus der Lebenskategorien korrigieren, ist eine Frage, der Dilthey noch keine Aufmerksamkeit schenkt, die angesichts der zentralen Rolle der Naturwissenschaften für unsere moderne Lebenswelt aber sicher nachdrücklich gestellt werden müßte.

Den metaphysischen Substanzbegriff deutet Dilthey als durch Abstraktion entstandenes Derivat der Erfahrung von Selbigkeit. Deren Vollzugscharakter geht im Konzept einer unveränderlichen Substanz und ihrer Eigenschaften unter. Als verdinglichte, abstrakte Selbigkeit kann die Substanzkategorie keine Erkenntnis objektiver Zusammenhänge leisten, weil durch ihre Ausdehnung vom Subjekt auf die gegenständliche Wirklichkeit der Erfahrungsbezug verloren geht. Noch weniger leistet sie aber bei der Analyse psychischer Verhältnisse. Wer dem Vollzug des bewußten Erlebens eine »Seelensubstanz« unterlegen möchte, der benutzt einen völlig inadäquaten Begriff, durch den die sachwidrige Vorstellung eines dinglichen Kerns ins Spiel gebracht wird, die in der Selbsterfahrung gar nicht enthalten ist.

Als zweite Lebenskategorie behandelt Dilthey den Zusammenhang von Wirken und Leiden, aus dem die formale Kategorie der Kausalität abgeleitet sein soll. Der »Sitz im Leben« ist hier der Handlungskreis zwischen Reiz, Reaktion und neuem Reiz, der sich an allen biologischen Abläufen vom Protozoon bis zum Menschen beobachten läßt. Dilthey legt großen Wert darauf, daß die Kategorie der Wechselwirkung nicht als synthetisches Produkt aus den Komponenten Tun und Leiden begriffen werden darf. Die grundlegende Erfahrung ist die des Zusammenhangs von Reiz und Reaktion. In der Sprache der Kybernetik könnte man auch von einem rückgekoppelten Regelkreis sprechen. Das Modell für die Lebenskategorie »Wirken und Leiden« sind Interaktionen zwischen Lebewesen, in denen A einen Eindruck von B empfängt, auf diesen reagiert und mit seinen Reaktionen nun seinerseits B affiziert, dessen geändertes Verhalten dann als neuer Eindruck auf A zurückwirkt, usw.: »willensförmige Lebendigkeit« (GS XIX, 370). Den nächsten Schritt bei der Entstehung der Kategorie »Ursache« bildet nach Dilthey die Übertragung dieses Schemas auf unbelebte Dinge, deren Widerstand willensanalog gedeutet wird. Aus diesem »freien Spiel willenförmiger Kräfte« (GS XIX, 370) filtert aber schon der Urmensch aus praktischem Interesse Regelmäßigkeiten heraus. Der allmähliche Übergang von der vitalistischen Lebenskategorie der Wechselwirkung zwischen Willenszentren zur neuzeitlichen Konzeption von Kausalität vollzieht sich dann durch die akkumulierte Erfahrung gesetzmäßiger Gleichförmigkeiten. Seine Schubkraft erhält er durch die praktische Überlegenheit des Prinzips kausaler Verkettung:

»[...] das rechnende Denken erweist sich überall siegreich gegenüber der elenden Spekulation auf die Launen des Zufalls und die Macht der Dämonen.« (GS XIX, 370) Auch die formale Kategorie der Kausalität ist also nicht etwa ein zeitloses Merkmal unseres Erkenntnisapparats, sondern »notwendiges Produkt der wissenschaftlichen Entwicklung« (GS XIX, 370).

Diltheys Argumentation zielt auf den Nachweis ab, daß das kausale Denken in Gesetzmäßigkeiten von einer Lebenskategorie – dem Zusammenhang von Tun und Leiden – ausgeht, dann aber durch den Lebensprozeß selbst über diese hinausgetrieben wird. Das elementare Bedürfnis nach erfolgreicher Realisierung der eigenen Zwecke in der äußeren Wirklichkeit zwingt zur Aufgabe des ursprünglichen, vitalistischen Naturverständnisses. Physische Realität läßt sich durch den Einsatz von kausalem Gesetzeswissen ungleich besser den menschlichen Bedürfnissen anpassen, als dies mit Hilfe der Lebenskategorie möglich ist, die überall willensförmige Lebendigkeit sieht. Die Abstraktion vom Lebenszusammenhang, durch die ein wissenschaftliches Konzept von Kausalität erst möglich wird, ist jedoch – darin besteht die »pragmatistische« Pointe – durch diesen selbst motiviert und ihm daher nicht äußerlich. Nur weil Menschen ein vitales Interesse an zielgerichteter Veränderung der physikalischen Welt zu ihren Gunsten haben, wurde diese Welt als etwas erfahrbar, das in Lebenskategorien nur höchst unbefriedigend erklärt werden kann. Ein rein kognitives Wirklichkeitsverhältnis hätte niemals den Handlungsdruck erzeugen können, der die Entwicklung der Wissenschaften vorantrieb.

Als dritte Elementarkategorie des Lebens erscheint die »Essentialität oder Wesen, Zweck, Wert, Sinn, Bedeutung« (GS XIX, 374). Für diese Kategorie ist die Zentrierung des Lebensprozesses in sich selbst entscheidend. Indem der erworbene Zusammenhang des Seelenlebens die Komponenten des Psychischen aufeinander bezieht, werden wesentliche und unwesentliche Aspekte unterschieden. Eine Lebenseinheit bewertet dabei das als wesentlich, was bereits gegeben ist oder eintritt und somit »uns nichts mehr wünschen läßt« (GS XIX, 375), weil sein Vollzug nicht mehr Mittel, sondern Selbstzweck ist. »Das Zentrum der Lebensstruktur selbst, so wie es erlebt wird, im Gegensatz zu allem, was nicht Zentrum ist, spricht sich aus in den Kategorien von Wesen, Essentialität, Bedeutung, Sinn.« (GS XIX, 375) Diese Lebenskategorien stehen also in einer engen Beziehung zu den individuierenden Aspekten des seelischen Zusammenhangs, zu Charakter und Stil. Verschiedene Individuen können ganz verschiedene – und oftmals unbewußte – Zentrierungen in unterschiedlichen Wertpräferenzen, Handlungsorientierungen, Lebensmetaphern haben, kommen aber darin überein, *daß* ihre Lebensführung von solchen Bewertungen bestimmt wird. »Irgendetwas macht ihm [jedem Individuum] Wesen und Bedeutung seines Daseins aus; und dadurch ist in jedem der Unterschied dieses Elementar-Entscheidenden von dem Unwesentlichen, ja Gleichgültigen gegeben. So schließt sich in sich die Lebenseinheit ab, mit einer Abstufung der Interessen vom Mittelpunkt zu der Peripherie der Interessen ringsum. Zwischen diesen verschiedenen Werten ist nicht nur Abstufung, sondern auch Beziehung, Zusammenhang.« (GS XIX, 376)

In der Erfahrung des Verstehens der Lebensäußerungen anderer wird die Kategorie des Wesens auf die Mitsubjekte ausgedehnt, um in einem weiteren Schritt auch auf die gegenständliche Welt bezogen zu werden. Anders aber als für die Lebenskategorien der Selbigkeit und der Wechselwirkung, die in modifizierter Form der Eigenbestimmtheit dinglicher Realität angepaßt werden können, gibt es für die Begriffe des Wesens und Zwecks kein gegenständliches Korrelat. Zwecke existieren nur relativ zu den Willensakten und Bewertungen von Subjekten. Lebenskategorien wie Wesen, Zweck und Sinn übertragen jedoch ein zentrales Merkmal des psychischen Zusammenhangs und der sozialen Lebenswelt auf alle Wirklichkeit. Die erkenntnisanthropologische Analyse Diltheys stößt daher wiederum auf eine Geltungsschranke der Lebenskategorien: »Wir bezeichnen nun mit Zweck die Bedeutung und den Sinn einer Lebenseinheit, einer anderen Person, schließlich eines Dings. In diesem allem vollzieht sich eine anthropomorphe Verschiebung der verwandten Begriffe von Wesen, Bedeutung oder Wert.« Nunmehr wird als »Ausdruck bewußten Willens« verstanden, was in Wirklichkeit »doch nur so ist, *als ob* ein Wille es hervorgebracht hätte«[49] (GS XIX, 377). Unsere Alltagssprache und noch mehr die Sprache der Dichtung sind voll von solchen anthropomorphen Ausweitungen des Zweckbegriffs: Flüsse »streben« dem Meer zu, die vertrocknete Pflanze »lechzt« nach Wasser, der wacklige Pfosten »will« nicht stehenbleiben.

An dem Begriffskomplex »Wesen, Zweck, Bedeutung« erläutert Dilthey exemplarisch, innerhalb welcher Grenzen die Lebenskategorien Geltung beanspruchen können. Für die Geisteswissenschaften sind sie schon deswegen gültig, weil sich in ihnen die Selbst- und Welterfahrung bewußten Lebens aus der Binnenperspektive ausdrückt. In Lebenskategorien verkörpert sich jene »Erkenntnistheorie der ersten Person«, auf der die geisteswissenschaftliche Methode basiert. Die anthropozentrische Interpretation der Wirklichkeit, die sich daraus ergibt, darf aber nicht verabsolutiert werden, weil sie auf einem Projektionsmechanismus beruht, den die geisteswissenschaftliche Metatheorie durchschaut:

»Innerhalb der Geisteswissenschaften haben wir es mit Lebenseinheiten zu tun, deren Struktur in sich den Zusammenhang enthält, welchen wir durch die Kategorien Bedeutung, Wert und Zweck bezeichnen. Die Teleologie, welche mit dem Netz von Zwecken und Mitteln die ganze Welt einspinnen möchte, ist doch schließlich eben nur die Projektion der teleologischen Struktur der Lebenseinheit. [...] Über diesen Kreis hinaus hat der Begriff von Bedeutung, Wert und Zweck nur soviel Gewicht, als ihm aus dem Lebenszusammenhang zufließt, in welchem diese Lebenseinheit sich befindet, aus dem primären Zug des Menschen, Leben und Bedeutung überall zu erblicken [...].« (GS XIX, 384f.)

Beschreibende versus erklärende Psychologie

In *Leben und Erkennen* hatte Dilthey den menschlichen Lebenszusammenhang, die theoretische Domäne der Geisteswissenschaften, als »unergründlich« bezeichnet, gleichzeitig aber betont, er sei »in seiner Artikulation der Beschreibung zugänglich« (vgl. GS XIX, 350). Die Spannung zwischen diesen Prädikaten läßt sich, wie ich argumentiert habe, auflösen, indem man das erste auf die Praxis des gelebten Lebens, das zweite aber auf den objektivierten Niederschlag dieser Praxis bezieht, also auf vollzogene Handlungen, sprachliche Äußerungen, Gesten, Mimik, künstlerische Ausdrucksformen usw. Daß Dilthey in den *Ideen über eine beschreibende und zergliedernde Psychologie* von 1894 einen psychologisch-deskriptiven Ansatz für die Grundlegung der Geisteswissenschaften entwickelt, wird vor dem Hintergrund dieser Unterscheidung verständlicher. Deskriptive Psychologie soll den Geisteswissenschaften einen Zugang zu ihrem Material sichern, der dessen eigener Beschaffenheit angemessen ist. Das Adjektiv »beschreibend« verweist auf die Artikulationstendenz des Lebens. Soweit die Lebenspraxis, der Handlungskreis von Selbst und Milieu, sich in geistigen, sinnhaft-symbolisch strukturierten Ausdrucksgestalten äußert, kann sie beschrieben werden und wird damit wissenschaftlicher Zergliederung zugänglich.

Die von Dilthey angestrebte psychologische Fundierung der Geisteswissenschaften zielt primär darauf ab, diese innere Kontinuität von Erlebnis und Ausdruck und damit den methodischen Anschluß an die Perspektive der ersten Person zu sichern. Dieser zentrale Aspekt ist in den *Ideen* allerdings mit einem anderen Argumentationsstrang verflochten, in dem die ursprüngliche und unmittelbare Selbstgegebenheit des Lebenszusammenhangs gegen seine (natur-)wissenschaftliche Kausalerklärung betont wird. Durch diese Argumentation, die zwischen Vollzug und Ausdrucksgestalt des Lebens gar nicht differenziert, entsteht verschiedentlich der irritierende Eindruck, beschreibende Psychologie sei eine Art irrtumsimmunes Wissen von den letzten Zusammenhängen des Lebens selbst.

Wie Dilthey selbst aber in *Leben und Erkennen* unzweideutig klar gemacht hat, gibt es gar keine unvermittelten geistigen Tatsachen, keine schlechthin evidenten Gehalte geistiger Erfahrung. Auch »innen«, in der subjektiven Binnenperspektive, sind alle Erlebnisse vermittelt, interpretiert, kontextbezogen. In den *Ideen* wird dennoch immer wieder die innere Form der Gegebenheit des Psychischen, ihre Gewißheit und Selbstevidenz betont und dem hypothetischen Charakter von Kausalerklärungen gegenübergestellt. Diese Formulierungen stehen nur dann nicht im Widerspruch zu Diltheys Einsicht in die Fehlbarkeit und Vermitteltheit innerer Erfahrung, wenn man sie als Aussagen über den holistischen Charakter des bewußten Erlebens deutet: Vermittlung, Interpretation, Kontextbildung sind interne und charakteristische Eigenschaften des Bewußtseins, die auch von »innen« für das bewußte Erleben zugänglich sind, also nicht etwa aus einer externen Perspektive erst erschlossen werden müssen. Ausgangspunkt der deskriptiv-zergliedernden Psychologie Diltheys ist die Überzeugung, daß der Bewußtseinszusammenhang ebenso innerlich gegeben ist wie die einzelnen Bewußtseinstatsachen, die er verbindet.[50]

Im Zusammenhang dieser holistischen Überzeugung wird auch die bekannte Unterscheidung von Erklären und Verstehen erörtert.[51] Während diese beiden Verben in der Alltagssprache meist einfach den Sprecher- und den Hörerpol eines Kommunikationsprozesses bezeichnen – A erklärt B etwas, und B versteht seine Erklärung – verwendet sie Dilthey, um zwei Aspekte des Weltzugangs zu unterscheiden: »Die Natur erklären wir, das Seelenleben verstehen wir. Denn in der inneren Erfahrung sind auch die Vorgänge des Erwirkens, die Verbindungen der Funktionen als einzelner Glieder des Seelenlebens zu einem Ganzen gegeben. Der erlebte Zusammenhang ist hier das erste, das Distinguieren der einzelnen Glieder desselben ist das Nachkommende. Dies bedingt eine sehr große Verschiedenheit der Methoden, vermittels deren wir Seelenleben, Historie und Gesellschaft studieren, von denen, durch welche die Naturerkenntnis herbeigeführt worden ist.« (GS V, 144)

Diltheys bekannte Formulierung ist irreführend, weil sie Erklären und Verstehen als einander ausschließende Gegensätze zu behandeln scheint. Dies ist aber nur insoweit der Fall, als es sich um methodische Hinsichten handelt, deren Übernahme die jeweils andere in den Hintergrund treten läßt. Daß wir das Seelenleben verstehen, heißt keineswegs, daß es für kausalnaturwissenschaftliche Erklärungen unzugänglich wäre. Bewußtseinsphänomene können auch für Dilthey prinzipiell aus einer neurologischen Perspektive untersucht werden, in der sie als natürliche Ereignisse gelten. Diese Doppelgesichtigkeit ist ihnen wesentlich. Anders verhält es sich mit der subjektunabhängigen Natur; sie bleibt einer internen Perspektive verschlossen und kann nur im übertragenen Sinn verstanden werden – soweit nämlich, als sie in die sinnhaft strukturierte menschliche Lebenswelt hineingezogen wird.

Mit »Verstehen« in methodischer Hinsicht wird ein Vorgang

dann bezeichnet, wenn das fragliche Phänomen in einen erlebten Zusammenhang eingebettet ist, durch den es als sinnvoll oder sinnlos interpretiert werden kann. Um »Erklären« handelt es sich, wenn ein Phänomen durch hypothetische Konstruktionen mit anderen Phänomenen in einen (gesetzesmäßigen) Zusammenhang gebracht werden muß, der begrifflich konstruiert, nicht innerlich erlebt ist. Wer unter Kopfschmerzen leidet, erklärt sie, wenn er sie als Resultat von Druckschwankungen innerhalb des Schädels begreift; er versteht sie, wenn ihm ihr Zusammenhang mit den belastenden Aspekten der eigenen Lebensführung einleuchtet. Das Erklären ist eine kognitive Operation, die auch prinzipiell Unbeteiligte vornehmen können; Verstehensleistungen setzen affektives Betroffensein der Verstehenden voraus. »Wir erklären durch rein intellektuelle Prozesse, aber wir verstehen durch das Zusammenwirken aller Gemütskräfte in der Auffassung.« (GS V, 172) Das eine schließt jedoch das andere nicht aus. Wie das Kopfschmerzbeispiel zeigt, kann man, wenigstens bei psycho-physischen Sachverhalten, immer von einer Perspektive zur anderen übergehen.

Dilthey entwickelt die Konturen seiner beschreibenden und zergliedernden Psychologie, indem er sie einer naturwissenschaftlich orientierten, erklärenden Psychologie entgegensetzt. Als deren wichtigste Vertreter führt er Autoren wie John Stuart Mill, Herbert Spencer, Hippolyte Taine und Johann Friedrich Herbart an. Durch die Darstellung dieser erklärenden Wissenschaft wollte Dilthey den psychologischen Mainstream seiner Zeit in kritischer Absicht charakterisieren. In einer berühmt gewordenen Rezension der *Ideen* hat der Experimentalpsychologe Hermann Ebbinghaus diesen Versuch scharf zurückgewiesen.[52] Die Frage, ob Diltheys schematische Darstellung tatsächlich die naturwissenschaftliche Psychologie treffend geschildert hat, klammere ich aus und konzentriere mich auf die sachlich zentrale, methodische Gegenüberstellung von Erklären und Verstehen.

Konstitutiv für die erklärende Methode ist nach Dilthey der Versuch einer Ableitung der psychischen Gegenbenheiten »aus einer begrenzten Zahl von analytisch gefundenen Elementen« (GS V, 158), also ein synthetisch-konstruktives Verfahren. Polemisch spricht er auch von einer »Seelenlehre ohne Seele« (GS V, 159), in der die psychischen Erscheinungen als fixe Elemente behandelt und auf ihre Kombinationsgesetze hin untersucht werden. Die erklärende Psychologie kennt also zwei methodische Schritte: den analytischen, in dem die relevanten Elemente des Psychischen unterschieden werden, und den synthetischen, in dem diese Elemente durch Kausalhypothesen so verbunden werden, daß sie auch komplexere Erscheinungen erklären können. Als Erklärungsschema dient demnach die Rückführung des Komplexen auf hypothetische Zusammenhänge zwischen seinen Bestandteilen. Hierzu ist es nötig, quantitative Bestimmungen einzuführen und postulierte Regelmäßigkeiten experimentell zu überprüfen. Dilthey erkennt die Bedeutung von Experimenten durchaus an und bezeichnet sie sogar als »unentbehrliches Instrument der Psychologen für die Herstellung einer genauen Beschreibung innerer psychischer Vorgänge« (GS V, 165). Er bestreitet aber den Nutzen experimenteller Verfahren für die Erkenntnis psychischer Gesetzmäßigkeiten.

Das kann in Kenntnis von Diltheys Erkenntnistheorie der ersten Person nicht weiter überraschen. Experimente sind auf Beobachterneutralität, Reproduzierbarkeit und Objektivierbarkeit angelegt, also an die Perspektive der dritten Person gebunden. Sie können daher psychische Vorgänge nur soweit faßbar machen, als diese durch ihre regelmäßige Verbindung mit reproduzierbaren neuro-physiologischen Abläufen beschrieben werden können. Die Wechselbeziehung zwischen erworbenem seelischen

Zusammenhang und psychischem Detail, nach deren Strukturgesetzen Dilthey in den Schriften seiner mittleren Periode sucht, wird aber nur in der ersten Person erlebt und bleibt dem Experiment unzugänglich. Die Kritik an der erklärenden Psychologie läuft darauf hinaus, daß sie »aus einer unberechtigten Erweiterung der naturwissenschaftlichen Begriffe über das Gebiet des Seelenlebens und der Geschichte entstanden« (GS V, 195) sei, die eigentümliche Bindung geistiger Phänomene an das bewußte Erleben von Subjekten also nicht beachte. Das Bewußtsein funktioniert nach Dilthey holistisch: Einzelelement und Ganzes bestimmen sich durch ihren Zusammenhang wechselseitig. Naturerkenntnis aber bringt die gegebenen Einzelerscheinungen erst nachträglich in einen hypothetischen Zusammenhang. Naturwissenschaftlich-erklärende Begriffe können daher das Spezifische des Bewußtseins nicht erfassen.

Diltheys beschreibend-zergliedernde Psychologie soll sich der hypothetischen Konstruktion von Zusammenhängen aus psychischen Elementen enthalten und statt dessen den »entwickelten Mensch und das fertige vollständige Seelenleben« untersuchen. »Dieses soll in seiner Totalität aufgefaßt, beschrieben und analysiert werden.« (GS V, 169) Nach Diltheys Ansicht verweist eben jeder beliebige psychische Sachverhalt *intern* auf seinen Kontext und letzten Endes auf den gesamten erworbenen Zusammenhang des Seelenlebens. Deshalb muß »die beschreibende Psychologie [...] zugleich analytische Psychologie sein [...], Zergliederung einer gegebenen komplexen Wirklichkeit« (GS V, 174). Hier wird wieder die enorme Differenz zur erklärenden Methode sichtbar, die als gegeben nur einzelnes zuläßt, während die geisteswissenschaftliche Psychologie die Gegebenheit der Bewußtseinstotalität in den Mittelpunkt stellt. Ebbinghaus hat in seiner schon erwähnten Besprechung der *Ideen* seine Kritik auf diesen entscheidenden Punkt zugespitzt und Diltheys Grundannahme entschieden zurückgewiesen: »[...] der Strukturzusammenhang selbst wird *nicht* erlebt, er ist *nicht* lebendigste Erfahrung.«[53] Hartnäckig insistiert er darauf, daß wir nur durch Schlüsse, hypothetische Ergänzungen etc. den seelischen Strukturzusammenhang erkennen können. Ebbinghaus' Vorwurf läuft darauf hinaus, daß Dilthey die Evidenz des unmittelbar Erlebten – ihr Bestehen einmal zugestanden – mit der evidenten Erkenntnis seines Zusammenhangs gleichsetze und so falsche Sicherheiten erzeuge.

Auch dieser Konflikt ließe sich durch die Unterscheidung zwischen dem Vollzugs- und dem Ausdrucksaspekt des Lebens teilweise entschärfen. Das unmittelbare Gegebensein des seelischen Zusammenhangs bleibt auf die begrifflich gar nicht direkt zugängliche Lebenspraxis beschränkt und muß aus ihren Artikulationen rekonstruktiv – nicht konstruktiv, wie in den Naturwissenschaften – erschlossen werden. Für den beschreibend-zergliedernden Psychologen sind psychische Sachverhalte zwar immer unselbständige Momente der Bewußtseinstotalität, die den Lebensprozeß reguliert. Nicht unmittelbar gegeben ist aber die Zergliederung, die analytisch-diskursive Durchdringung dieser Totalität. Anders formuliert: Im Handlungskreis zwischen Selbst und Milieu ist die Integrationsinstanz des seelischen Zusammenhangs erlebt und nicht etwa erschlossen. Sobald sie jedoch analysiert werden soll, muß aus der Perspektive des unmittelbar gelebten Lebens herausgetreten und zur Zergliederung der Lebensausdrücke übergegangen werden. Diese Zergliederung kann gelingen oder mißlingen, schließt sich also nicht mehr direkt an die begriffslose Selbstgewißheit des Vollzugs an. Dilthey selbst hat die fundamentale Unterscheidung zwischen gelebter Unmittelbarkeit und ihrer Artikulation wohl angedeutet, aber an keiner Stelle klar entwickelt. Dadurch konnte der Eindruck entstehen, er sei methodisch naiv und bestreite die Fallibilität und Vermitteltheit aller psychologischen Erkenntnisse.

Ebbinghaus warf ihm zudem vor, an überholten Gegensätzen festzuhalten, mit der neuesten Psychologie unzureichend vertraut zu sein und Scheingefechte gegen Positionen zu führen, die niemand mehr vertrete. Durch diese scharfe Kritik fühlte sich Dilthey persönlich angegriffen, in seiner wissenschaftlichen Reputation getroffen und wohl auch sachlich verunsichert. Er gab die Arbeit an den systematischen Büchern der *Einleitung* auf, widmete sich der Fortführung seiner monumentalen Schleiermacher-Biographie und nahm erst nach der Jahrhundertwende die geisteswissenschaftliche Grundlagenproblematik wieder auf. Sein Spätwerk ist durch ein merkliches Zurücktreten psychologischer Argumentationen und die Konzentration auf die Strukturen des »objektiven Geistes« gekennzeichnet. Diese Akzentverschiebung von der Binnenperspektive des Subjekts zur sinnstrukturierten sozialen Welt deutet sich aber in den *Ideen* schon an und geht also nicht allein auf externe Anstöße zurück. Motiviert ist sie durch die Einsicht in den internen Zusammenhang von Erlebnis und Ausdruck: »In Sprache, Mythos und religiösem Brauch, Sitte, Recht und äußerer Organisation der Gesellschaft sind Erzeugnisse des Gesamtgeistes vorliegend, in denen das menschliche Bewußtsein, mit Hegel zu reden, objektiv geworden ist und so der Zergliederung standhält. Was der Mensch sei, das erfährt er ja doch nicht durch Grübelei über sich, auch nicht durch psychologische Experimente, sondern durch die Geschichte.« (GS V, 180)

Von Subjekt zur sozialen Welt

→ Geschichte

4. Diltheys Spätwerk: Die Hermeneutik des objektiven Geistes

Hegel, Husserl und die Hermeneutik

Diltheys Schriften aus seinem letzten Lebensjahrzehnt zeugen von der Suche nach einer Konzeption geisteswissenschaftlicher Theoriebildung, die das Verstehen symbolisch artikulierter Bedeutungen, nicht mehr die psychologische Beschreibung von Bewußtseinszuständen, ins Zentrum rückt. Wesentliche Anstöße zur Neuaufnahme seines Begründungsprogramms erhielt Dilthey durch seine Beschäftigung mit Hegel, zumal mit dessen frühen Schriften, und durch die Lektüre von Husserls *Logischen Untersuchungen*. Schon in dem programmatischen Text von 1900 über *Die Entstehung der Hermeneutik* kündigt sich aber jene Akzentverschiebung zur Objektivität sprachlicher Ausdrucksgestalten an, die das Spätwerk bestimmt. In dieser Arbeit rekonstruiert Dilthey die Entstehungsgeschichte des hermeneutischen Denkens als einen zielgerichteten Prozeß, dessen Endpunkt in seiner eigenen universalen Konzeption des Verstehens zu sehen ist. Seine knappe Darstellung hat in der Hermeneutik des 20. Jahrhunderts fast kanonischen Rang erlangt, ist in jüngster Zeit allerdings mit guten Gründen dafür kritisiert worden, daß Brüche und Differenzen der Entwicklung in ihr von einem teleologischen Deutungsschema überlagert werden.[54] Ich sehe daher in meiner Darstellung von den überholten wissenschaftsgeschichtlichen Thesen der Arbeit ab und konzentriere mich auf den systematischen Gehalt des Textes.

In der *Entstehung der Hermeneutik* kritisiert Dilthey seine frühere Auffassung, nach der die innere Erfahrung des Individuums das Zentrum der Geisteswissenschaften bilden sollte. Er hält zwar an der größeren Lebensnähe dieser Wissenschaften im Vergleich zur Erkenntnis der Natur fest, führt aber die selbstkritischen Erwägungen seiner »pragmatistischen« Texte hinsichtlich der theoretischen Zugänglichkeit der subjektiven Binnenperspektive noch weiter. Intersubjektivität tritt damit in den Vordergrund, nicht nur für das theoretische Begreifen, sondern schon auf der Ebene subjektiver Selbstverständigung. »Die innere Erfahrung, in welcher ich meiner eigenen Zustände inne werde, [kann] mir doch für sich nie meine eigene Individualität zum Bewußtsein bringen. Erst in der Vergleichung meiner selbst mit anderen mache ich die Erfahrung des Individuellen in mir.« (GS V, 318) Individualität, wie sie in den Geisteswissenschaften methodisch erschlossen werden soll, ist eine intersubjektive Kategorie. Sie konstituiert sich nicht bereits im – vorsprachlichen – »Blick nach Innen«, im Gewahrwerden der eigenen Bewußtseinszustände, sondern erst in der Auseinandersetzung mit anderen. Diese Auseinandersetzung vollzieht sich nicht unmittelbar zwischen dem Bewußtsein von Personen, sondern im Medium symbolischer, zumeist sprachlicher Artikulationen. Objektive Erkenntnis bezieht sich nach Dilthey daher immer auf »Zeichen«, auf Lebensäußerungen, die als Ausdruck eines Inneren verstanden werden, das niemals direkt, sondern nur vermittels intersubjektiver Sinnstrukturen zugänglich ist. »Wir nennen den Vorgang, in welchem wir aus Zeichen, die von außen sinnlich gegeben sind, ein Inneres erkennen: *Verstehen.* [...] Dies Verstehen reicht von dem Auffassen kindlichen Lallens bis zu dem des Hamlet oder der Vernunftkritik. Aus Steinen, Marmor, musikalisch geformten Tönen, aus Gebärden, Wort und Schrift, aus Handlungen, wirtschaftlichen Ordnungen und Verfassungen spricht derselbe menschliche Geist zu uns und bedarf der Auslegung.« (GS V, 319)

Hier wird der Universalitätsanspruch des Verstehens besonders deutlich formuliert: Alles, was von Menschen gemacht ist, kann als Zeichen, als Ausdruck bewußten Lebens gedeutet und daher einer Verständnisbemühung unterworfen werden. Jedes Zeichen kann prinzipiell verstanden werden, aber auch nur Zeichen können überhaupt verständlich sein. Das hat zwei wichtige Konsequenzen. Zum einen ist die vom Subjekt unberührte Natur unverständlich, weil sie keinen Zeichen- und Ausdruckscharakter hat. Strenggenommen ist die Natur also weder sinnvoll noch sinnlos; sie liegt außerhalb des Bereichs möglichen Sinns. Die andere, überraschende Konsequenz: Auch innere Zustände und Bewußtseinsphänomene sind *als solche* unverständlich und können nur in ihren Artikulationen verstanden werden. Sätze in der ersten Person Singular, die Verstehensausdrücke enthalten, beziehen sich nach Dilthey nie auf innere Zustände, sondern immer auf Ausdruckshandlungen. Am Beispiel des Satzes »ich verstehe nicht, wie ich so handeln konnte« zeigt er auf, daß auch das Selbstverstehen den Umweg über den Ausdruck nehmen muß. Mit einem solchen Satz sei nämlich in Wirklichkeit gemeint, »daß eine Äußerung meines Wesens, die in die Sinnenwelt getreten ist, mir wie die eines Fremden gegenübertritt und daß ich sie als eine solche nicht zu interpretieren vermag.« (GS V, 318) Selbstverständnis setzt eine Selbst(ent-)äußerung voraus.

Verstehen kennt verschiedene Grade und ist von Interesse und Aufmerksamkeit abhängig. Der Übergang von seinen alltäglichen, elementaren Formen zur geisteswissenschaftlichen Praxis setzt aber voraus, daß die zu verstehenden Äußerungen in fixierter Form vorliegen und es deshalb immer wieder möglich ist, auf sie zurückzukommen. »Solches *kunstmäßige Verstehen von dauernd fixierten Lebensäußerungen nennen wir Auslegung oder In-*

terpretation.« (GS V, 319) Interpretation kann sich beispielsweise auch auf Skulpturen oder Gemälde beziehen, bleibt dabei jedoch auf sprachliche Deutungen dauernd angewiesen. Unter allen symbolischen Ausdrucksformen beansprucht die Sprache, zumal als geschriebene, nach Dilthey den Vorrang: »Darin liegt nun die unermeßliche Bedeutung der Literatur für unser Verständnis des geistigen Lebens und der Geschichte, daß in der Sprache allein das menschliche Innere seinen vollständigen, erschöpfenden und objektiv verständlichen Ausdruck findet. Daher hat die Kunst des Verstehens ihren Mittelpunkt in der Auslegung oder *Interpretation der in der Schrift erhaltenen Reste menschlichen Daseins.*« (GS V, 319) Entsprechend gilt Hermeneutik als die »*Kunstlehre der Auslegung von Schriftdenkmalen*« (GS V, 320).

Da für diese verstehende Auslegung der Sinn einer größeren Einheit vom Sinn ihrer Komponenten abhängt und umgekehrt, entsteht das Problem des »hermeneutischen Zirkels«, den Dilthey als die »zentrale Schwierigkeit aller Auslegungskunst« bezeichnet: »Aus den einzelnen Worten und deren Verbindungen soll das Ganze eines Werks verstanden werden, und doch setzt das volle Verständnis des einzelnen schon das des Ganzen voraus. Dieser Zirkel wiederholt sich in dem Verhältnis des einzelnen Werks zu Geistesart und Entwicklung seines Urhebers, und er kehrt ebenso zurück im Verhältnis dieses Einzelwerks zu seiner Literaturgattung.« (GS V, 330) Für das hermeneutische Denken gibt es demnach keine absoluten Anfänge; es hat immer die Struktur einer Vertiefung und Kritik des bereits vorhandenen Vorwissens, ohne das die Interpretation gar nicht beginnen könnte. Als – unerreichbare – Grenze des Verstehens gilt Dilthey die Individualität des Autors, in meiner Deutung also die Innenperspektive des Lebensvollzugs, dessen Ausdruck interpretiert wird. Dennoch ist es das letzte Ziel des hermeneutischen Verfahrens, »den Autor besser zu verstehen, als er sich selber verstanden hat.« (GS V, 331) Wenn Verstehen nämlich Ausdrucksgestalten zum Gegenstand hat und nicht etwa die unmittelbare Selbstvertrautheit des Lebensvollzugs, dann verliert das Selbstverständnis des Autors seine zwingende Autorität: Das im Text Gesagte, nicht das möglicherweise vom Autor Gemeinte steht zu einer Deutung an, die dem nachkommenden Hermeneutiker im Idealfall besser gelingen kann als dem Textproduzenten selbst. Eine weitere Stütze findet der hermeneutische Anspruch des Besser-Verstehens darin, daß die Erzeugungsregeln und Hintergrundvoraussetzungen sprachlicher Produktionen normalerweise für den Autor selbst unbewußt sind. Wenn sie bewußt gemacht werden, ermöglicht das ein Verständnis sprachlicher Ausdrucksgestalten, das aus der Perspektive des Schöpfers dieser Gestalten gar nicht erreicht werden kann.

In der *Entstehung der Hermeneutik* entwickelt Dilthey eine Konzeption des Ausdruckverstehens, die den intersubjektiven Sinn geistiger Gebilde deutlich vom subjektiven Gewahrwerden psychischer Gehalte unterscheidet. Die Suche nach einem Begriff theoretisch noch unverstümmelter Erfahrung, die Dilthey in der *Einleitung* auf die phänomenale Realität der Bewußtseinstatsachen führte, konzentriert sich nun auf das Verstehen, in dem eine sinnhaft strukturierte Wirklichkeit erschlossen wird. Diese Akzentverschiebung wurde von Diltheys Auseinandersetzung mit den *Logischen Untersuchungen* Edmund Husserls (1900/01) wesentlich geprägt. In den *Studien zur Grundlegung der Geisteswissenschaften* von 1905ff., einer Fortführung des psychologischen Ansatzes der *Ideen*, ist der Einfluß des Begründers der Phänomenologie unverkennbar. Husserl hatte in den *Logischen Untersuchungen* das Programm einer neuartigen Grundwissenschaft entwickelt, die von ihm zunächst als »deskriptive Psychologie«[55] bezeichnet worden war. In ihrem Zentrum stand das Ideal der phänomenologischen Beschreibung des Gegebenen. Das, was sich dem Subjekt im Bewußtseinsleben darbietet, sollte so, wie es ist, ohne theoretische Konstruktionen, aufgefaßt werden. Für Dilthey stand die phänomenologische Methode der Deskription des Bewußtseinslebens, wie sie Husserl entwickelt, in Kontinuität zu seinem eigenen wissenschaftlichen Projekt. Auch Husserls Anspruch, eine theoretische Einstellung zu finden, die es den Phänomenen – den »Sachen selbst« – erlaubt, sich zu zeigen, fand einen Widerhall in der Programmatik der verstehenden Geisteswissenschaften. Dilthey hatte erkannt, daß in der für die Naturwissenschaften konstitutiven Abstraktion von der anthropozentrischen Perspektive des alltäglichen und kulturellen Lebens die sozialgeschichtlich erzeugten Sinndeutungen verschwinden, um die es den Geisteswisssenschaften gerade geht. Wenn geistige Phänomene an die Binnenperspektive des Lebens gebunden sind, dann muß die ihnen gemäße Methode auch dessen Innenansicht zur Sprache bringen.

Allerdings gibt es auch einen wesentlichen Unterschied zu Husserl: Dieser insistiert nämlich darauf, daß Bewußtsein durch Intentionalität charakterisiert ist. Die meisten psychischen Erlebnisse sind nicht selbstgenügsam, sondern auf etwas gerichtet, das seinerseits nicht mehr rein psychologisch erfaßt werden kann: den intentionalen Gegenstand.[56] Im Falle der von Dilthey in den Mittelpunkt gestellten Akte des Verstehens ist das besonders offensichtlich: Wenn ich zum Beispiel ein Gedicht lese und verstehe, dann müssen in diesem psychischen Erlebnis zwei Komponenten unterschieden werden, nämlich der Akt der Aneignung und sein Gegenstand, das Gedicht als ein sinnhaftes Gebilde. Die Bedeutung des Gedichts läßt sich nicht in psychologischen, sondern nur in semiotischen Begriffen beschreiben. Wer die beiden Aspekte des Bewußtseinslebens – den psychischen Akt und den in ihm zum Ausdruck kommenden Gehalt – nicht klar unterscheidet, der zieht sich für Husserl den Vorwurf des Psychologismus zu. Im ersten Buch der *Logischen Untersuchungen* hat Husserl diese Position auch auf dem Gebiet der Logik scharf kritisiert und gezeigt, daß der Geltungsanspruch logischer Gesetze nicht auf psychologische Zwänge zurückgeführt werden kann.

Die Aneignung dieses Werks brachte Dilthey dazu, zwischen Akt und Inhalt, psychischem Gewahrwerden und sprachlicher Bedeutung, damit aber zwischen Psychologie und Hermeneutik schärfer zu unterscheiden, als er dies bislang getan hatte. Seine erkenntnistheoretische Grundposition wird dadurch nicht berührt: Dilthey ging weiterhin davon aus, daß die Wirklichkeit für uns ins Bewußtsein fällt. Das bewußte Erleben bleibt der Ausgangspunkt aller Deutungen dieser Wirklichkeit. Ungleich entschiedener als in der *Einleitung* macht er aber in seinem Spätwerk die Einsicht geltend, daß im individuellen, psychologisch beschreibbaren Bewußtsein intersubjektive Sinngehalte repräsentiert sind, die dem einzelnen als eine kulturell-sprachliche Realität vorausliegen.

Neben die Auseinandersetzung mit dem phänomenologischen Ansatz Husserls trat für Dilthey in den Jahren nach der Jahrhundertwende eine neue und vertiefte Aneignung Hegels. Dessen idealistischen Anspruch auf ein absolutes Wissen, in dem die Endlichkeit und Perspektivität der Subjekte aufgehoben ist, hatte Dilthey zwar zeitlebens scharf zurückgewiesen. In den sog. Jugendschriften Hegels – den Arbeiten vor der *Phänomenologie des Geistes* –, die auf seine Initiative hin veröffentlicht wurden, fand Dilthey aber einen anderen Hegel, dessen Werk er als Ausdruck der geschichtlichen Dynamik des »Lebens« deuten konnte. Diltheys Studie mit dem Titel *Die Jugendgeschichte Hegels* versteht sich als Beitrag zu einer »Phänomenologie der Metaphysik« (GS IV, 3). Gezeigt werden sollte, wie Hegels intellektuelle Entwicklung, vor allem seine Interpretation religiöser Phänomene, mit einer Selbstauslegung des Lebens als »Geist« beginnt, dann aber in einem objektivistischen Mißverständnis endet, in der Deutung des historischen Lebens von einem prätendierten absoluten Standpunkt aus.[57]

An Hegels Jugendschriften ist Dilthey vollends klargeworden, daß historische Entwicklungsprozesse und soziale Realitäten nicht in individualpsychologischen Kategorien beschrieben werden können. Besonders deutlich zeigt sich im Bereich des religiösen Lebens, wie individuelle Handlungen und Überzeugungen in den übergreifenden Zusammenhang kollektiver Sinndeutungen verwoben sind. Der entscheidende Punkt ist hier, daß die deskriptive Psychologie von sich aus auf kulturelle und geschichtliche Sachverhalte stößt, die eine intersubjektive Deutung des Lebensprozesses in den Kategorien sozialen Sinns erzwingen. Nach Dilthey hat Hegel diesen Zusammenhang an der Person Jesu exemplarisch entwickelt: »In Jesus fand ein Fortrücken des Geistes der Menschheit statt und an ihm hat Hegel zuerst gezeigt, wie ein Individuum Organ der Entwicklung des Geistes wird und dieser sich in ihm repräsentiert. Indem wir jetzt zum christlichen Gemeindebewußtsein fortschreiten, bereitet sich ein neuer entscheidender Begriff dieser Geschichtsauffassung vor: der des objektiven Geistes.« (GS IV, 171)

Dilthey übernahm den Begriff »Geist« von Hegel, weil er glaubte, ihn von seinen idealistischen Prämissen lösen zu können. Für das hermeneutische Denken ist »Geist« der Inbegriff geschichtlich-gesellschaftlicher Wirklichkeit unter dem Aspekt ihrer Sinnstrukturiertheit. Geistige Zusammenhänge sind trans-individuell und transzendieren als geschichtlich sich entwickelnde auch die jeweilige Gegenwart; dennoch sind sie von Menschen hervorgebracht und nicht etwa Ausdruck einer subjektunabhängigen Realität. Anders ausgedrückt: der »Geist« hat – in Diltheys Hegel-Deutung – ein kollektives, aber kein transzendentes Subjekt. So gesehen, läßt sich das »Gemeindebewußtsein«

durchaus religionskritisch deuten: Hegel betrachte nämlich die Gemeinde »als das Subjekt, [...] welches die ganze christliche übersinnliche Anschauungs- und Begriffsordnung hervorbringt« (GS IV, 171). In Diltheys spätesten Schriften wird dann der Gedanke, daß auch transzendenter Sinn von Menschen produziert ist, unverblümt ausgesprochen.

Für die Entwicklung von Diltheys eigenem Denken ist die Einsicht zentral, daß die Kategorie des Geistes als Ausdruck geschichtlich-sozialer Lebensprozesse verstanden werden kann. Bei Hegel hat dieser Gedanke eine metaphysische Prämisse: Das Leben des Geistes besteht darin, sich in seinen Objektivationen zu entäußern und aus der Entäußerung, zu sich selbst gekommen, wieder zurückzukehren. Dilthey schließt an diese Prämisse an, gibt ihr jedoch eine erfahrungswissenschaftliche Wendung: Der Lebensprozeß artikuliert sich in sinnhaft strukturierten, »geistigen« Objektivationen, die den Gegenstand der Geisteswissenschaften ausmachen. Das Verstehen dieser Objektivationen klärt das Leben aber nur unvollkommen über sich selbst auf, weil der Vollzug *als* Vollzug nicht begriffen werden kann.

Das Leben und seine Objektivationen

Die späte, »hermeneutische« Deutung des Lebensprozesses hat Dilthey in einer 1910 erschienenen Arbeit mit dem Titel *Der Aufbau der geschichtlichen Welt in den Geisteswissenschaften* und den verschiedenen Plänen zu ihrer Fortsetzung vorgelegt.[58] In den folgenden drei Abschnitten lege ich diese Texte zugrunde, die auch in der Wirkungsgeschichte eine zentrale Rolle gespielt haben.

Geisteswissenschaften sind für Dilthey auf »Selbstbesinnung« (GS VII, 82) hin angelegt. Im Verstehen vergangener Lebensäußerungen bildet sich die Identität eines Individuums, kann in einer bestimmten Gesellschaft ein bewußtes Verhältnis zu ihrer Gegenwart entstehen. Durch die methodische Anbindung an die Perspektive der subjektiven und sozialen Wirklichkeit – der ersten Person Singular und Plural – unterscheiden sich die Geistes- von den Naturwissenschaften. Während die Übermacht der physischen Realität und unser Interesse an ihrer Domestizierung die naturwissenschaftliche Einstellung motiviert haben, verlangt der Rückgang in die (Inter-)Subjektivität des Erlebens nach einer geisteswissenschaftlichen Perspektive. In den Naturwissenschaften schaltet der Mensch sich selbst aus, »um aus seinen Eindrükken diesen großen Gegenstand Natur als eine Ordnung nach Gesetzen zu konstruieren. Sie wird dann dem Menschen zum Zentrum der Wirklichkeit. – Aber derselbe Mensch wendet sich dann von ihr rückwärts zum Leben, zu sich selbst. Dieser Rückgang des Menschen in das Erlebnis, durch welches für ihn die Natur da ist, in das Leben, in dem allein Bedeutung, Wert und Zweck auftritt, ist die andere große Tendenz, welche die wissenschaftliche Arbeit bestimmt.« (GS VII, 83)

Die Entstehung der Geisteswissenschaften hat zur Voraussetzung, daß die naturalistische Deutung des bewußten Lebens einerseits als unvermeidlich und legitim, andererseits aber auch als Entfremdung erfahren wird. Dilthey stellt das – relative – Eigenrecht einer in den Manifestationen sozialen Sinns zentrierten Wirklichkeitsdeutung gegen den Monismus der naturwissenschaftlichen Perspektive. Die Geisteswissenschaften erwachsen so »aus den Aufgaben des Lebens selbst« (GS VII, 79). Ihr Gegenstand ist die »menschlich-geschichtlich-gesellschaftliche Wirklichkeit« (GS VII, 81), kurz: das Leben als »Inbegriff dessen, was uns im Erleben und Verstehen aufgeht, [...] als ein das menschliche Geschlecht umfassender Zusammenhang« (GS VII, 131).

aus dem Lebensvollzug selbst

Verständlich wird Diltheys Auffassung des »Lebens« nur, wenn man sie nicht gegenstandstheoretisch mißdeutet. Es geht ihm nicht darum, den Bereich des Lebendigen gegen den der unbelebten Dinge abzugrenzen. »Leben« bezeichnet keine Klasse von Objekten, sondern die Wirklichkeit, soweit sie in einem Verhältnis zu den Interessen und Sinndeutungen einzelner oder sozialer Gruppen steht. Der »*Lebensbezug* des Ich« (GS VII, 131) markiert die Differenz zur Naturwissenschaft. Was in einem Lebensbezug zu mir steht, geht mich etwas an, stößt mich ab, läßt mich kalt, langweilt mich, erregt mich, etc. In jedem Fall wird es bewertend auf Subjektivität bezogen.

> »Wie alles hier eine Stellung zu ihm hat, ebenso verändert sich beständig die Zuständlichkeit des Ich nach dem Verhältnis der Dinge und Menschen zu ihm. Es gibt gar keinen Menschen und keine Sache, die nur Gegenstand für mich wären und nicht Druck oder Förderung, Ziel eines Strebens oder Bindung des Willens, Wichtigkeit, Forderung der Rücksichtnahme und innere Nähe oder Widerstand, Distanz und Fremdheit enthielten. Der Lebensbezug, sei er auf einen gegebenen Moment eingeschränkt oder dauernd, macht diese Menschen und Gegenstände für mich zu Trägern von Glück, Erweiterung meines Daseins, Erhöhung meiner Kraft, oder sie schränken in diesem Bezug den Spielraum meines Daseins ein, sie üben einen Druck auf mich, sie vermindern meine Kraft.« (GS VII, 131)

Dilthey unterscheidet weiter terminologisch zwischen dem Leben als der übergreifenden Totalität und den individuellen oder kollektiven Lebenseinheiten, aus denen sich diese Totalität aufbaut: »Leben ist der Zusammenhang der unter den Bedingungen der äußeren Welt bestehenden Wechselwirkungen zwischen Personen, aufgefaßt in der Unabhängigkeit dieses Zusammenhangs von den wechselnden Zeiten und Orten. Ich gebrauche den Ausdruck Leben in den Geisteswissenschaften in der Einschränkung auf die Menschenwelt [...]. Das Leben besteht in der Wechselwirkung der Lebenseinheiten.« (GS VII, 228) Indem Dilthey die Individuen begrifflich als solche Einheiten faßt, weist er eine individualistische Konzeption der sozialen und geschichtlichen Wirklichkeit zurück. Zwar gibt es unabhängig von Menschen überhaupt keine geistigen Sachverhalte, diese werden vielmehr durch die Interaktionen von Individuen erst hervorgebracht. »Das Leben« darf sowenig wie »der Geist« hypostasiert, als subjektunabhängige Wirklichkeit betrachtet werden. Auf der anderen Seite liegt die mit diesen Begriffen benannte Realität aber dem Denken und Handeln jedes einzelnen und jeder sozialen Gruppe voraus, bildet einen Rahmen, der nicht einfach zur Disposition steht und jede weitere Lebensäußerung präformiert.

Sprachen sind die treffendsten Beispiele für diese hermeneutisch fundamentale Wechselbeziehung zwischen dem Leben und seinen Einheiten. Alle Sprachen haben eine Geschichte, in deren Verlauf sie aus elementaren, noch nonverbalen Interaktionen entstanden sind. Aus einer sozialphilosophischen Perspektive hat etwa Diltheys Schüler George Herbert Mead versucht, diese Elementargeschichte zu rekonstruieren.[59] Wenn sich die semantischen und syntaktischen Merkmale einer natürlichen Sprache aber erst einmal herausgebildet haben – ein Prozeß, der in Form des Sprachwandels andauert –, dann können diese Merkmale selbstverständlich unabhängig von den Interaktionen beschrieben werden, denen sie ihre Entstehung verdanken. Das gilt auch für alle höherstufigen Eigenarten von Sprachen, für idiomatische Ausdrücke, Redewendungen, Metaphern und sprichwörtliche Formulierungen. Sprachliche Strukturen und Bedeutungen liegen dem Verhalten konkreter Sprecher voraus, ohne doch deshalb von ihm unabhängig zu sein. Der von Dilthey als Wechselwirkung zwischen Individuen beschriebene Lebenszusammenhang findet in ihnen seine prominenteste und differenzierteste Objektivation.

Die hermeneutische Grundstruktur des Lebens basiert auf seiner Zeitlichkeit: »Leben steht zur Erfüllung der Zeit in einem nächsten Verhältnis. Sein ganzer Charakter, das Verhältnis der Korruptibilität in ihm, und daß es doch zugleich einen Zusammenhang bildet und darin eine Einheit hat (das Selbst), ist durch die Zeit bestimmt. – In der Zeit ist Leben in dem Verhältnis von Teilen zu einem Zusammenhang derselben da.« (GS VII, 229) Indem das aktuell gelebte Leben sich vor dem Hintergrund seiner Vergangenheit erfährt, entsteht ein Zusammenhang, der die neu hinzutretenden Erfahrungen ebenso bestimmt, wie er umgekehrt durch diese andauernd erweitert und verändert wird. Damit ist eine weitere Differenz zu der Verfahrensweise der Naturwissenschaften gefunden, deren Zeitbegriff die Komponente der Einheitsbildung gar nicht enthält. Die genetisch-zeitliche Perspektive ist der Hermeneutik Diltheys wesentlich. Sie findet auf makrohistorische Prozesse ebenso Anwendung wie auf die biographische Entwicklung einzelner. Der Lebenszusammenhang hat also keine statische, sondern eine dauernd sich verändernde, fragile Struktur, mit Hilfe derer subjektive und intersubjektive Selbstverständigung geleistet wird. Dilthey war zudem keineswegs der Meinung, daß Leben durch die Bewahrung aller Sinnbezüge gekennzeichnet sei. Deshalb spricht er von der der Zeit geschuldeten »Korruptibilität« des Lebens: Nicht nur Erinnerung und Kontextbildung, sondern auch Vergessen und Kontextbegrenzung machen den Verstehenscharakter des Lebens aus.

Wenn der »Lebensphilosoph« Dilthey sich die weitergehende Frage stellt: »Wie ist Geschichte möglich?«, greift er mit seiner Antwort auf die eben geschilderten Einsichten zurück.

> »Geschichtliches Leben ist ein Teil des Lebens überhaupt. [...] Leben in diesem Sinne erstreckt sich sonach auf den ganzen Umfang des objektiven Geistes, sofern er durch das Erleben zugänglich ist. Leben ist nun die

> Grundtatsache, die den Ausgangspunkt der Philosophie bilden muß. Es ist das von innen Bekannte, es ist dasjenige, hinter welches nicht zurückgegangen werden kann. Leben kann nicht vor den Richterstuhl der Vernunft gebracht werden. Geschichtlich ist das Leben, sofern es in seinem Fortrücken in der Zeit und dem so entstehenden Wirkungszusammenhang aufgefaßt wird.« (GS VII, 261)

Diese Argumentation soll die Möglichkeit objektiver Erkenntnis in den Geisteswissenschaften verteidigen. Sie wirkt aber zunächst unklar, wenn man sich daran erinnert, daß die »Lebensbezüge des Ich« für das Leben konstitutiv sein sollen. Was könnte nämlich subjektiver sein als solche Bezüge, die uns »von innen« bekannt sind? Was dem einen von höchster Bedeutung ist, läßt den anderen ganz gleichgültig. Nun soll nach Dilthey das Leben sich in den Geisteswissenschaften selbst verstehen. Ist damit aber gemeint, daß die bewertende Perspektive der Subjekte methodisch übernommen werden soll? Mit dem Anspruch auf Objektivität wäre eine solche Einstellung kaum vereinbar. Oder ist es möglich, dem »Leben« begrifflich die Treue zu halten, *ohne* der subjektiven Beliebigkeit wechselnder Lebensbezüge zu verfallen?

Dilthey war davon überzeugt. Er versuchte, den wissenschaftlichen Anspruch auf Allgemeingültigkeit und den subjektiven, kontingenten Charakter der Lebensvollzüge im Begriff des »objektiven Geistes« zu vermitteln. Weil das Leben sich mit seinen sinnhaft-wertenden Bezügen objektiviert, Ausdrucksgestalten erzeugt und dadurch die gegenständliche Welt immer stärker mit menschlicher Subjektivität durchdringt, bringt es selbst jene Allgemeinheit hervor, die objektive Erkenntnis ermöglicht. Gegenstand der Geisteswissenschaften ist nicht der unmittelbare, individuelle Vollzug des Lebens, sondern dessen Ausdruck, der sich im Medium geschichtlich entstandener Strukturen bewegt. Geschichte ist der Wirkungszusammenhang des vergangenen Lebens, dessen Präsenz im Hier und Jetzt unserer Gegenwart:

»Durch die Idee der Objektivation des Lebens erst gewinnen wir einen Einblick in das Wesen des Geschichtlichen. Alles ist hier durch geistiges Tun entstanden und trägt daher den Charakter der Historizität. In die Sinnenwelt selbst ist es verwoben als Produkt der Geschichte. Von der Verteilung der Bäume in einem Park, der Anordnung der Häuser in einer Straße, dem zweckmäßigen Werkzeug des Handwerkers bis zu dem Strafurteil im Gerichtsgebäude ist um uns stündlich geschichtlich Gewordenes. [...] Geschichte ist nichts vom Leben Getrenntes, nichts von der Gegenwart durch ihre Zeitferne Gesondertes.« (GS VII, 147)

Der Begriff des »objektiven Geistes« ist für das Verständnis der späten Schriften Diltheys zentral. Sprachen, soziale Normen und Gebräuche, Handlungsgewohnheiten, kulturelle, staatliche, rechtliche und wirtschaftliche Institutionen fallen ebenso unter den Strukturbegriff »objektiver Geist« wie Dichtungen, Gemälde, Musikstücke oder philosophische Abhandlungen. All diese verschiedenartigen Sachverhalte werden damit unter den gemeinsamen Gesichtspunkt gebracht, daß sie zwar aus (inter-) subjektiven Handlungen hervorgegangen sind, aber dennoch eine je spezifische Beschaffenheit aufweisen, die nicht in psychologischen Begriffen expliziert werden kann. Wer zum Beispiel das römische Recht wissenschaftlich behandeln will, der sollte sich nach Dilthey nicht für die seelische Verfassung seiner Urheber interessieren, sondern die objektiv gegebenen Sinnstrukturen, seinen »Geist« analysieren. »Das Verstehen dieses Geistes ist nicht psychologische Erkenntnis. Es ist der Rückgang auf ein geistiges Gebilde von einer ihm eigenen Struktur und Gesetzmäßigkeit.« (GS VII, 85) Dasselbe gilt auch von literarischen Produktionen. Gegenstand des Verstehens sind in ihrem Fall »nicht die inneren Vorgänge im Dichter, sondern ein in diesen geschaffener, aber von ihnen ablösbarer Zusammenhang.« (GS VII, 85)

Diltheys objektiver Geist ist der allgemeinste Begriff der Geisteswisssenschaften, ein Letztes, über das nicht hinausgegangen werden kann. Er fungiert als Inbegriff aller Lebensausdrücke, enthält aber keinen Bezug auf eine höherstufige Wirklichkeit, die im objektiven Geist zum Ausdruck käme. Anders bei Hegel, von dem der Begriff stammt. Für dessen absoluten Idealismus markiert der objektive Geist die mittlere Stufe eines ebenso geistigen wie realgeschichtlichen Entwicklungsprozesses, der mit dem subjektiven Geist beginnt und sein Ziel schließlich im absoluten Geist erreicht. Die von Menschen hervorgebrachte sinnhafte Realität ist bei Hegel mit all ihrer Begrenztheit in einer idealen Struktur aufgehoben. Für das Absolute sind subjektiver und objektiver Geist Momente einer dialektischen Entwicklung, mit der die Vernunft alle Wirklichkeit durchdringt. Diese logozentrische Deutung des Weltprozesses hält Dilthey für unannehmbar, weil sie auf einer sachwidrigen metaphysischen Konstruktion beruht. Die metaphysisch enthaltsame Analyse des geschichtlich-gesellschaftlich Gegebenen führe dagegen überall auf »das Gefühl der Gebrechlichkeit, der Macht des dunklen Triebes, des Leidens an den Dunkelheiten und Illusionen, der Endlichkeit in allem, was Leben ist, auch wo die höchsten Gebilde des Gemeinschaftslebens aus ihm entstehen.« (GS VII, 150)

Der Historismus Diltheys ist eine »Philosophie der Kontingenz.« Den Sinnstrukturen des objektiven Geistes kommt – im Unterschied zu dem absoluten Geist Hegels – keine überzeitliche Existenz zu, obwohl sie die Endlichkeit der Individuen und sozialen Gruppen übersteigen. Mit den Subjekten, für die sie Realität haben, entstehen und vergehen sie im Lauf der Geschichte. Hegel hatte Kunst, Religion und Philosophie als die Erscheinungsformen des absoluten Geistes vom objektiven Geist abgegrenzt. Für Dilthey hingegen müssen alle kulturellen Bereiche als Manifestationen des menschlichen Lebensprozesses begriffen werden. Die Einbeziehung des absoluten Geistes in den objektiven hat also auch eine geltungskritische Dimension: Sie radikalisiert den hermeneutischen Grundgedanken, daß die Menschen »geistige« Wirklichkeit nur in dem Maße verstehen können, in dem sie diese selbst hervorgebracht haben. In den Geisteswissenschaften müssen daher alle Sinnstrukturen, religiöse und metaphysische Überzeugungen einbegriffen, als Resultate sozialgeschichtlicher Entwicklungsprozesse aufgefaßt werden. Nur in diesem intersubjektiven Sinn kommt ihnen Objektivität zu.

Der objektive Geist Diltheys basiert nicht auf einer idealen Seinsordnung, sondern auf den kontinuitäts- und kontexterzeugenden Handlungen von Subjekten. Seine Struktur läßt sich daher als die eines Räume und Zeiten übergreifenden Wirkungszusammenhangs bestimmen. Die hermeneutische Wechselbeziehung zwischen Teil und Ganzem ist ein Zusammenhang von Wirkungen, durch welche die sedimentierten, in Sprachen, Institutionen, Weltanschauungen usw. auf Dauer wirkenden Produkte sozialer Interaktionen spätere Überzeugungen, Wertungen und Handlungen beeinflussen, die dann ihrerseits die konkrete Gestalt des objektiven Geistes weiter bestimmen. Gesellschaftliche Realitäten wie »Wirtschaft, Recht, Philosophie, Kunst, Religion« sind »Wirkungszusammenhänge verschiedener Personen zu gemeinsamer Leistung« (GS VII, 153): Sie koordinieren und verstetigen die Lebensführung der vergesellschafteten Individuen. Diese funktionale Sichtweise Diltheys hat zur Folge, daß das Verhältnis zwischen individuellem Lebensvollzug und objektivem Geist überwiegend harmonisch gedeutet wird. »Geistige« Strukturen erscheinen als Ausdrucksgestalten des Lebens, und das Problem einer Entfremdung der Individuen von ihrer psychischen, sozialen und geschichtlichen Realität spielt in der methodischen Konzeption der Geisteswissenschaften daher keine entscheidende Rolle. Mit den Worten Martin Heideggers: »Die formale Struktur des Lebenszusammenhangs ist also für

Dilthey letztlich bestimmt durch das Humanitätsideal Goethes und Humboldts.«[60] Überdeutlich sah Dilthey die Gefahr der Selbstentfremdung, die von einer radikal naturalistischen Deutung der menschlichen Wirklichkeit ausgeht; für die Pathologien des objektiven Geistes war sein Blick kaum geschärft.[61]

Der geschichtlich-gesellschaftliche Wirkungszusammenhang wird nicht etwa aus der Perspektive von Konflikten und sozialen Antagonismen analysiert, sondern im Blick auf seinen, wie Dilthey sagt, »immanent-teleologischen Charakter« (GS VII, 153). Wirkungszusammenhänge sind dadurch gekennzeichnet, daß sie Werte hervorbringen und Zwecke verwirklichen. Der Bezug auf Werte und Zwecke verweist erneut auf Diltheys lebensphilosophische Prämisse: Der Lebensprozeß realisiert sich als Integration der kognitiv-auffassenden, affektiv-bewertenden und willentlich-handelnden Komponenten unseres Weltverhältnisses. Im Unterschied zu den methodischen Abstraktionen der Naturwissenschaften konstituiert sich die »geistige Welt« durch den Bezug von Tatsachen auf Wertungen und Zweckorientierungen des Handelns. Innerhalb der Wissenschaften von der Natur mußte der Zweckbegriff wegen seines anthropomorphen Charakters verbannt werden; für die Geisteswissenschaften ist er hingegen unentbehrlich, weil der Lebensprozeß gerade darin besteht, daß Wirklichkeit in einen Zusammenhang mit den Interessen und Wertungen der Subjekte gebracht und so humanen Zwecken zugeordnet wird.

Im Begriff des Wirkungszusammenhangs sind zwei Aspekte zusammengedacht: die Entstehung der geschichtlich-sozialen Realität aus den sich stabilisierenden Interaktionsgeflechten zwischen Individuen und die Vorgängigkeit dieser Realität gegenüber der subjektiven Lebenspraxis. Individuen bewegen sich immer in einer Lebenswelt, die nicht von ihnen, sondern von früheren Generationen und von anderen Zeitgenossen hervorgebracht wurde.

Wirkungszusammenhänge sind einerseits historisch entstandene Strukturen – *verfestigte* Handlungen –, die sich durch die Konfiguration ihrer Elemente bestimmen und deshalb von den in sie eingebundenen Individuen relativ unabhängig sind. Der Bestand einer Sprache beispielsweise wird vom Tod der Individuen, die diese Sprache beherrschen, nicht gefährdet, solange neue Sprecher in ausreichender Zahl heranwachsen. Die Struktur hält sich im Wechsel ihrer Elemente durch. Unter diesem Gesichtspunkt spricht Dilthey davon, Individuen seien »Kreuzungspunkte von Beziehungssystemen« (GS VII, 154). So kann ein einzelner Mensch gleichzeitig Element verschiedener Wirkungszusammenhänge sein: Er spricht eine Sprache, hat eine bestimmte kulturelle Identität, ist Teil eines Familienverbandes, hat religiöse Überzeugungen, pflegt kulinarische Vorlieben, ist vielleicht Mitglied in einem Verband oder Verein usw. Solche Strukturen innerhalb des objektiven Geistes lassen sich unabhängig von der psychischen Innenwelt der Subjekte analysieren.

Andererseits sind Wirkungszusammenhänge – als verfestigte *Handlungen* – immer auf die Individuen bezogen, in deren Lebensvollzug sie sich kreuzen. Sprachen wandeln sich durch die Sprechgewohnheiten ihrer Benutzer ständig, und wenn eine Sprache keine lebenden Sprecher mehr hat, wie etwa das Lateinische, dann ist sie »tot«. Daß die Wirkungszusammenhänge des objektiven Geistes nur in der Lebenspraxis reproduziert und fortentwickelt werden können, unterscheidet ihre Objektivität prinzipiell von der Subjektunabhängigkeit natürlicher Prozesse. Wenn sich die geisteswissenschaftliche Analyse solchen Strukturen zuwendet, muß sie daher immer ihren Ursprung im Vollzug des Lebens und die dadurch bedingte Veränderlichkeit im Auge behalten. Die Begriffe der Geisteswissenschaften sind »in einem weiten Umfang [...] fixierte Repräsentationen eines Fortschreitenden, Verfestigung dessen in Gedanken, was selber Verlauf oder Bewegungsrichtung ist.« Sie bedürfen daher »einer Begriffsbildung, welche die dem Leben einwohnende Tendenz, seine Veränderlichkeit und Unruhe, vor allem aber die sich in ihm vollziehende Zwecksetzung zum Ausdruck bringt.« (GS VII, 157) Begriffliche Fixierungen »stellen den Strom still«, wie Paul Natorp einmal prägnant formuliert hat.[62] In methodischer Hinsicht ergibt sich daraus die Forderung, die synchronische mit der diachronischen Perspektive zu verbinden, Struktur und Prozeß in ihrer gegenseitigen Abhängigkeit zu analysieren.

Diese Abhängigkeit zeigt sich besonders deutlich an einer weiteren Eigenschaft der Wirkungszusammenhänge des objektiven Geistes: Nach Dilthey sind solche »geistigen« Einheiten allesamt »*in sich selbst zentriert* [...]. Wie das Individuum, so hat auch jedes Kultursystem, jede Gemeinschaft einen Mittelpunkt in sich selbst. In demselben sind Wirklichkeitsauffassung, Wertung, Erzeugung von Gütern zu einem Ganzen verbunden.« (GS VII, 154) Wirkungszusammenhänge steuern geschichtliche Prozesse, indem sie für die Überzeugungen und Handlungen der beteiligten Subjekte aus den Sinnstrukturen des objektiven Geistes ein Vorverständnis bereitstellen. Über dieses Vorverständnis bezieht sich der aktuelle Lebensvollzug auf den organisierenden Mittelpunkt, moderner ausgedrückt: auf die Grundfunktion eines solchen Zusammenhangs.

Ein elementares Beispiel stellen soziale Begrüßungsriten dar. Sie lassen sich als ein Wirkungszusammenhang verstehen, der seine zentrierende Mitte etwa darin haben könnte, Kontaktaufnahmen reibungslos zu ermöglichen und soziale Rollenmuster rasch zu vermitteln. In jedem Fall zeigt sich seine Wirksamkeit darin, daß er den Handlungsspielraum der Individuen auf solche Verhaltensweisen hin spezifiziert, die als Realisierung der Begrüßungsfunktion verstanden werden können.

Die sozialen Riten der Begrüßung sind aber nicht naturwüchsig, sondern kulturell und historisch variabel. Die geisteswissenschaftliche Kategorie des in sich zentrierten Wirkungszusammenhangs erlaubt es, den Wandel der gesellschaftlich-geschichtlichen Wirklichkeit mit ihrer strukturellen Stabilität zusammenzudenken, indem Verhaltensschemata, kulturelle Produktionen und soziale Institutionen als geschichtlich entstandene Realisierungen einer spezifischen, aber ebenfalls historisch veränderlichen Funktion betrachtet werden. Geschichtliche Variabilität bedeutet nicht Beliebigkeit, sondern Funktionswandel.[63] Wirkungszusammenhänge unterstehen, wie Dilthey im Anschluß an Johann Winckelmann, Justus Möser und Johann Gottfried Herder sagt, einem Entwicklungsprinzip: »Dies Prinzip besagt, daß in einem geschichtlichen Wirkungszusammenhang als neue Grundeigenschaft enthalten ist, daß er aus seinem Wesen von innen eine Reihe von Veränderungen durchläuft, deren jede nur auf der Grundlage der früheren möglich ist.« (GS VII, 164)

»Entwicklung« – in transsubjektiven Wirkungszusammenhängen wie im erworbenen Zusammenhang des Seelenlebens – ist eine geisteswissenschaftliche Grundkategorie, die sich aus dem zeitlich-geschichtlichen Charakter des Lebensvollzugs ergibt. Der Entwicklungsgedanke enthält aber keine Wertung dieses Prozesses und vor allem kein teleologisches Prinzip, nach dem geistige Abläufe auf die Verwirklichung immer höherer Ziele hin ausgerichtet wären. »Alle Theoreme von einer in Stufen aufwärtsschreitenden Entwicklung müssen wir fahren lassen.« (GS VII, 244) Dilthey verabschiedet sich von dem teleologisch-metaphysischen Geschichtsdenken des deutschen Idealismus, in dem Geschichte als zunehmende Realisierung einer geistigen Wirklichkeit – Hegels »absoluter Geist« – gedacht wird. Dilthey fordert, sich auch im Blick auf einzelne Lebensverläufe von »spekulativen Phantasien« (GS VII, 245) freizuhalten. »Entwicklung« besagt nur Wirksamkeit des zeitlichen Zusammenhangs für den aktuellen Vollzug und darf nicht mit »Fortschritt« verwechselt werden.

Der Vollzug des Lebens in der Zeit entwickelt sich in Wirkungszusammenhängen von höchst verschiedener Komplexität und Ausdehnung: in kulturellen und politischen Systemen, Zeitaltern und Epochen. Die reale Geschichte geht aber in ihnen nicht auf; sie ist durch sie nicht determiniert, und aus den relativen Zweckbestimmungen der Wirkungszusammenhänge läßt sich kein Gesamtzweck der Geschichte synthetisieren. Nach Dilthey sind geschichtliche Abläufe immer auch durch »irrationale Faktizität« (GS VII, 288) geprägt, die im Objektivierungsprozeß des Lebens wohl differenziert und strukturiert, nicht jedoch überwunden wird. Dieser Aspekt ist für die geschichtsphilosophischen Überzeugungen Diltheys fundamental. Bevor die Frage nach dem universalhistorischen Zusammenhang aber gestellt werden kann, müssen die Beziehungen zwischen dem Vollzug des Lebens und seinem Verstehen noch genauer bestimmt werden.

Erlebnis, Ausdruck und Verstehen

In Diltheys *Einleitung in die Geisteswissenschaften* wird geisteswissenschaftliche Erkenntnis oftmals unmittelbar auf das Erleben, die innere Erfahrung, das Gewahren von Bewußtseinstatsachen usw. bezogen. Es sieht dann so aus, als ob Erlebnisse auch unmittelbar, durch Einfühlung in Gemütszustände, verstanden werden könnten. Entsprechend ist Dilthey häufig auch als Empathie-Hermeneutiker gedeutet worden, als Vertreter der methodisch recht naiven Überzeugung, es komme in den Geisteswissenschaften vor allem darauf an, sich »kongenial« in die Innenperspektive der handelnden, schreibenden, komponierenden etc. Subjekte hineinzuversetzen. Es sieht dann so aus, als ob er zwischen subjektiv gemeintem und objektiv-symbolisch realisiertem Sinn gar nicht unterschieden hätte. Diese Deutung ist nicht völlig falsch, weil Dilthey tatsächlich bis in seine späten Schriften immer wieder betont, daß das Verstehen fremder Lebensäußerungen nur auf der Grundlage verwandter eigener Erlebnisse – als ein »Nacherleben« – möglich sei. Dennoch ist sie aus mehreren Gründen höchst irreführend: Schon die Erlebnispsychologie der *Einleitung* verfolgte nämlich erkenntnistheoretische Absichten. Die im Erleben erschlossene *Innen*welt der Subjekte ist eine *Welt*: Wer sich in die Innerlichkeit des eigenen oder, nachvollziehend, des fremden Erlebens versenkt, findet dort nach Dilthey nicht nur Psychisch-Individuelles vor, sondern den objektiven Geist. Zudem hat Dilthey in seinem Spätwerk immer deutlicher herausgestellt, daß nicht die Erlebnisse selbst, sondern nur ihre objektivierten Ausdrücke verstanden werden können. Die zweigliedrige Struktur »Erlebnis-Verstehen« wird also abgelöst von der dreigliedrigen Struktur »Erlebnis-Ausdruck-Verstehen«.

Im internen Zusammenhang dieser Strukturelemente sieht Dilthey die nicht aufhebbare methodische Differenz gegenüber den Naturwissenschaften begründet:

»Die Menschheit wäre, aufgefaßt in Wahrnehmung und Erkennen, für uns eine physische Tatsache, und sie wäre als solche nur dem naturwissenschaftlichen Erkennen zugänglich. Als Gegenstand der Geisteswissenschaften entsteht sie aber nur, sofern menschliche Zustände erlebt werden, sofern sie in Lebensäußerungen zum Ausdruck gelangen und sofern diese Ausdrücke verstanden werden. [...] So ist überall der Zusammenhang von Erleben, Ausdruck und Verstehen das eigene Verfahren, durch welche die Menschheit als geisteswissenschaftlicher Gegenstand für uns da ist. [...] Hier erst erreichen wir ein ganz klares Merkmal, durch welches die Abgrenzung der Geisteswissenschaften definitiv vollzogen werden kann.« (GS VII, 86f.)

Mit dem Begriff des Erlebens zielt Dilthey auf die Binnenansicht des Lebens*vollzugs*. Lebens*ausdrücke* sind die Objektivationen dieses Vollzugs in Handlungen, Sprache, Institutionen usw. Im Verstehen schließlich wird das Erleben als Teil einer sich entwikkelnden Totalität interpretiert, indem es auf den Wirkungszusammenhang vorhergegangener Objektivationen bezogen wird. Erst im Zusammenwirken dieser drei Aspekte entstehen die individuellen wie die sozialen Auslegungen der Realität. Es ist daher kein Wunder, daß Dilthey dem Versuch skeptisch gegenübersteht, durch unmittelbare Versenkung ins eigene Ich seiner Individualität habhaft zu werden. Er spricht von den »engen Grenzen einer solchen introspektiven Methode der Selbsterkenntnis [...]: nur seine Handlungen, seine fixierten Lebensäußerungen, die Wirkungen derselben auf andere belehren den Menschen über sich selbst; so lernt er sich nur auf dem Umweg des Verstehens selber kennen« (GS VII, 87). Verstehen ist nur dort möglich, wo die Privatheit des individuellen Erlebens in Richtung auf intersubjektive Ausdrucksgestalten überschritten wird. Im Gewahren der eigenen Erlebnisse liegt nach Dilthey zwar eine unmittelbare Vertrautheit und Gewißheit, aber noch kein Selbstverständnis im reflexiven Sinn. Konturen gewinnt die Subjektivität daher erst durch ihren Ausdruck, ihre Handlungen. Hier liegt ein Motiv, das auf den späteren Existentialismus verweist, für den sich menschliche Existenz erst im Vollzug, im Handeln realisiert.

Der strukturelle Zusammenhang von Erlebnis, Ausdruck und Verstehen konstituiert die geistige Wirklichkeit als eine Welt von Bedeutungen. Konkreter deutet Dilthey die komplexen Realitäten des Psychischen, Geschichtlichen und Sozialen als inhaltliche Füllungen dieser Grundstruktur, die in den Wirkungszusammenhängen des objektiven Geistes operativ ist. Dementsprechend entsteht auch der geisteswissenschaftliche Erkenntnisgegenstand »in einer Stufenfolge von Leistungen« (GS VII, 88), durch die soziale Sinnstrukturen nachvollzogen werden. Der Begriff »Aufbau« im Titel seines Spätwerks (*Der Aufbau der geschichtlichen Welt in den Geisteswissenschaften)* ist nicht statisch, sondern dynamisch gemeint. Die theoretische Arbeit des Wissenschaftlers rekonstruiert verstehend die Ordnung des objektiven Geistes, der bereits in sich durch die Verkettung der Grundstruktur Erlebnis-Ausdruck-Verstehen zu dynamischen Wirkungszusammenhängen charakterisiert ist. Die geschichtlich-gesellschaftliche Wirklichkeit konstituiert sich durch eben jenes Verstehen von Lebensausdrücken, dessen methodische Perfektionierung Sache der Geisteswissenschaften ist. Der Philologe August Boeckh hatte dafür schon in der Mitte des 19. Jahrhunderts die griffige Formel von der »Erkenntnis des Erkannten« geprägt. In der hermeneutischen Tradition, wie sie von Dilthey aufgenommen und weitergeführt worden ist, spielt dieser Gedanke eine wichtige Rolle: Die Geisteswissenschaften stehen ihrem Gegenstand nicht äußerlich gegenüber, sondern sind ihm strukturell homolog. Ihre Methode, das Verstehen, reproduziert die Eigenstruktur ihres Gegenstandes, der geistigen Welt.

Diese von Menschen gemachte Realität enthält »eine *Mannigfaltigkeit gegliederter Ordnungen*« (GS VII, 147), die den Zusammenhang von Erlebnis, Ausdruck und Verstehen in je spezifischer Weise realisieren. Wegen der unhintergehbaren Zeitlichkeit des Lebens hat dessen dreigliedrige Grundstruktur immer die Form einer Sequenz von Momenten, die eine zukunftsoffene Einheit bilden. Das Leben *ist* nicht, es *verläuft*. Der Lebensverlauf bildet einen unabgeschlossenen Zusammenhang, eine Einheit von je neuem Erleben und erinnerbaren Erlebnisausdrücken, vor deren Hintergrund die Gegenwart interpretierbar und – im

Fall gelingender Einordnung – auch verstehbar wird. Diltheys *Aufbau* rekapituliert unter dem Gesichtspunkt des Verstehens die wichtigsten dieser zeitlichen Ordnungen.

Beispielhaft sieht Dilthey die Verstehensstruktur des Lebens in autobiographischen Texten realisiert. Der Verfasser einer Selbstbiographie steigt nicht etwa unmittelbar in den Schacht seines Ich hinab, um dort die für seine Identität entscheidenden Erlebnisse zu finden. Er beugt sich vielmehr reflektierend über die objektivierten Ausdruckgestalten seines Lebens, um sie zu verstehen und damit ihren Zusammenhang zu erkennen, einen Zusammenhang, der sich im Lebensprozeß selbst durch die dauernde Selektion der Erlebnisse nach dem Maßstab ihrer Bedeutung herausbildet. »Jedes Leben hat seinen eigenen Sinn. Er liegt in einem Bedeutungszusammenhang, in welchem jede erinnerbare Gegenwart einen Eigenwert besitzt, doch zugleich im Zusammenhang der Erinnerung eine Beziehung zu einem Sinn des Ganzen hat.« (GS VII, 199) Das Wechselverhältnis von einzelnem psychischen Gehalt und psychischer Totalität ist die dominierende Erfahrung des Autobiographischen – und zugleich das Charakteristikum der hermeneutischen Einstellung: Das Ganze, der Bedeutungszusammenhang ist mehr als die Summe seiner Teile, hat aber keine eigenständige Existenz. Jedoch gehen auch die Komponenten der psychischen Struktur nicht funktional im Bedeutungszusammenhang auf, sondern haben einen »Eigenwert«, dessen spezifische Beschaffenheit den Zusammenhang, dessen Teil er ist, mitbestimmt. Die retrospektive Einstellung des Autobiographen bringt die kontextbildenden Prozesse, die im Lebenslauf Bedeutungen erzeugen und stabilisieren, nur zu ausdrücklichem Bewußtsein.

In Selbstbiographien »ist ein Lebenslauf das Äußere, sinnlich Erscheinende, von welchem aus das Verstehen zu dem vordringt, was diesen Lebenslauf innerhalb eines bestimmten Milieus hervorgebracht hat. [...] Derselbe Mensch, der den Zusammenhang in der Geschichte seines Lebens sucht, hat in all dem, was er als Werte seines Lebens gefühlt, als Zwecke desselben realisiert, als Lebensplan entworfen hat, was er rückblickend als seine Entwicklung, vorwärtsblickend als die Gestaltung seines Lebens und dessen höchstes Gut erfaßt hat – in alledem hat er schon einen Zusammenhang seines Lebens unter verschiedenen Gesichtspunkten gebildet, der nun jetzt ausgesprochen werden soll. Er hat in der Erinnerung die Momente seines Lebens, die er als bedeutsam erfuhr, herausgehoben und akzentuiert und die anderen in Vergessenheit versinken lassen.« (GS VII, 200)

Autobiographien sind für Dilthey Modellfälle des Verstehens auf der Ebene des Individuellen. Die methodologisch entscheidende Strukturgleichheit zwischen der Erkenntnismethode und ihrem Gegenstand tritt hier in gedoppelter Form auf: Subjekt und Objekt des Erkennens sind zunächst durch das gemeinsame Merkmal des Verstehens verbunden, denn bereits der alltägliche Lebensprozeß ist vom objektiven Geist durchdrungen, und vom Wechselbezug zwischen Erlebnis, Ausdruck und Verstehen wird nicht erst seine reflektierende Aufarbeitung bestimmt. Dieses Verhältnis ist für die Geisteswissenschaften überhaupt zentral. Im Falle autobiographischer Versuche kommt aber noch die Identität des Subjekts des Erlebnisausdrucks mit dem Subjekt des Verstehens hinzu. Die fundamentale Erkenntnisbedingung der sinnstrukturierten Welt ist insofern für die Selbstbiographie besonders eindrücklich realisiert: »Nur was der Geist geschaffen hat, versteht er.« (GS VII, 148)

Wenn allerdings Verstehen, wie Dilthey wiederholt herausstellt, nicht das unmittelbare Erleben, sondern die ins Medium des objektiven Geistes eingetauchten Ausdrücke dieses Erlebens zum Gegenstand hat, dann kann der geisteswissenschaftliche Rang von Selbstbiographien kein Erkenntnisprivileg beinhalten.

Individuen haben zwar einen privilegierten Zugang zu ihren inneren Zuständen, nicht aber zu dem objektiven Sinn der von ihnen hervorgebrachten Ausdrucksgestalten. Das Selbstverständnis eines bestimmten Autors ist eine Interpretation des von ihm produzierten Textes ohne prinzipiellen Überlegenheitsanpruch gegenüber anderen Interpretationen. In Autobiographien – wie überhaupt in allen biographischen Versuchen – realisiert sich aber besonders augenfällig, was Dilthey als Ziel aller geisteswissenschaftlichen Tätigkeit betrachtet: Selbstbesinnung. Weil sich sinnhafte Realität im Lebenszusammenhang durch die Leistungen des Verstehens – die Vermittlung der Teile mit dem Ganzen, des Neuen mit dem Alten – konstituiert, trägt menschliche Subjektivität immer selbstreflexive Züge. Den systematischen Vollzug dieser reflexiven Struktur in Autobiographie und Geisteswissenschaften versteht Dilthey dementsprechend als methodische Extrapolationen der Grundstruktur subjektiver und sozialer Erfahrung.

Diltheys Wertschätzung des Autobiographischen impliziert eine Kontinuitätsthese: Zwischen den spontaneren, lebensweltlichen Formen der Selbstbesinnung und ihren wissenschaftlichen Ausprägungen gibt es keinen Bruch, sondern einen gleitenden Übergang. Hier zeigt sich wieder deutlich, daß in Diltheys Ansatz Distanzierungs- und Entfremdungseffekte gegenüber der Innenansicht der alltäglichen Lebenswelt allein den Naturwissenschaften zugeschrieben werden. Das theoretische Potential des hermeneutischen Ansatzes scheint in dieser Hinsicht ungenutzt zu bleiben. Denn mit der Unterscheidung zwischen den psychischen Erlebnissen und dem »objektiven Geist« symbolisch geformter Ausdrucksgestalten differenziert Dilthey implizit auch zwischen subjektiv gemeintem und objektiv realisiertem Sinn. Selbstbesinnung (in wörtlicher Bedeutung) und Analyse objektiver Sinnstrukturen müssen nicht zwangsläufig koinzidieren. Die Möglichkeit einer Abweichung wird auch durch den Anspruch der Hermeneutik bekräftigt, einen Autor besser verstehen zu können, als dieser sich selbst verstanden hat.

Autobiographisches Verstehen hat in prägnanter Weise den Charakter der Selbstbesinnung. Das hermeneutisch erschlossene Selbst ist freilich keine in sich kreisende Individualität, sondern Subjektpol eines Weltverhältnisses, Mitsubjekt unter anderen Subjekten, Kreuzungspunkt von Wirkungszusammenhängen, kurz: Teil einer Totalität. Mit den Worten Diltheys: »An jedem Punkt öffnet das Verstehen eine Welt« (GS VII, 205) – eine Welt, die von den Lebensäußerungen anderer Personen geprägt ist.

Diltheys Analyse des Fremdverstehens rückt die Kategorie der »Lebensäußerung« ins Zentrum. Hier findet sich wieder die latente Unterscheidung von subjektivem und objektivem Sinn. Lebensäußerungen müssen nämlich keineswegs auch als solche intendiert sein; es genügt, daß äußere Zeichen – Bewegungen, Laute, Graphitspuren auf Papier etc. – einen »geistigen« Gehalt zum Ausdruck bringen. Geistigkeit ist nicht etwa mit subjektiver Intentionalität identisch, sondern schließt alles ein, was eine Bedeutung hat, was als Teil eines Wirkungszusammenhangs rekonstruiert werden kann. Die psychoanalytische Entdeckung des Unbewußten hat den Blick für die Bedeutung dieser Einsicht seit Diltheys Zeiten erheblich geschärft. So stellen neurotische Krankheitssymptome, etwa Lähmungserscheinungen einer Extremität, mögliche Beispiele für Lebensäußerungen dar, die keine physiologische Ursache haben und auch nicht bewußt hervorgerufen werden. Als »geistig« im hier besprochenen Sinn müssen sie bezeichnet werden, weil ihnen eine *Bedeutung* zukommt, die im therapeutischen Prozeß durch Rückgang auf den Lebenszusammenhang des betreffenden Individuums verständlich gemacht werden kann.

Dilthey unterscheidet drei Arten von Lebensäußerungen, denen drei verschiedene Modi des Fremdverstehens entsprechen. In der ersten Gruppe werden solche Ausdrücke zusammengefaßt, die aus dem Lebenszusammenhang ihrer Entstehung gelöst werden können: »Begriffe, Urteile, größere Denkgebilde. Sie haben als Bestandteile der Wissenschaft [...] in ihrer Angemessenheit an die logische Norm einen gemeinsamen Grundcharakter. Dieser liegt in der Selbigkeit unabhängig von der Stelle im Denkzusammenhang, an welcher sie auftreten. Das Urteil sagt die Gültigkeit eines Denkinhalts unabhängig vom Wechsel seines Auftretens, der Verschiedenheit von Zeiten oder Personen aus [...]. Das Verstehen ist hier auf den bloßen Denkinhalt gerichtet« (GS VII, 205). Gedanken sind einerseits Lebensäußerungen, die wie alle Lebensäußerungen in den psychischen Kontext und die geschichtlichen Wirkungszusammenhänge eingebettet sind. Andererseits bestimmen sie sich durch ihren sachlichen Bezug, dessen Verständlichkeit logisch von ihrem Entstehungskontext abgelöst ist. Um die Bedeutung des Satzes »Primzahlen sind nur durch 1 und sich selbst teilbar« zu verstehen, ist es nicht notwendig zu wissen, wer diesen Satz geäußert hat, in welchem sozialgeschichtlichen Kontext die Äußerung stand, ob der Sprecher Mathematiker war, welche Gefühle und Wertungen mit der Äußerung solcher Sätze einhergehen usw. Diltheys erste Klasse von Lebensäußerungen besteht aus Propositionen, in denen der Lebensbezug gerade zum Verschwinden gebracht ist. Von »Verstehen« im strengen Sinn dürfte hier eigentlich gar keine Rede sein, denn diese Aktivität schließt nach Dilthey ein Zusammenwirken aller psychischen Kräfte ein. Affektive und willentliche Komponenten treten im begrifflichen Denken weitestgehend in den Hintergrund. Insofern aber auch die Abstraktion von der wertenden und wollenden Binnenperspektive des Lebenszusammenhangs aus diesem hervorgegangen ist, können selbst die Sätze der Wissenschaft noch als Lebensäußerungen bezeichnet und verstanden werden.

Bei der zweiten Klasse von Lebensäußerungen, den Handlungen, ist der Bezug auf den Lebenszusammenhang des Handelnden offensichtlich. Die Zweckbestimmtheit von Handlungen offenbart, daß sie Ausdruck eines Geistigen sind. Allerdings erlaubt das Handlungsverstehen nach Dilthey nur eine unvollständige Deutung der subjektiven Wirklichkeit, weil die sichtbare Aktion gegenüber den bedeutungsvollen Ambivalenzen des Lebensvollzugs immer zurückbleibt: »Die Tat tritt durch die Macht eines entscheidenden Beweggrundes aus der Fülle des Lebens in die Einseitigkeit.« (GS VII, 206) Im Vergleich zu den Schriften aus der »pragmatistischen« Phase bleibt die Erörterung des Handlungsverstehens im *Aufbau* merkwürdig blaß; die frühere Deutung des Handelns als übergreifendes Prinzip der Wirklichkeitsaneignung taucht gar nicht mehr auf.

Für das geisteswissenschaftliche Verstehen zentral ist die dritte Klasse, der Erlebnisausdruck. Erlebnisausdrücke sind Objektivationen von Subjektivität, die im Unterschied zu begrifflichen Ausdrücken den Lebenszusammenhang ihrer Entstehung in ihre Bedeutung aufgenommen haben. Gefühlsausdrücke, vertrauliche Gespräche, künstlerische und literarische Werke bleiben ohne Vertrautheit mit den jeweils artikulierten Lebenszusammenhängen unverständlich. Zumal im Fall elementarer, in die Interessen des Alltags eingebundener Erlebnisausdrücke ist es jedoch mit der Authentizität oft nicht weit her, »denn Verstellung, Lüge, Täuschung durchbrechen hier die Beziehung zwischen Ausdruck und dem ausgedrückten Geistigen« (GS VII, 206). Bei künstlerischen Werken ist die Situation dagegen Dilthey zufolge eine prinzipiell andere, weil der in ihnen enthaltene Bedeutungszusammenhang nicht die zufälligen Befindlichkeiten einzelner, sondern die intersubjektive Realität der geschichtlich-gesellschaftlichen Welt zum Ausdruck bringt. »Indem nun aber in großen Werken ein Geistiges sich loslöst von seinem Schöpfer, dem Dichter,

Künstler, Schriftsteller, treten wir in ein Gebiet, in dem die Täuschung endigt. Kein wahrhaft großes Kunstwerk kann nach den hier waltenden [...] Verhältnissen einen seinem Autor fremden geistigen Gehalt vorspiegeln wollen, ja es will vom Autor überhaupt nichts sagen. Wahrhaftig in sich, steht es fixiert, sichtbar, dauernd da, und damit wird ein kunstmäßiges Verstehen desselben möglich.« (GS VII, 207)

Objektiver Geist bildet überall die Grundlage der Verstehensleistungen. »Jeder mit Bäumen bepflanzte Platz, jedes Gemach, in dem Sitze geordnet sind, ist von Kindesbeinen ab uns verständlich, weil menschliches Zwecksetzen, Ordnen, Wertbestimmen als ein Gemeinsames jedem Platz und jedem Gegenstand im Zimmer seine Stelle angewiesen hat. [...] Ehe es [das Kind] sprechen lernt, ist es schon ganz eingetaucht in das Medium von Gemeinsamkeiten.« (GS VII, 208f.) Das elementare Verstehen geht völlig in dieser lebenspraktischen Orientierungsfunktion auf. Die höheren, nicht mehr durch alltägliche Notwendigkeiten bestimmten Formen des Verstehens setzen dann die dauernde Fixiertheit der Lebensäußerungen voraus. Sie werden als Auslegung oder Interpretation bezeichnet. Das höhere Verstehen sucht nach einem »Lebenszusammenhang im Gegebenen« (GS VII, 213).

Hier führt Dilthey die oft mißverstandenen methodischen Operationen des »Hineinversetzens« und »Nacherlebens« ein, die seine Hermeneutik dem Verdacht subjektiver Beliebigkeit ausgesetzt haben. Es geht beim Nacherleben aber keineswegs darum, sich beispielsweise in das psychologische Befinden eines Dichters beim Schreiben seines Gedichtes hineinzuversetzen. Die Subjektivität des Interpreten kommt vielmehr in der Weise zur Geltung, daß die in seinem Lebenszusammenhang gegebenen Bedeutungen als Verstehenshorizont einer objektiv in der Dichtung realisierten Abfolge von Sinnmomenten verfügbar gemacht werden. Nacherleben bedeutet den Mitvollzug dieser Abfolge auf der Grundlage des Wissens um die Verlaufsstruktur des eigenen Lebenszusammenhangs, »Schaffen in der Linie des Geschehens.« (GS VII, 214) Diese komplexe Struktur erläutert Dilthey am Beispiel eines lyrischen Gedichts. In diesem ist durch die Abfolge der Verse ein »Erlebniszusammenhang« (GS VII, 214) ausgedrückt, der nacherlebt werden kann, indem der Interpret sein der eigenen Lebenserfahrung entnommenes Wissen um die Möglichkeiten, wie es weitergehen könnte, zum Verständnis nutzt. Dilthey sagt ausdrücklich, daß nicht etwa der psychische Erlebniszusammenhang des Dichters nacherlebt wird, sondern ein von diesem verschiedener, den »der Dichter einer idealen Person in den Mund legt« (GS VII, 214). Auch im Hineinversetzen und Nacherleben geht es um die sprachliche Objektivität von Erlebnisausdrücken.

Das Bedürfnis nach Auslegung und Interpretation entsteht immer dann, wenn Lebensäußerungen weder völlig undurchsichtig noch völlig transparent sind. Ein vorhandenes, jedoch unzureichendes Vorverständnis motiviert den Prozeß der Auslegung. Daß nur Lebensäußerungen ausgelegt werden können, ist offensichtlich. Worin besteht aber das Ergebnis der Interpretation? Was genau ist an Lebensäußerungen verständlich – oder unverständlich? Dilthey macht unzweideutig klar, daß es sich nicht um das innere Erleben dessen handeln kann, der eine solche Äußerung produziert. Im Falle kultureller oder staatlicher Institutionen – Religionen, Rechtssysteme etc. – verbietet sich diese psychologische Interpretation ohnehin von selbst. In den Plänen zur Fortsetzung des *Aufbaus* faßt Dilthey alle Auslegung als das Verstehen von Bedeutungen. Damit unterstellt er seine hermeneutischen Bemühungen einer semantischen bzw. semiotischen Perspektive und drängt die psychologistische Auffassung noch weiter zurück.

»Bedeutung ist die umfassende Kategorie, unter welcher das

Leben auffaßbar wird.« (GS VII, 232) Der hermeneutische Zirkel von Erlebnis, Ausdruck und Verstehen konstituiert einen Bedeutungs*zusammenhang*, durch den die neu hinzutretenden Aspekte auf die jeweilige Totalität bezogen werden. »Wir verstehen nur Zusammenhang. Zusammenhang und Verstehen entsprechen einander.« (GS VII, 257) Außerhalb von Zusammenhängen gibt es gar keine verständlichen Bedeutungen, und unabhängig von Bedeutungen gibt es keine Zusammenhänge. »Bedeutung« ist der allgemeinste Begriff, durch den Dilthey die Wechselbeziehung zwischen den Einzelmomenten und ihrem Kontext erfaßt. »Die Kategorie der Bedeutung bezeichnet das Verhältnis von Teilen des Lebens zum Ganzen, das im Wesen des Lebens gegründet ist.« (GS VII, 233) Nur sofern einzelne Elemente auf eine Sinneinheit bezogen werden können, die sich aus ihnen erst aufbaut, gibt es Bedeutungen. So bedeuten die verschiedenen Wörter eines Satzes dadurch einen Sachverhalt, daß sie in seinem syntaktischen Gefüge eine wohlbestimmte Stelle einnehmen. Umgekehrt ist die Bedeutung der größeren Einheit, des Satzes, sowohl von der Konfiguration seiner Glieder als auch von seiner Stellung im umgreifenden Sinnzusammenhang eines Sprechaktes oder Textes abhängig. Bedeutungen bilden Hierarchien, in denen Substrukturen wiederum als Teile in höherstufige Totalitäten eingehen. In einer expressiven Äußerung etwa steht das Wort zum Satz in einem bedeutsamen Wechselverhältnis von Teil und Ganzem, ebenso der Satz zum Sprechakt, der Sprechakt zur Situation, die Situation zum individuellen Lebenszusammenhang, dieser zur familiären Struktur, diese zur sozialen Schicht, die soziale Schicht zum sozialen Ganzen, das soziale Ganze schließlich zur gesellschaftlich-geschichtlichen Wirklichkeit als dem Inbegriff aller Bedeutungen.

Bedeutungen werden im Zeitverlauf durch Wirkungszusammenhänge miteinander verknüpft. Die hermeneutische Bedeutungskonzeption stellt einen inneren Zusammenhang zwischen Zeitlichkeit, Bedeutung und Verstehen her. Bei Biographien ist das besonders augenfällig, weil hier in der Kontinuität eines Lebensverlaufs gegenwärtig Erlebtes auf erinnerte Lebensausdrücke und zukünftige Möglichkeiten bezogen und damit in seiner Bedeutsamkeit bewertet wird. Hier liegt das »Wesen der Bedeutungsbeziehungen [...] in den Verhältnissen, welche im Zeitverlauf die Gestaltung eines Lebenslaufs auf Grund der Struktur des Lebens unter Bedingungen des Milieus enthält.« (GS VII, 234) Durch Einordnung der aktuellen Eindrücke in die dadurch sich bildende psychische Totalität entstehen Horizonte der Bedeutsamkeit, die den Spielraum realisierbarer Bedeutungen vorgeben.

Wegen der zeitlichen Struktur des Bedeutungszusammenhangs ist seine vollständige Bestimmung prinzipiell unerreichbar und die Zukunft bleibt offen. Die Beziehung der Teile zum Ganzen des Lebens ist niemals ganz zu erkennen. »Man müßte das Ende des Lebenslaufes abwarten und könnte in der Todesstunde erst das Ganze überschauen, von dem aus die Beziehung seiner Teile feststellbar wäre. Man müßte das Ende der Geschichte erst abwarten, um für die Bestimmung ihrer Bedeutung das vollständige Material zu besitzen. Andererseits ist das Ganze doch nur für uns da, sofern es aus den Teilen verständlich wird. Immer schwebt das Verstehen zwischen beiden Betrachtungsweisen.« (GS VII, 233) Der zeitliche Lebenszusammenhang hat einen dynamischen und offenen Charakter. Das Verstehen von Bedeutungen vollzieht sich niemals aus der Perspektive eines vollendeten, abgeschlossenen Prozesses, weil der bedeutungsbildende Prozeß das unhintergehbare Leben selbst ist. Außerhalb des Lebens gibt es keine Bedeutungen, innerhalb des Lebens sind Bedeutungen nie vollständig determiniert, weil der Prozeß ihrer Bestimmung noch andauert.

Zwischen dem menschlichen Leben, seinen objektivierenden Äußerungen und dem Verstehen von Bedeutungen besteht nach Dilthey ein interner, geschlossener Strukturzusammenhang. Bedeutungen fallen nicht vom Himmel, sie sind, als Produkte sich äußernder und verstehender Subjektivität, dem Leben immanent. »Jede Lebensäußerung hat eine Bedeutung, sofern sie als ein Zeichen etwas ausdrückt, als ein Ausdruck auf etwas hinweist, das dem Leben angehört. Das Leben selber bedeutet nicht etwas anderes. Es ist in ihm keine Sonderung, auf der beruhen könnte, daß es etwas bedeutete, außer ihm selbst.« (GS VII, 234) Die hermeneutische Konzeption des Ausdruckverstehens geht damit auf Distanz zu jenen Deutungen der menschlichen Wirklichkeit, die diese von einem transzendenten Sinn bestimmt sehen. »Leben« dient bei Dilthey als ein kontextbildender Letztbegriff, und die hermeneutische Methode faßt dementsprechend Bedeutungen als wesentliche Strukturmerkmale des menschlichen Lebensprozesses auf, die an der geschichtlichen Vergänglichkeit dieses Prozesses teilhaben. Über unsere wechselnden Deutungen des Lebens können wir nicht hinausgelangen, weil die Grenzen der bedeutsamen Wirklichkeit mit denen der menschlichen Lebenswelt zusammenfallen.

Der universalhistorische Zusammenhang

In dem Maße, in dem die Analyse der geschichtlich-gesellschaftlichen Realität höherstufige, Räume und Zeiten übergreifende Strukturen in den Blick nimmt, stellt sich auch im Rahmen einer Hermeneutik des endlichen Verstehens die Frage nach den letzten und allgemeinsten Zusammenhängen, Bedeutungen und Zwecken dieser Wirklichkeit. Wenn die Geisteswissenschaften, wie Dilthey häufig betont, menschlicher Selbstbesinnung dienen, dann muß zudem geklärt werden, was auf der Ebene historischer Makrostrukturen unter einer solchen Selbstbesinnung zu verstehen ist.

Die Erweiterung der geisteswissenschaftlichen Fragestellung über das Biographisch-Psychologische hinaus wird zunächst durch die Einsicht erzwungen, daß die Strukturen des objektiven Geistes nicht aus der Binnenperspektive von Individuen aufgefaßt werden können. »*Es sind neue Kategorien, Gestalten und Formen des Lebens, an die wir uns wenden müssen und die am Einzelleben selbst nicht aufgehen.* Das Individuum ist nur der Kreuzungspunkt für Kultursysteme, Organisationen, in die sein Dasein verwoben ist: wie könnten sie aus ihm verstanden werden?« (GS VII, 251) In den Gestalten des objektiven Geistes wird nun zwar der Lebenszusammenhang der Individuen überschritten, nicht aber das »Leben« als Inbegriff spezifisch menschlicher Wirklichkeits- und Selbstdeutung. Nicht vereinzelte Individuen bringen die geschichtlich-gesellschaftliche Realität hervor, sondern der soziale Lebensprozeß, in dem sich die Interaktionen einzelner Subjekte zu relativ stabilen Wirkungszusammenhängen verketten. Selbstbesinnung ist nach Dilthey Aufgabe der Geisteswissenschaften, weil diese, im Unterschied zu den Naturwissenschaften, jener sinnhaften Perspektive verpflichtet bleiben, durch die sich die von Menschen gemachte Wirklichkeit von der außermenschlichen Natur unterscheidet. Da jedes individuelle Leben untrennbar in die transindividuellen Wirkungszusammenhänge des objektiven Geistes verflochten ist, kann auch das Verstehen dieser Zusammenhänge als eine Selbsterkenntnis bzw. Selbstbesinnung bezeichnet werden. Dem kognitiven Zugang des Erkenntnissubjektes zur Geschichte geht dessen eigene Geschichtlichkeit voraus, die diesen Zugang erst ermöglicht. Wir können Geschichte nur verstehen und die Gehalte dieser Aneignung in unsere Identität aufnehmen, weil wir selbst geschichtliche Wesen sind.

Selbstbesinnung im streng individuellen Sinn erfährt die Zentriertheit aller Bedeutungen in den Kontingenzen des eigenen Lebenslaufs immer auch als eine Beschränkung. Wer dagegen in die Bedeutungswelt des objektiven Geistes eintaucht, dezentriert seine Subjektivität. Mit Diltheys Worten: »Die Geschichte macht uns frei, indem sie uns über die Bedingtheit des aus unserem Lebensverlauf entstandenen Bedeutungsgesichtspunktes erhebt.« (GS VII, 252) Geschichtliche Erkenntnis steht im Dienst der Erweiterung menschlicher Selbstbesinnung über die Grenzen des Individuums und seine Gegenwart hinaus. Darin erschöpft sich auch ihre Wertbestimmtheit: »Alle letzten Fragen nach dem Wert der Geschichte haben schließlich ihre Lösung darin, daß der Mensch in ihr sich selbst erkennt. Nicht durch Introspektion erfassen wir die menschliche Natur.« (GS VII, 250) Hier zeigt sich noch einmal, wie eng Dilthey Verstehensprozesse mit Bewertungen verknüpft. Die Aneignung der Geschichte vollzieht sich für die verstehenden Subjekte vorab unter dem kritisch-wertenden Gesichtspunkt gelingender Selbsterkenntnis. Das Vergangene hat daher keinen absoluten Wert, sondern dient der Orientierung des bewußten Lebens über die geschichtlichen Möglichkeiten und Grenzen seiner »Selbstverwirklichung«.

Das geschichtliche Verstehen durchläuft nach Dilthey Stufen, die den Allgemeinheitsgraden der verschiedenen Wirkungszusammenhänge entsprechen. Die geschichtlich-gesellschaftliche Wirklichkeit erscheint als ein Kontinuum solcher ineinander verschachtelter Zusammenhänge, dessen Grenzmarken vom Biographischen einerseits, dem universalen Geschichtsprozeß andererseits gebildet werden. Inmitten dieses Kontinuums liegen die großen Wirkungszusammenhänge des objektiven Geistes: soziale, politische, ökonomische, kulturelle usw. Systeme. Durch die Analyse dieser Systeme und den Vergleich ihrer verschiedenen Ausprägungen im Geschichtsverlauf gelangt die geisteswissenschaftliche Erkenntnis zu Strukturaussagen über die spezifische Leistung, die ein Systemtyp im »objektiven Geist« der menschlichen Wirklichkeitsdeutung erfüllt. Im *Aufbau* und den Entwürfen zur Fortsetzung dieser Studie werden solche Strukturanalysen allerdings nur programmatisch gefordert, nicht konkret durchgeführt. Konkret am Material hat Dilthey seine Programmatik in der Arbeit *Das Wesen der Philosophie* (1907) eingelöst. Dort wird die Struktur philosophischen Denkens aus einer sozialen Funktion der Systematisierung innerer Erfahrung verständlich gemacht, die sich zwar geschichtlich wandelt, aber doch als Wirkungszusammenhang die Zeiten überdauert.[64]

Aussagen über die innere Beschaffenheit von geschichtlichen Wirkungszusammenhängen bilden den Kern universalhistorischer Erkenntnis in den Geisteswissenschaften. »In der immerwährenden Wirksamkeit der allgemeinen Strukturverhältnisse ergab sich uns vor allem die Bedeutung und der Sinn der Geschichte. Wie diese an jedem Punkt und zu jeder Zeit walten und das Leben der Menschen bestimmen, das in erster Linie ist der Sinn der geistigen Welt.« (GS VII, 185) Die in ihrer Struktur zentrierten Wirkungszusammenhänge sind fundamental, und nur durch Zerlegung der geschichtlich-gesellschaftlichen Totalität in solche relativ geschlossenen Zusammenhänge ist geisteswissenschaftliche Erkenntnis überhaupt möglich. Die jeweilige Funktion eines Wirkungszusammenhangs bestimmt zwar seine Verlaufsrichtung, legt aber keine letzten Ziele oder ähnliches fest. Auch kann das Verstehen geistiger Realität nicht zum Aufweis eines teleologischen Zusammenhangs in der Universalgeschichte führen, wie Dilthey gegen die Geschichtsphilosophie einwendet: »Die Erkenntnis der Bedeutung und des Sinnes der geschichtlichen Welt wird oft, wie durch Hegel oder Comte, aus der Feststellung einer Gesamtrichtung in der universalgeschichtlichen Bewegung gewonnen. Es ist eine Operation, welche das Zusammenwirken vieler Momente in einer unbestimmten Anschauung ineinandersieht.« (GS VII, 172) Die Suche nach einem einheitsstiftenden Entwicklungsprinzip der Geschichte ist verfehlt, weil sie die Grenzen dessen überschreitet, was in der Erfahrung gegeben ist: die einzelnen geschichtlichen Wirkungszusammenhänge. An die Stelle der großen, aber unbeantwortbaren Frage nach *dem* Sinn der Geschichte treten damit die kleineren, aber beantwortbaren Fragen nach der jeweiligen Zentriertheit solcher Zusammenhänge.

Erfahrungswissenschaftlich läßt sich auch nichts darüber aussagen, ob sich in der Geschichte etwa ein Fortschritt in Richtung auf die Verwirklichung transhistorischer, unbedingter Werte vollzieht, ob die menschlich-geschichtliche Wirklichkeit vielleicht gar als empirische Verkörperung einer idealen Realität verstanden werden muß. Die hermeneutische Methode behandelt entsprechende religiöse oder metaphysische Überzeugungen nicht anders als die weniger anspruchsvollen Gestalten des objektiven Geistes, nämlich als menschliche Ausdrucksgestalten, deren Bedeutung an die Kontingenz des Lebensprozesses gebunden bleibt, in dem sie entstanden sind. »Die Geschichte weiß zwar von den Setzungen eines Unbedingten als Wert, Norm oder Gut. Solche treten überall in ihr auf – bald als in dem göttlichen Willen gegeben, bald in einem Vernunftbegriff der Vollkommenheit, in einem teleologischen Zusammenhang der Welt, in einer allgemein gültigen Norm unseres Handelns, die transzendental-philosophisch fundiert wäre. Aber die geschichtliche Erfahrung kennt nur die ihr so wichtigen Vorgänge dieser Setzungen: von sich aus weiß sie nichts von deren Allgemeingültigkeit.« (GS VII, 173)

Skeptische Distanz ist das letzte Wort der Diltheyschen Hermeneutik in Sachen Geschichtsphilosophie. Soweit universalhistorische Perspektiven erkannt werden können, müssen sie aus der Verbindung geschichtsimmanenter Wirkungszusammenhänge hervorgehen. Ein solcher die Geschichte umspannender Meta-Wirkungszusammenhang ist aber rein spekulativ. Zudem kann die Bedeutung der realen Zusammenhänge nie endgültig fixiert werden, weil diese sich ständig in die Zukunft hinein fortbestimmen. Ein bestimmter Gesamtsinn der Geschichte entstünde demnach erst an ihrem Ende – wenn niemand mehr da wäre, der ihn verstehen könnte. Sinn und Bedeutung[65] sind Produkte menschlicher Ausdrucks- und Verstehensleistungen und daher an deren Endlichkeit gebunden. Diese Skepsis gegenüber allen transzendenten Gesamtdeutungen der geschichtlich-gesellschaftlichen Wirklichkeit hat jedoch auch eine positive Seite. Dilthey war davon überzeugt, daß der humane Gehalt aller, auch der religiösen Wirklichkeitsdeutungen, erst dann vollständig angeeignet werden kann, wenn diese vorbehaltlos als immanenter Ausdruck des Lebensprozesses anerkannt worden sind. Seine Entwürfe zur Fortsetzung des *Aufbaus* schließen mit emphatischen Formulierungen, die das historische Endlichkeitsbewußtsein als eine epochale Befreiung feiern:

»Das *historische Bewußtsein* von der *Endlichkeit* jeder geschichtlichen Erscheinung, jedes menschlichen oder gesellschaftlichen Zustandes, von der Relativität jeder Art von Glauben ist der letzte Schritt zur Befreiung des Menschen. Mit ihm erreicht der Mensch die Souveränität, jedem Erlebnis seinen Gehalt abzugewinnen, sich ihm ganz hinzugeben, unbefangen, als wäre kein System von Philosophie oder Glauben, das Menschen binden könnte. Das Leben wird frei vom Erkennen durch Begriffe; der Geist wird souverän allen Spinneweben dogmatischen Denkens gegenüber. [...] Wir tragen keinen Sinn von der Welt in das Leben. Wir sind der Möglichkeit offen, daß Sinn und Bedeutung erst im Menschen und seiner Geschichte entstehen. Aber nicht im Einzelmenschen, sondern im geschichtlichen Menschen. Denn der Mensch ist ein geschichtliches Wesen.« (GS VII, 290f.)

Die Weltanschauungslehre

In den späten Arbeiten zur Klassifizierung und Interpretation von »Weltanschauungen« – sie sind im achten Band der *Schriften* gesammelt – findet Diltheys Konzeption von Sinn und Bedeutung ihren prägnantesten Ausdruck. Dieser Konzeption zufolge stellen Weltanschauungen die geschichtlich wirksam gewordenen Versuche dar, die drei fundamentalen Aspekte unseres Weltbezugs – Affektivität, Wille, Kognitivität – in ihrer jeweiligen Ausprägung zu einer kohärenten Gesamtdeutung der Wirklichkeit zu verbinden. Der Begriff »Weltanschauung« ist insofern unglücklich gewählt, als er den Vorrang des anschaulichen, erkennenden Weltzugangs insinuiert. Diltheys lebensphilosophische Pointe besteht aber gerade in der Behauptung, daß unsere Deutungen der Realität nicht primär kognitiv sind. Sie schließen immer Wertungen und Handlungs- bzw. Willensorientierungen ein, die nicht aus dem »Weltbild«, wie Dilthey ihren kognitiven Anteil nennt, abgeleitet werden können.

Die Analyse der Weltanschauungen soll an den umfassendsten menschlichen Selbst- und Weltinterpretationen die Triftigkeit der hermeneutisch-lebensphilosophisch-historistischen Hauptthesen Diltheys erhärten: Bedeutungen als interne Merkmale des menschlichen Lebens, Wechselbeziehung von Teil und Ganzem als Prinzip der Bedeutungsbildung, Differenz von subjektivem Erlebnis und objektiviertem Ausdruck, unverkürzte Erfahrung als Komplex affektiver, voluntativer und kognitiver Bezüge, schließlich Geschichtlichkeit als die Verlaufsform aller lebensweltlichen Wirkungszusammenhänge. An den Selbstdeutungen des Lebens sollte sich die Einsicht bewähren, daß die Welt ihre Bedeutsamkeit für uns nicht von außen, durch Repräsentation einer von endlichen Subjekten unabhängigen Wirklichkeit erhält, sondern von innen, im Zusammenhang von Erlebnis, Ausdruck und Verstehen, durch den Sinn und Bedeutung erst hervorgebracht werden.

Das sog. »Weltanschauungsproblem« war zu Beginn des Jahrhunderts en vogue. Man sortierte, klassifizierte und psychologisierte die Weltanschauungen und versuchte sich in philosophischen oder religiösen Synthesen. Die bekannteste Schrift aus dem Umfeld solcher Bemühungen ist wohl Karl Jaspers *Psychologie der Weltanschauungen*[66] von 1919.

Diltheys Ansatz unterscheidet sich von diesen geltungsorientierten Zugängen dadurch, daß er gar nicht mehr nach Wahrheit oder Falschheit fragt. Es geht ihm nicht darum, eine eigene Weltanschauung zu entwickeln, die den Schwächen früherer Systeme entgeht; vielmehr möchte er dem Strukturprinzip ihrer Bildung auf die Spur kommen und damit gleichzeitig aufzeigen, daß eine einzige »wahre«, für alle Subjekte verbindliche Weltanschauung prinzipiell unmöglich ist.

Seine Analyse beginnt mit der Feststellung einer höchst unbefriedigenden Situation: Im Lauf der Geschichte sind zahlreiche Weltanschauungen entstanden, die miteinander konkurrieren. Vielen dieser Systeme von Überzeugungen, Wertungen und Handlungsorientierungen – besonders den Religionen und metaphysischen Systemen – ist es eigentümlich, einen universalen Geltungsanspruch zu erheben, der die Wahrheit konkurrierender Systeme ausschließt. Die weltgeschichtlich fatalen Folgen dieser Situation sind bekannt, und für unsere Gegenwart genügt es wohl, an das Phänomen »Fundamentalismus« zu erinnern. In der Anarchie der Systeme, dem faktischen Pluralismus exklusiver Sinndeutungen, sieht Dilthey schon ein starkes Argument gegen ihre Wahrheitsansprüche. Eine noch größere Bedeutung mißt er den hermeneutischen Einsichten in die Endlichkeit, Geschichtlichkeit und Lebensbezogenheit aller Bedeutungszusammenhänge bei, denn sie erzeugen eine »Antinomie zwischen dem Anspruch jeder Lebens- und Weltansicht auf Allgemeingültigkeit und dem geschichtlichen Bewußtsein« (GS VIII, 3). Wo der Entwicklungsgedanke dominiert, haben ewige Geltungsansprüche keinen Platz. Die Historisierung des Subjekts untergräbt den Gedanken einer unveränderlichen Menschennatur als Adressat einer unveränderlichen Realitätsdeutung: »Der Typus Mensch zerschmilzt in dem Prozeß der Geschichte.« (GS VIII, 6)

Diese Situation erfordert nach Diltheys Ansicht eine »geschichtliche Selbstbesinnung«, die nicht mehr die Perspektive einer bestimmten Deutung übernimmt, sondern »diese menschlichen Ideale und Weltanschauungen selber sich zum Objekte« macht (GS VIII, 7). Selbstbesinnung ist ein metatheoretisches Projekt, das aber nicht über der Geschichte steht, sondern durch die Entwicklung des geschichtlichen Bewußtseins erst möglich geworden ist. Die objektivierende Betrachtung der Weltanschauungen führt daher nicht zu einer neuen, »wahreren« Weltanschauung. Nach Diltheys Analyse unterliegt der weltanschauliche Wahrheitsbegriff einem Mißverständnis: Er gibt als Struktur der subjektunabhängigen Wirklichkeit aus, was sich der hermeneutischen Selbstbesinnung als immanentes Produkt des Lebensprozesses zeigt. Weltanschauungen klären uns nicht über den objektiven Zusammenhang der Wirklichkeit auf, sondern über die geschichtlich variablen Gestalten, die unsere *Selbst*deutungen, unsere Verhältnisbestimmungen zur unerkennbaren Totalität angenommen haben. Die »Verselbständigung des Weltbildes« muß zurückgenommen werden »in den Bezug zu der Lebendigkeit des Selbst« (GS VIII, 8). Diese Lebendigkeit produziert die Symbole, mit deren Hilfe die geschichtlichen Subjekte ihren Ort im Ganzen der Realität bestimmen, ohne über deren An-sich-Sein irgend etwas aussagen zu können. Bedeutungen existieren eben nicht an sich, sie entstehen erst dadurch, daß lebendige, d.h. denkende, wollende und fühlende Subjekte ihr Wirklichkeitsverhältnis zu verstehbaren Ausdrucksgestalten objektivieren.

Kunst, Religion und Philosophie sind nach Dilthey die drei Grundformen der Welt- und Lebensanschauung. Im Bereich der Kunst ist es der »Bezug der Phantasie zu den objektiven Eigenschaften der Welt« (GS VIII, 27), durch den die jeweiligen Weltdeutungen bestimmt sind. Dieser Bezug ist kein nachträgliches Zusammentreten, denn Realität wird uns immer nur im Rahmen spezifischer menschlicher Aneignungsmodi, als Amalgam subjektiver und objektiver Komponenten zugänglich. Durch sein spezifisches Merkmal, die Phantasie, ist der künstlerische Wirklichkeitszugang in seiner Darstellung an das Individuelle und Besondere gebunden, in dem er Lebensideale zur Geltung bringt. Dieser Aspekt der Bindung an individuelle, wenn auch typische Weisen, die Welt zu sehen, erklärt auch, warum sich für Dilthey das Problem der Geltung hier gar nicht stellt. Künstlerische Weltanschauungen sind nicht begrifflicher Natur. Ein Roman, ein Gemälde oder eine Symphonie erheben keine expliziten Geltungsansprüche, die mit anderen Ansprüchen in Konkurrenz treten könnten.

Schwieriger stellt sich die Sache im Fall religiöser Weltanschauungen dar. Ihr Entwicklungsprinzip wird bestimmt durch das Verhältnis, das die Lebendigkeit zu »göttlichen Kräften« einnimmt. Der »religiöse Vorgang [ist] nur im Bezug der göttlich wirkenden Kraft, die in ihm gefühlt oder erlebt wird. Aber was erlebt wird, ist nur die Anwesenheit des Unbekannten und Unbeherrschbaren, das gleichsam noch hinter berechenbaren und erkennbaren Objekten Wirkungen hervorbringt. Denn der primitive Mensch weiß nichts von den Ursachen seiner Krankheiten, des Wahnsinns usw. Die Gottheit oder das dämonische Wesen aber ist ein zu diesen Wirkungen hinzugeschautes Subjekt, das geeignet erscheint, solche Wirkungen hervorzubringen.« (GS VIII, 29) So entstehen die religiösen Symbole durch analogisches Denken, durch Übertragung wirkender Subjekte in die Natur. Eine für religiöse Weltbilder fatale innere Dialektik kommt nach Dilthey in Gang, wenn das Bedürfnis entsteht, der personifizierenden Welterklärung eine begrifflich konsistente Fassung zu geben. Die Dogmenbildung, der Versuch kognitiver Systematisierung, treibt selbst jene »*Antinomien* hervor, welche die religiöse Lebens- und Weltansicht zerreißen und auflösen.« Religiöse Vorstellungen sind nicht primär aus der gedanklichen Bewältigung der Wirklichkeit hervorgegangen. Sie entstehen durch Analogiebildung aus der Objektivierung subjektiver Erfahrungen und können deshalb »nicht verstandesmäßig aufgeklärt werden« (GS VIII, 29).

Unterliegen nun auch die philosophischen Weltanschauungskonstruktionen einem kognitivistischen Selbstmißverständnis? Dilthey bejaht diese Frage eindeutig. »Ich will zeigen, daß auch die philosophischen Systeme, so gut als die Religionen oder die Kunstwerke, eine Lebens- und Weltansicht enthalten, welche nicht im begrifflichen Denken, sondern in der Lebendigkeit der Personen, welche sie hervorbrachten, gegründet ist. Dies zeigt sich, sooft ein System entwicklungsgeschichtlich betrachtet wird.« (GS VIII, 30) In der Durchführung dieses Aufweises überkreuzen sich eine biographische und eine strukturalistische Sichtweise, die Dilthey nicht zum Ausgleich gebracht hat. So werden philosophische Weltdeutungen gelegentlich als direkter Ausdruck der Persönlichkeit ihres Urhebers aufgefaßt, als eine Art von Organismen, die »vom Herzblut eines Philosophen genährt« (GS VIII, 35) werden. Diese radikal expressionistische Deutung ist theoretisch höchst unbefriedigend, weil sie den argumentativen Gehalt eines Systems erst gar nicht berücksichtigt. Dilthey bleibt dabei auch nicht stehen, sondern entwirft eine funktionalistisch-strukturalistische Interpretation der Entwicklung philosophischer Systeme, die diese auf den sozialen und historischen Zusammenhang bezieht.

Dabei bedient er sich der Kategorien der Darwinschen Evolutionstheorie: Theorien »prallen aufeinander« und »kämpfen um die Existenz«, weil ihre Lebensfähigkeit von ihrer sozialen Funktion der Wirklichkeitsdeutung abhängt. Aus dem Kampf der Systeme geht nicht die Wahrheit als Sieger hervor, sondern jenes System, das die drei Leistungen einer Weltanschauung – Erzeugung eines kohärenten, logisch widerspruchsfreien Weltbildes, Bereitstellung einer affektiv befriedigenden Wertung der Welt und Orientierung des Handelns – für eine gegebene geschichtliche Formation am besten zur Einheit bringt. Diese Struktur soll, wie Dilthey mehr postulierend als begründend ausführt, eine Entwicklungsdynamik in Gang gebracht haben, aus der resultativ seine eigene Position entspringt. Die Weltanschauungslehre läßt die historistisch-hermeneutische Philosophie als unvermeidliche Konsequenz aus dem wachsenden Bewußtsein von der Unhintergehbarkeit des Lebens hervorgehen. Im Lebensprozeß ist der subjektive Weltzugang im Handeln, Fühlen und Erkennen untrennbar mit der subjektunabhängigen Wirklichkeit verwoben, weshalb Weltanschauungen – als Totalisierungen der Binnenperspektive des Lebens – immer individuell und sozial spezifizierte Interpretationen dieser Wirklichkeit darstellen.

Die Entwicklung der Lebens- und Weltansichten hat nach Dilthey »gesetzmäßige Stufen« durchlaufen. Am Anfang dieser Entwicklung stehen die »dogmatischen Systeme«, in denen der subjektive Anteil am Erkennen noch gar nicht zum Thema wird. Sie deuten die Wirklichkeit als eine objektive Seinsordnung, deren Eigenstruktur ohne menschliches Zutun erkannt werden kann. In einem nächsten Schritt werden die »menschlichen Tätigkeiten«, besonders die Methoden des Erkennens, ins Bewußtsein gehoben. Dilthey schreibt diesen Schritt Sokrates und seiner Schule zu. Schließlich steigert sich die Einsicht in die subjektive Prägung unseres Wissens von der Realität bis zur »transzendentalen Methode«, in der Subjektivität als Konstitutionsprinzip von Objektivität erscheint. Auch den Skeptizismus ordnet Dilthey als »Abart« dieser Stufe zu. Die Konzentration auf die Beschaffenheit unseres Erkenntnisapparates kann auch die skeptische Position hervorbringen, die objektive Geltungsansprüche bezweifelt. Als letzter Schritt erfolgt der Übergang zur »geschichtlichen Selbstbesinnung«, die mit deskriptiven und analytischen Methoden eine »Phänomenologie der philosophischen Systematik« (GS VIII, 37) entwickelt. Es ist unübersehbar, daß Dilthey damit seine eigene Philosophie geschichtlich situieren will, für die alle Systeme und Weltanschauungen Ausdrucksgestalten des objektiven Geistes sind.

Vom Dogmatismus bis zur geschichtlichen Selbstbesinnung vollzieht sich eine Entwicklung, die als Fortschritt verstanden werden muß. Widerspricht diese Auffassung nicht der Skepsis Diltheys gegenüber den teleologischen Geschichtsdeutungen? Und ist sie mit dem Relativismus der Weltanschauungslehre vereinbar? Von der Geschichtsphilosophie unterscheidet sich Diltheys Fortschrittsbegriff dadurch, daß dieser nicht als Vollendung, nicht als Annäherung an eine »absolute Erkenntnis« konzipiert ist. Fortschritt besteht »in dem zunehmenden Bewußtsein des menschlichen Geistes über sein Tun, dessen Ziele und Voraussetzungen, angesehen als ein Ganzes« (GS VIII, 39). Diltheys Fortschrittsbegriff liegt keine Vorstellung eines übergreifenden Ziels der Geschichte zugrunde. Fortschritt ist für Dilthey wachsende Selbstbesinnung, was nicht mit Rückzug der Subjektivität auf sich selbst verwechselt werden darf. »Das Selbst ist nie ohne die Gegenständlichkeit, die uns äußere Wirklichkeit. Die Besinnung über das Selbst ist daher zugleich die über seinen

Bezug zu einer äußeren Wirklichkeit und Ursprung und Recht der Bestimmungen über sie.« (GS VIII, 39) Selbstbesinnung thematisiert unseren Bezug zur Wirklichkeit im geschichtlich erworbenen Wissen darum, daß uns diese Wirklichkeit unverständlich – nicht unerklärbar – bleibt, sofern sie nicht in den menschlichen Lebensprozeß einbezogen ist. Das unterscheidet sie von den Weltanschauungen, die einem objektivistisch-kognitivistischen Selbstmißverständnis unterliegen. Die »fortschrittlichere« Perspektive der geschichtlichen Selbstbesinnung hat keine überlegene Deutung der Wirklichkeit zu bieten, sondern nur die metatheoretische Einsicht, daß es sich bei philosophischen Systemen eben immer um Deutungen handelt, um die wechselnden Ausdrucksgestalten des menschlichen Lebensprozesses und nicht um Versuche, eine an sich bestehende Realität möglichst objektiv zu erfassen. »Die Philosophie muß nicht in der Welt, sondern in dem Menschen den inneren Zusammenhang ihrer Erkenntnisse suchen.« (GS VIII, 78)

Aus dem fühlend-handelnd-erkennenden Lebensprozeß der Menschen gehen die Weltanschauungen hervor, um ihren Ursprung sogleich wieder zu vergessen. In der Verdrängung dieses Ursprungs sieht Dilthey geradezu das Charakteristikum metaphysischen Denkens: »Wir verstehen unter Metaphysik die Form der Philosophie, welche den in der Relation zur Lebendigkeit konzipierten Weltzusammenhang wissenschaftlich behandelt, als ob er eine von dieser Lebendigkeit unabhängige Objektivität wäre.« (GS VIII, 51) Die geschichtliche Besinnung der hermeneutischen Philosophie hat daher die Aufgabe, die Entwicklung von Weltanschauungen aus dem Lebensprozeß heraus verständlich zu machen.

Lebensbezüge bilden immer den Ausgangspunkt dieser Entwicklung. Sie entstehen zunächst dadurch, daß die Individuen ihrer sozialen und gegenständlichen Umwelt durch Bezug auf die eigenen Daseinsinteressen eine Bedeutung verleihen. Zuträglichkeit und Abträglichkeit, Förderung und Hemmung wirken in diesem Prozeß der Bedeutungsbildung als – meist implizite – Maßstäbe. Das Nachdenken über die Bedeutsamkeiten des Lebens bringt die individuelle Lebenserfahrung hervor, deren anthropologische Basis Dilthey in der Bedrohtheit aller Sinnbezüge durch die Macht des Zufalls und vor allem durch den Tod sieht. Die soziale und geschichtliche Verkettung individueller Erfahrungen läßt schließlich typische Ausdrucksgestalten in »Sitte, Herkommen, Tradition« (GS VIII, 80) entstehen, die auf die Lebensführung der Individuen beherrschend einwirken. In dem Maß nun, in dem die Lebenserfahrung auf Vereinheitlichung und Kohärenz ausgeht, ergeben sich Widersprüche: Die unauflösbare Rätselhaftigkeit des Lebens tritt ins Bewußtsein. »Der Mittelpunkt aller Unverständlichkeiten sind Zeugung, Geburt, Entwicklung und Tod. Der Lebendige weiß vom Tod und kann ihn doch nicht verstehen.« (GS VIII, 81) Sinn und Bedeutung, wie sie in der geschichtlich-sozialen Realität hervorgebracht werden, können den »Schmerz über die Endlichkeit« (GS VII, 238) nicht aufheben.

Für Dilthey basieren die ausdrücklichen Weltanschauungen auf den elementaren Ausdrucksformen der Wirklichkeitsdeutung. Unter ihnen sind die »universalen Stimmungen« oder »Lebensstimmungen« (GS VIII, 81) von besonderer Bedeutung, weil sie unser Weltverhältnis im ganzen in einer bestimmten Weise einfärben. Optimismus und Pessimismus bezeichnen nur den markantesten Gegensatz innerhalb einer Vielzahl höchst unterschiedlicher Stimmungen, die alle Lebensbezüge durchdringen und deren Wirkung sich bis in die höchsten Höhen metaphysischer Begriffsbildungen erstreckt. Diltheys philosophische Aufwertung der Stimmungen präludiert die bekannten Analysen des § 29 aus Heideggers *Sein und Zeit*, in dem die Weltoffenheit des

Daseins in seiner Gestimmtheit gegründet wird. In Stimmungen geschieht zuerst, was die ausdifferenzierten Weltanschauungen dann explizit vollziehen: eine »Auslegung der Welt« (GS VIII, 82) nach dem Maßstab verstehbarer Bedeutungen.

Solche Bedeutungen entstehen nicht im reinen Erkennen, sondern nur im Zusammenspiel der kognitiven, affektiven und voluntativen Komponenten unseres Weltverhältnisses, weshalb Weltanschauungen – als Totalisierungen dieses Verhältnisses – jeweils Weltbilder, affektive Wertungen und Handlungsorientierungen zu einer Einheit bringen müssen. Nach individuellen, regionalen, historischen usw. Besonderheiten vielfach differenziert, weisen sie doch strukturelle Gemeinsamkeiten auf, die auf ihre integrative Funktion zurückzuführen sind. Weil Weltanschauungen die an den Lebensprozeß gebundene Bedeutsamkeit der Welt zum Ausdruck bringen wollen, sind kognitive Überzeugungen in ihnen nur als unselbständige Teilmomente enthalten, neben Wertungen und Willensausrichtungen. Die funktionale Auslese zwischen ihren einzelnen Gestaltungen scheidet zwar funktionsuntüchtige Varianten aus, kann aber keine Entscheidung zwischen letzten Wertungen herbeiführen, die funktional äquivalent sind. »Religion wie Philosophie suchen Festigkeit, Wirkungskraft, Herrschaft, Allgemeingültigkeit. Aber die Menschheit ist auf diesem Weg nicht einen Schritt weitergekommen. Der Kampf der Weltanschauungen untereinander ist an keinem Hauptpunkt zu einer Entscheidung gelangt. Die Geschichte vollzieht eine Auslese zwischen ihnen, aber ihre großen Typen stehen selbstmächtig, unbeweisbar und unzerstörbar nebeneinander aufrecht da.« (GS VIII, 86f.)

An diesem Punkt findet ein Übergang von Diltheys Weltanschauungslehre zur Lehre von den weltanschaulichen Grundtypen statt, ein Übergang zu einer phänomenologisch-klassifizierenden Betrachtungsweise, die sich für typische Ausdruckgestalten des menschlichen Lebensprozesses interessiert, die Frage nach ihrer objektiven Geltung aber als kognitivistisches Selbstmißverständnis hinter sich gelassen hat. Alle Weltanschauungen sind gleich wahr und gleich falsch, entscheidend ist, was sich aus ihnen über die Bedeutungsbildungen des objektiven Geistes lernen läßt. Am ausführlichsten hat Dilthey diese Perspektive in seiner »Philosophie der Philosophie«[67] mit Bezug auf die Systeme der Metaphysik entwickelt. Er unterscheidet dort drei Haupttypen metaphysischer Weltanschauungen: Naturalismus, Idealismus der Freiheit und objektiver Idealismus.

Der metaphysische Naturalismus ist die Selbstinterpretation des menschlichen Lebenszusammenhangs in den Kategorien seiner physischen Bestimmtheit. Insofern hat er eine somatische Basis: »Der Mensch findet sich bestimmt von der Natur. Sie umfaßt seinen eigenen Körper so gut als die Außenwelt. Und gerade die Zuständlichkeit des eigenen Körpers, die mächtigen animalischen Triebe, welche denselben durchwalten, bestimmen sein Lebensgefühl.« (GS VIII, 100) Die Grunderfahrung der Abhängigkeit aller menschlichen Vollzüge von biologischen, im weiteren Sinn von physikalischen Voraussetzungen führt im naturalistischen Denken dazu, daß geistige Gebilde als bloße »Interpolationen in dem großen Texte der physischen Ordnung« aufgefaßt werden. Der theoretische Naturalismus, dessen früheste Formen im griechischen Atomismus durch Demokrit und Epikur entwickelt wurden, ist dabei nur die begriffliche Ausformung einer lebenspraktischen »Bejahung des natürlichen Lebens« (GS VIII, 101), die sich gegen religiöse Weltdeutungen immer wieder geltend macht. Dilthey beschreibt den Naturalismus eher in strukturalen als in geschichtlichen Kategorien, weil er ihn als dauerhafte und wandlungsresistente Möglichkeit der Realitätsdeutung versteht: »Die Struktur des Naturalismus ist von Demokritos zu Hobbes und von ihm bis zum ›System der Natur‹[68] gleichmäßig: Sensualismus als Erkenntnistheorie, Materialismus als Metaphysik und ein zweiseitiges praktisches Verhalten – der Wille zum Genuß und die Aussöhnung mit dem übermächtigen und fremden Weltlauf durch die Unterwerfung unter denselben in der Betrachtung.« (GS VIII, 101) Diltheys Darstellung hebt auf den totalisierenden Charakter von Weltanschauungen ab: Im Fall des Naturalismus ist es die Verbindung von kognitivem Primat der Natur, Dominanz der Lust/Unlust-Unterscheidung und deterministischer Ethik, die eine Interpretation der Welt im Hinblick auf die Stellung des Menschen in ihr ermöglicht.

Während der Naturalismus seine Evidenzen aus der Übermacht der vom Subjekt unabhängigen Natur zieht, akzentuiert der Idealismus der Freiheit oder der Persönlichkeit, diese »Schöpfung des athenischen Geistes«, eine gegenläufige Erfahrung. »Die formende, gestaltende, souveräne Energie in diesem wird in Anaxagoras, Sokrates, Platon, Aristoteles zum Prinzip des Weltverständnisses.« (GS VIII, 107) Auch hier hat die Weltanschauung eine alltagspraktische Basis in der Fähigkeit autonomer Subjekte zur Gestaltung ihrer Lebensvollzüge. Im Handeln entsteht die Erfahrung subjektiver Freiheit, die sich in den deterministischen Kategorien des Naturalismus nicht ausdrücken läßt. Sie verbindet sich mit der erkenntnistheoretischen Einsicht in die Unhintergehbarkeit des Bewußtseins, durch die selbst die vom Subjekt unabhängige Natur noch unter subjektive Erkenntnisbedingungen gerät. Der Idealismus der Freiheit extrapoliert diese Einsichten zu einer Deutung der Wirklichkeit im ganzen, die diese als Korrelat wollender und erkennender Subjektivität vorstellt – der Subjektivität eines Schöpfergottes oder der transzendentalen Subjektivität des deutschen Idealismus. In Kant, Fichte und Schiller sieht Dilthey diesen Typus am reinsten verkörpert. Er ist wandlungsfähiger als der Naturalismus, weil er sich an die geschichtlich veränderliche Selbsterfahrung praktisch Handelnder anschmiegt. Als Grundmuster der Wirklichkeitsdeutung macht sich der Idealismus der Freiheit immer dort geltend, wo Gestaltungsmöglichkeiten und Verantwortlichkeit der Subjekte die Erfahrung dominieren.

Die wirkungsmächtigsten Weltinterpretationen der Philosophie lassen sich aber, wie Dilthey betont, keinem der beiden schon skizzierten Typen zuordnen. Sie gehören in den breiten Traditionsstrom des objektiven Idealismus hinein, der von Heraklit und Parmenides über die Stoa, Spinoza, Goethe, Hegel bis zu Schopenhauer reicht. Der objektive Idealismus ist durch die Dominanz einer affektiv-wertenden Beziehung zur Wirklichkeit charakterisiert. In dem ihn konstituierenden »kontemplativen Verhalten erweitert sich unser Gefühlsleben, in welchem Lebensreichtum, Wert und Glück des Daseins zunächst persönlich erfahren werden, zu einer Art von universeller Sympathie. Kraft solcher Erweiterung unseres Selbst in der universellen Sympathie erfüllen und beleben wir die ganze Wirklichkeit [...].« (GS VIII, 114f.) Objektive Idealisten übertragen analogisierend die Sinnstrukturen der humanen Wirklichkeit auf die Wirklichkeit im ganzen, den erfahrbaren Zusammenhang des Lebens auf einen nicht mehr erfahrbaren Zusammenhang der Welt. Die Fremdheit und Gleichgültigkeit der Natur gegenüber den menschlichen Zwecken wird damit getilgt und die emphatische Erfahrung einer alle Teile umschließenden Totalität auf alle Wirklichkeit ausgedehnt. In religiöser Hinsicht vertritt der objektive Idealismus pantheistische Positionen: Der universale Zusammenhang von Teil und Ganzem erscheint als Immanenz des Göttlichen im Endlichen. Dilthey bringt dieser Auffassung unverkennbar Sympathien entgegen, weil sie ihre anthropologische Basis in der Selbsterfahrung des Lebensprozesses findet, genauer in seiner bedeutungsbildenden Grundstruktur, der Wechselbeziehung von Teilaspekt und übergreifender Totalität. In seiner Darstellung erscheint der objektive Idealismus als die Universalisierung der spezifisch menschlichen Form von Erfahrung.

Entwicklungsgeschichtliche Besinnung und erkenntnisanthropologische Analyse lassen aber auch diese Gestalt metaphysischer Weltanschauung als illegitimen Analogieschluß auf anthropozentrischer Basis erscheinen. »Die Metaphysik sondert nur einzelne Seiten aus der Lebendigkeit des Subjekts, aus dem Lebenszusammenhang der Person aus und projiziert sie als Weltzusammmenhang in die Unermeßlichkeit. Hier entspringt eine neue ruhelose Dialektik, welche von System zu System vorwärtstreibt, bis nach Erschöpfung aller Möglichkeiten die Unauflösbarkeit des Problems erkannt ist.« (GS VIII, 117) Mit der Einsicht in die Unmöglichkeit von Metaphysik ist für Dilthey ein Funktionswechsel des philosophischen Denkens verbunden. An die Stelle fruchtloser Spekulationen über den Weltzusammenhang tritt die hermeneutische Aufgabe, »den Lebenszusammenhang des menschlichen Geistes in sich und seinen Verhältnissen zur Natur zur Kenntnis zu bringen« (GS VIII, 186). Für diese Aufgabe ist die Philosophie auf die Wissenschaften angewiesen, deren Ergebnisse sie vor dem Hintergrund des Lebenszusammenhangs in ihrer Bedeutung interpretiert. Durch diese Deutungsleistung und durch die Aneignung der metaphysischen Weltanschauungen als Ausdrucksgestalten des Lebensvollzugs steigert sie die Möglichkeiten der endlichen Subjekte, in ein freies Verhältnis zu ihrer geschichtlichen Wirklichkeit zu gelangen. Philosophie ist, wie Dilthey resümiert, »die Durchbildung der Autonomie des menschlichen Geistes« (GS VIII, 186).

5. Zur Wirkungsgeschichte

Das philosophische Profil Diltheys, wie ich es auf der Grundlage der *Gesammelten Schriften* zu rekonstruieren versucht habe, war für seine Zeitgenossen kaum erkennbar. Dilthey galt seit seinem großen Buch über Schleiermacher (1870) als bedeutender Historiker der Geisteswissenschaften, als feinsinniger Exeget der Tradition, nicht als systematischer Philosoph.[69] Auch das Erscheinen der *Einleitung* 1883 und einiger systematischer Studien Anfang der neunziger Jahre konnte daran nichts ändern. Die wachsende Beachtung schließlich, die Dilthey seit der Jahrhundertwende fand, ging auf seine Studie zur Jugendgeschichte Hegels (von 1906), vor allem aber auf die Aufsatzsammlung *Das Erlebnis und die Dichtung* (aus dem selben Jahr) zurück. Es handelt sich dabei um eine Zusammenstellung früherer Studien zu Lessing, Goethe, Novalis und Hölderlin, die allesamt vor dem Beginn der systematischen Ausarbeitung der historischen Vernunftkritik entstanden sind. Der Begriff des Erlebnisses ist dort noch nicht erkenntnistheoretisch aufgehellt und wird in einem eher populären Sinn verwendet. Der große Erfolg der Aufsatzsammlung hatte aber zur Folge, daß Dilthey in den Jahrzehnten nach seinem Tod vor allem als Verfasser dieser Essays wahrgenommen wurde. Das negativ geprägte Dilthey-Bild Theodor W. Adornos beispielsweise dürfte mit dieser wirkungsgeschichtlich fatalen Verkürzung zusammenhängen.

1911, im letzten Lebensjahr Diltheys, erschien eine vielbeachtete Aufsatzsammlung mit dem Titel *Weltanschauung, Philoso-*

phie und Religion[70], die Beiträge von Dilthey und seinen Schülern Bernhard Groethuysen, Georg Misch, Eduard Spranger und Max Frischeisen-Köhler enthielt. Mit diesem Band etablierte sich die »Dilthey-Schule« in der akademischen Öffentlichkeit. Bald nach Diltheys Tod begannen seine Schüler mit der Edition der *Gesammelten Schriften*, die den systematischen Anspruch und die innere Kohärenz seines Denkens sichtbar machen sollten. 1923 erschien der wichtige fünfte Band dieser Ausgabe mit bedeutenden systematischen Arbeiten Diltheys. Der umfangreiche *Vorbericht des Herausgebers* Georg Misch zu diesem Band etablierte das Deutungsschema einer Entwicklung Diltheys »von der Psychologie zur Hermeneutik« (GS V, IX) und lieferte zum ersten Mal eine Gesamtdarstellung, die das Interesse an Dilthey erheblich verstärkte. Im gleichen Jahr wurde auch der Briefwechsel mit dem Grafen Yorck von Wartenburg veröffentlicht, durch den die Kritik der historischen Vernunft als Mittelpunkt der philosophischen Bemühungen Diltheys erkennbar wurde. Nach einer Pause von einem Vierteljahrhundert kam Mitte der fünfziger Jahre die Ausgabe der Schriften durch Georg Misch und Hermann Nohl wieder in Gang. Mittlerweile sind zwanzig Bände erschienen, von denen besonders der achtzehnte und neunzehnte Band der Auseinandersetzung mit Dilthey neue Impulse liefern, weil in ihnen ein Rekonstruktionsversuch zu dem unvollendeten Lebensprojekt der *Einleitung in die Geisteswisssenschaften* vorgelegt wird.

Nach der scharfen Kritik von Ebbinghaus an Diltheys *Ideen*, auf die ich bereits eingegangen bin, bildet Husserls Aufsatz *Philosophie als strenge Wissenschaft* von 1910/11 die zweite wirkungsgeschichtliche Zäsur. Husserl hatte in diesem Aufsatz Diltheys Denken unter die Überschrift »Historizismus und Weltanschauungsphilosophie«[71] gefaßt und eine Art Gleichung zwischen diesen beiden Begriffen sowie den theoretischen Fehlformen des Skeptizismus, Relativismus und Subjektivismus aufgestellt. Diese Deutung, die Dilthey als höchst ungerecht empfand und die wenigstens teilweise in dem sich anschließenden Briefwechsel mit Husserl korrigiert werden konnte[72], beeinflußte die folgende Auseinandersetzung mit seinem Denken erheblich, indem sie den vereinfachenden Gegensatz »Wissenschaftliche Philosophie versus Weltanschauungsphilosophie« als maßgeblich für dieses Denken bezeichnete.

Von der Auseinandersetzung seines Lehrers mit Dilthey ließ sich Husserls Assistent Martin Heidegger nicht abschrecken. Er entwickelte eine zunächst weitgehend zustimmende Deutung Diltheys als dem Entdecker der Geschichtlichkeit des Daseins. Die erst kürzlich wiederentdeckten und veröffentlichten Kasseler Vorträge *Wilhelm Diltheys Forschungsarbeit und der Kampf um eine historische Weltanschauung*[73] von 1925 dokumentieren die zentrale Rolle, die Dilthey für die Entstehung von Heideggers fundamentalontologischem Denken, zumal für die Abgrenzung von Husserls ungeschichtlicher Phänomenologie, gespielt hat. In *Sein und Zeit* nimmt Heidegger jedoch bereits eine differenziertere Bewertung vor. Zwar ist Dilthey in Heideggers Hauptwerk noch ein eigener Paragraph (§ 77) gewidmet, gleichzeitig wird aber auch im Rekurs auf den Grafen Yorck darauf insistiert, daß Dilthey nicht zu einer Analyse der »Seinsart« des Geschichtlichen vorgestoßen sei.

Im Umkreis Heideggers galten Diltheys Einsichten in die Unhintergehbarkeit der geschichtlichen Dynamik dennoch als fundamental. Exemplarisch hat Herbert Marcuse, auf dem Weg zu einem von Heidegger inspirierten, eigenwilligen Marxismus, in seinem Buch *Hegels Ontologie und die Theorie der Geschichtlichkeit* (1932)[74] die mit den Augen Heideggers gesehene »Lebensphilosophie« Diltheys für eine originelle Neuinterpretation der Tradition fruchtbar gemacht. Zu wenig bekannt ist, daß sich auch

Max Horkheimer, zusammen mit Theodor W. Adorno Schulhaupt der Kritischen Theorie, in den dreißiger Jahren sehr differenziert mit Dilthey auseinandergesetzt hat.[75] Horkheimer verbindet Diltheys Strukturpsychologie mit Freud und knüpft – in materialistischer Wendung – mit der Darstellungsform seiner kultur- und philosophiegeschichtlichen Untersuchungen an die Analysen zur Geschichte der menschlichen Selbstinterpretationen an, wie sie etwa im zweiten Band von Diltheys *Gesammelten Schriften* vorliegen.

Auch Helmut Plessners Entwurf einer philosophischen Anthropologie *Die Stufen des Organischen und der Mensch* von 1928[76] ist durch Diltheys Deutung des Lebensprozesses stark beeinflußt, geht aber zu Heideggers Interpretation auf Distanz. Plessner pointiert vor allem Diltheys erfahrungswisssenschaftliche Wendung der Philosophie und seine Konzeption strukturaler Regelmäßigkeiten des Lebensausdrucks.

1936 erschien dann die wirkungsgeschichtlich bedeutende Studie Otto Friedrich Bollnows[77], die sich ganz auf Diltheys späte Phase konzentriert und dabei die *Einleitung* sowie die »pragmatistischen« Schriften als unreife Vorstadien außer acht läßt. Bollnow hat die Deutung Diltheys als »Lebensphilosoph« exemplarisch durchgeführt, wobei er die irrationalistischen Aspekte des Diltheyschen Lebensbegriffs stark akzentuiert. Diltheys Bemühungen um eine erkenntnistheoretische Begründung der Geisteswissenschaften bleiben ebenso unberücksichtigt wie seine handlungstheoretischen Ansätze.

Dies gilt ebenso für die Dilthey-Interpretation Hans-Georg Gadamers in seinem Hauptwerk *Wahrheit und Methode*[78] von 1960, dem Entwurf einer umfassenden philosophischen Hermeneutik. Gadamer würdigt zwar Diltheys Bedeutung für die Konzeption des geschichtlichen Verstehens, konzentriert sich aber auf dessen »Verstrickung in die Aporien des Historismus«.[79] Dilthey bleibe teleologischen Deutungsschemata verhaftet, und sein Insistieren auf Wissenschaftlichkeit und Objektivität zeige zudem, daß er sich vom methodischen Bann des naturwissenschaftlichen Denkens nicht lösen konnte. In Gadamers Deutung wird Dilthey zum geschichtlich bereits überholten Vorläufer einer philosophisch mit Heidegger radikalisierten Sichtweise, der es nicht mehr um die Begründung der Geisteswissenschaften, sondern um eine »ontologische Wendung der Hermeneutik«[80] geht.

Mit Jürgen Habermas' Schrift *Erkenntnis und Interesse* von 1968 findet Dilthey Eingang in die zeitgenössischen Fragestellungen einer kritischen Gesellschaftstheorie. Habermas untersucht die Theorie der Geisteswissenschaften unter dem Gesichtspunkt des in ihr dominierenden Erkenntnisinteresses, das er im »unmittelbar *praktischen Lebensbezug* der Hermeneutik«[81] erblickt. Diltheys Erwägungen zum internen Zusammenhang zwischen lebensweltlicher Erfahrung und geisteswissenschaftlicher Begriffsbildung werden damit der Reflexion auf das Verhältnis von Wissenschaft und gesellschaftlicher Praxis zugeführt. Allerdings sei es dem Historismus Diltheys nicht gelungen, seine Erkenntnisse selbstreflexiv der Einsicht in die Interessebedingtheit der Wissenschaft nutzbar zu machen.

Ab Mitte der sechziger Jahre wurden der Dilthey-Forschung die sog. Göttinger Materialien zugänglich – unter ihnen vor allem die *Breslauer Ausarbeitung* –, die sehr viel später in den *Gesammelten Schriften* publiziert wurden. Das Studium dieser Materialien ermöglichte die Einsicht, daß Diltheys philosophischer Ansatz eine neue Verhältnisbestimmung von Theorie und Praxis impliziert, die eine Integration von Erkenntnis- und Handlungstheorie ermöglicht. Für diese Neueinschätzung stehen Autoren wie Peter Krausser[82] und Helmut Johach[83]. In jüngster Zeit ist das Interesse an Dilthey durch die weiteren Veröffentlichungen im Rahmen der von Frithjof Rodi betreuten Herausgabe der *Ge-*

sammelten Schriften gefördert worden. Seit 1983 besitzt die internationale Forschung ein Forum im *Dilthey-Jahrbuch für Philosophie und Geschichte der Geisteswissenschaften.* Eine besonders intensive Auseinandersetzung wird in den Vereinigten Staaten geführt.[84] Rudolf A. Makkreel hat dort 1975 eine umfassende Dilthey-Studie vorgelegt,[85] die die Einheit von Diltheys Werk unter dem leitenden Gesichtspunkt der Ästhetik als einer »Modellgeisteswissenschaft« herausarbeitet und den Bezügen zum vernunftkritischen Unternehmen Kants nachgeht.

In den neueren Arbeiten Ferdinand Fellmanns wird Dilthey als Kronzeuge einer pragmatischen Erneuerung der Hermeneutik herangezogen, die den »Traditionalismus der Gadamerschen Bildungswelt« ebenso wie die »utopische Kommunikationswelt« von Habermas vermeiden soll, um statt dessen eine »Logik der lebensweltlichen Erfahrung« zu entwickeln.[86] Ich selbst habe in dieser Einführung versucht, die Aktualität Diltheys im Hinblick auf unabweisbare Fragestellungen aufzuzeigen, die den kategorialen Differenzen zwischen Binnen- und Außenperspektive, Vollzug und Objektivation, Geschichte und Struktur, alltäglicher und wissenschaftlich spezifizierter Erfahrung entspringen. Für die Diskussion dieser und ähnlicher Fragen wird Diltheys Denken ein wichtiger Bezugspunkt bleiben.

Anhang

Anmerkungen

1 Zumal vom Pragmatismus kommende Autoren betonen neuerdings, ganz im Sinne Diltheys, die engen Bezüge von wertender, praktischer und kognitiver Rationalität. Vgl. z.B. Nicolas Rescher, Rationalität. Eine philosophische Untersuchung über das Wesen und die Begründung der Vernunft, Würzburg 1993, bes. S. 152f., oder Hilary Putnam, Vernunft, Wahrheit und Geschichte, Frankfurt/M. 1990, Kap. VI.

2 Vgl. den Briefwechsel Dilthey-Husserl, in: Frithjof Rodi/Hans-Ulrich Lessing (Hg.), Materialien zur Philosophie Wilhelm Diltheys, Frankfurt/M. 1984, S. 112.

3 Lebensphilosophie rückt dann in die Nähe der sog. »Weltanschauungsphilosophie«, die Edmund Husserl in seinem Essay *Philosophie als strenge Wissenschaft* (1910/11), Frankfurt/M. 1965, 49ff. scharf kritisiert.

4 Vgl. Georg Lukács, Die Zerstörung der Vernunft, Neuwied 1962, S. 363-386.

5 Vgl. Herbert Schnädelbach, Philosophie in Deutschland 1831-1933, Frankfurt/M. 1983, S. 118f.

6 Der junge Dilthey, Ein Lebensbild in Briefen und Tagebüchern 1852-1870, Leipzig/Berlin 1933, S. 80 (Brief Diltheys vom 26.3.1859, Hervorhebung von Dilthey).

7 Ebenda, S. 144.

8 Ebenda, S. 146.

9 Allerdings beschränkt sich Dilthey auf die abendländische Kulturentwicklung und dehnt die Anstrengung des Verstehens nicht auf nur transkulturell zugängliche Phänomene aus.

10 Ebenda, S. 88.

11 Ebenda, S. 153.

12 Eine geisteswissenschaftliche Beschränkung Diltheys ist allerdings sicher darin zu sehen, daß er die Bedeutung ökonomischer Verhältnisse im Lebensprozeß nahezu völlig außer acht läßt.

13 Eine vergleichbare Architektur weist auch Heideggers in enger Auseinandersetzung mit Dilthey entstandenes Buch *Sein und Zeit* auf. Dort soll die Geschichte der Ontologie destruiert werden, um den systematischen Ansatz bei der Fundamentalanalyse des Daseins zu legitimieren. Während Dilthey allerdings die historischen Analysen veröffentlichte und ihr systematisches Pendant zurückhielt, verhält es sich bei Heidegger gerade umgekehrt.

14 Ausführliche Diskussionen dieses Themas finden sich in den Vorberichten der Herausgeber (Helmut Johach u. Frithjof Rodi) zu den Bänden XVIII u. XIX der *Gesammelten Schriften*, die erst 1977 (Bd. XVIII) bzw. 1982 (Bd. XIX) erschienen sind. Die beiden Bände enthalten das umfangreiche Material zu den nicht fertiggestellten Büchern der *Einleitung* und geben Auskunft über Diltheys Konzeption des Gesamtwerks.

15 Dabei stütze ich mich auf das im Bd. XIX, S. XL f. der *Gesammelten Schriften* abgedruckte Schema und den Rekonstruktionsversuch, den Rudolf A. Makkreel und Frithjof Rodi in der englischen Übersetzung der *Einleitung* vorgelegt haben: Wilhelm Dilthey, Introduction to the Human Sciences (Selected Works/Vol. I), Princeton, New Jersey, 1989.

16 Ausgehend von seinem Konzept unrestringierter Erfahrung entwikkelt Dilthey hier eine Grundidee, die aus empirischer Perspektive von der modernen Kognitionspsychologie und Neurobiologie bestätigt worden ist. So geht z.B. die Hypothese der sog. »Affektlogik« davon aus, daß unser Wirklichkeitszugang durch neurologisch implementierte Denk-, Fühl- und Verhaltensprogramme geprägt ist, die nicht isoliert, sondern nur im Verbund tätig werden. Nach dieser Vorstellung gibt es eine *interne* Beziehung von affektiven Befindlichkeiten und logischen Denkakten. Vgl. Luc Ciompi, Affektlogik. Über die Struktur der Psyche und ihre Entwicklung. Ein Beitrag zur Schizophrenieforschung, Stuttgart 1982.

17 Mit der Idee einer Entwicklungsgeschichte kognitiver Strukturen auf der Basis ihrer Rolle im Lebensprozeß nähert sich Dilthey im übrigen dem sozialpsychologischen Forschungsprogramm an, das sein Schüler, der amerikanische Pragmatist G. H. Mead, Jahrzehnte später verfolgt hat. Schon beim frühen Dilthey bedingt die zentrale Stellung der Kategorie »Leben« eine Nähe zu den Grundpositionen des Pragmatismus, die Anfang der neunziger Jahre noch deutlicher hervortritt.

18 Diesen Sprachgebrauch hält Dilthey nicht durch. Er bezeichnet in einem weiten Sinn auch die gedankliche Arbeit der Selbstbesinnung, die also Wertungen und Willensausrichtungen einbezieht, als Erkenntnistheorie.

19 Der idealistische Philosoph George Berkeley hatte die Formel »esse est percipi« (Sein ist Wahrgenommen-Werden) geprägt, auf die Dilthey hier anspielt.

20 Leider kann hier auf Diltheys Zeittheorie nicht ausführlicher eingegangen werden. Die einschlägigen Analysen finden sich in den Ausarbeitungen zum zweiten Band der *Einleitung*: GS XIX, 210-22.

21 Diltheys Auffassung der subjektiven und der objektiven Perspektive bringt ihn in sachliche Nähe zu Einsichten, wie sie in der zeitgenössischen Philosophie besonders von Thomas Nagel entwickelt worden sind. Vgl. ders., Die Grenzen der Objektivität. Philosophische Vorlesungen, Stuttgart 1991; Der Blick von Nirgendwo, Frankfurt/M. 1992.

22 John Searle, Die Wiederentdeckung des Geistes, München 1993, S. 31f.

23 In jüngster Zeit hat Jürgen Habermas von seinem diskurstheoretischen Ansatz aus – ohne sich auf Dilthey zu beziehen – diese Vermittlungsfunktion des Rechts ins Zentrum gerückt. Vgl. ders., Faktizität und Geltung. Beiträge zur Diskurstheorie des Rechts und des demokratischen Rechtsstaats, Frankfurt/M. 1992, bes. S. 15-60.

24 Den durch Auguste Comte geprägten Begriff »Soziologie« verwendet Dilthey ausschließlich zur Kennzeichnung naturalistischer Deutungen des Sozialen von Comte bis zu John Stuart Mill und Herbert Spencer. Diese Verwendungsweise des Begriffs darf nicht mit dem modernen Sprachgebrauch verwechselt werden.

25 Karl Popper, Das Elend des Historizismus, Tübingen 1965.

26 Zu diesen historischen Untersuchungen gehören auch die Studien des zweiten Bandes der *Gesammelten Schriften.* Unter dem Titel *Weltanschauung und Analyse des Menschen seit Renaissance und Reformation* wird dort die Wandlung des Wirklichkeitsverständnisses in der Neuzeit analysiert.

27 Diltheys Gebrauch des Terminus »Wille« ist nicht ganz einheitlich. Meistens benutzt er ihn zur Kennzeichnung der begehrenden, handelnden, aktiven Seite unseres Weltverhältnisses, im Unterschied zu seinen affektiv-wertenden und vernünftig-vorstellenden Aspekten. Gelegentlich – so in diesem Zitat – schließt der »Wille« aber das

affektive Weltverhältnis ein und wird dann zum Überbegriff für die nicht-kognitive Dimension des Lebensprozesses.

28 Im Sprachgebrauch und in der Art der Durchführung lehnt Dilthey sich hier an Kants *Kritik der reinen Vernunft* an. Dort wird in der *Transzendentalen Dialektik* die »Antinomie der reinen Vernunft« behandelt, wie sie aus der transzendenten Anwendung unserer Vernunftideen entspringt.

29 Dilthey nennt hier (vgl. GS I, 365 f.) seinen Zeitgenossen Gustav Theodor Fechner. Für Leser am Ende des 20. Jahrhunderts dürfte es näher liegen, an Autoren wie Fritjof Capra, David Bohm oder Ilya Prigogine zu denken, die naturwissenschaftliche Erkenntnisse zu metaphysischen Deutungen der Gesamtwirklichkeit extrapolieren.

30 Diese Charakterisierung findet sich in dem Buch von Rudolf A. Makkreel, Dilthey, Philosoph der Geisteswissenschaften, Frankfurt/M. 1991, S. 114. Die folgenden Ausführungen sind den gründlichen Untersuchungen Makkreels vielfältig verpflichtet.

31 Thomas Nagel hat mit seinem bekannten Aufsatz »Wie ist es, eine Fledermaus zu sein?« (in: Peter Bieri (Hg.), Analytische Philosophie des Geistes, 2. Aufl., Bodenheim 1993, S. 261-275) diesen schon von Dilthey gesehenen Punkt auch in die analytische Philosophie des Geistes eingebracht.

32 Vgl. Siegfried J. Schmidt (Hg.), Gedächtnis. Probleme und Perspektiven der interdisziplinären Gedächtnisforschung, Frankfurt/M. 1991.

33 So wird in der Forschungsliteratur Diltheys Arbeit mit dem Titel *Die Einbildungskraft des Dichters. Bausteine für eine Poetik* meistens kurz genannt.

34 Wilhelm Dilthey, Goethe und die dichterische Phantasie, in: ders., Das Erlebnis und die Dichtung, Lessing – Goethe – Novalis – Hölderlin, 6. Aufl., Göttingen 1985, S. 126.

35 Ebenda, S. 130.

36 Ebenda, S. 138.

37 Ferdinand Fellmann, Symbolischer Pragmatismus. Hermeneutik nach Dilthey, Frankfurt/M. 1991, S. 52.

38 Vgl. Rudolf A. Makkreel, Dilthey, Philosoph der Geisteswissenschaften, a.a.O., S. 134. Dilthey selbst läßt seine Gesetze unbenannt.

39 Wilhelm Dilthey, Das Erlebnis und die Dichtung, a.a.O., S. 132.

40 Vgl. Martin Heidegger, Sein und Zeit, 15. Aufl., Tübingen 1979, S. 134-140. Diltheys Name wird hier allerdings gar nicht genannt.

41 Ich verwende die Anführungszeichen, weil Dilthey sein Denken natürlich nie selbst als pragmatistisch charakterisiert hat. Den Terminus gebrauchte Charles S. Peirce zwar schon Mitte der siebziger Jahre des letzten Jahrhunderts zur Kennzeichnung seiner methodischen Position, dem deutschen Publikum wurde er aber erst durch den Philosophenkongreß in Heidelberg 1907 bekannt. Dennoch gibt es ausgeprägte sachliche und personelle Beziehungen zwischen der geisteswissenschaftlichen und der pragmatistischen Schule. Insbesondere hat George Herbert Mead, der pragmatistische Philosoph und Sozialpsychologe, bei Dilthey während dessen pragmatistischer Phase studiert und wichtige Anregungen empfangen. Vgl. dazu Matthias Jung, From Dilthey to Mead and Heidegger. Systematic and Historical Relations, in: Journal of the History of Philosophy, Heft 3, 1995.

42 Briefwechsel zwischen Wilhelm Dilthey und dem Grafen Paul Yorck von Wartenburg 1877-1897, Halle/S. 1923 (Nachdruck Hildesheim/New York 1974), S. 90.

43 Vgl. Martin Heidegger, Sein und Zeit, a.a.O., § 43a. – Für Heidegger ist »In-der-Welt-sein« geradezu der Titel für das menschliche Dasein. Wenn wir immer schon in der Welt sind, wird natürlich die Frage sinnlos, ob es diese Welt überhaupt gibt.

44 Briefwechsel Wilhelm Dilthey und Graf Paul Yorck von Wartenburg 1877-1897, a.a.O., S. 90.

45 Im Zusammenhang vergleichbarer Erwägungen hat Freud vom Übergang zwischen Lust- und Realitätsprinzip gesprochen. Vgl. ders., Formulierungen über die zwei Prinzipien des psychischen Geschehens, in: ders., Psychologie des Unbewußten (Studienausgabe Bd. III), Frankfurt/M. 1975, S. 18.

46 Diesen umfangreichen Entwurf, der erst 1982 im Band XIX der *Gesammelten Schriften* veröffentlicht wurde, hatte Dilthey als Teil des fünften Buches der *Einleitung* konzipiert, in dem es um die Beziehung des Denkens zur Wirklichkeit gehen sollte.

47 In Abhängigkeit vom jeweiligen Standpunkt kann dieser »Irrationalismus« dann positiv als Ausdruck von »Tiefe« (so etwa bei Otto Friedrich Bollnow, Dilthey, Eine Einführung in seine Philosophie, Stuttgart 1955, S. 29ff.) oder negativ als Verfallssymptom (so bei Georg Lukács, Die Zerstörung der Vernunft, a.a.O., S. 363-386) gedeutet werden.

48 Hier ergeben sich Anknüpfungspunkte für eine kritische Medientheorie, die den Modifikationen im Realitätsverständnis nachzugehen hätte, wie sie etwa durch elektronische Medien erzeugt werden.

49 Dilthey schließt sich hier vermutlich an Kants Konzeption der »teleologischen Urteilskraft« an. Vgl. Immanuel Kant, Kritik der Urteilskraft, §§ 61-78 (Werkausgabe in zwölf Bänden, hrsg. v. Wilhelm Weischedel, Bd. X, 5. Auflage, Frankfurt/M. 1981, S. 305-370, bes. S. 305-307).

50 Die nähere Durchführung dieser Konzeption in den *Ideen* stelle ich nicht dar, weil sie im Vergleich zu den früheren Texten der mittleren Phase kaum Neues bringt.

51 Die Differenzierung zwischen Erklären und Verstehen findet sich schon bei dem Historiker Johann Gustav Droysen. Vgl. ders., Historik (1857-1882), hrsg. von Peter Leyh, Stuttgart 1977, S. 22, 29, 163. Sie hat in der Diskussion um Begründungsprobleme der Humanwissenschaften eine zentrale Rolle gespielt und in den letzten Jahrzehnten auch in die analytische Philosophie Eingang gefunden. Für die neuere Debatte bestimmend war Georg Henrik von Wright, Erklären und Verstehen (Explanation and Understanding, 1971), 3. Auflage, Königstein 1991.

52 Vgl. Hermann Ebbinghaus, Über erklärende und beschreibende Psychologie (1896), in: Materialien zur Philosophie Wilhelm Diltheys, hrsg. von Frithjof Rodi und Hans-Ulrich Lessing, Frankfurt/M. 1984, S. 45-87. Auf die Kontroverse zwischen Dilthey und Ebbinghaus komme ich unten noch ausführlicher zu sprechen.

53 Ebenda, S. 75.

54 Vgl. dazu den Literaturüberblick von Oliver Scholz, Neuerscheinungen zur Hermeneutik und ihrer Geschichte, in: Allgemeine Zeitschrift für Philosophie, 19. Jg., Heft 3, 1994, S. 53-70, bes. S. 54.

55 Edmund Husserl, Logische Untersuchungen I, 6. Aufl., Tübingen 1980, S. XIII.

56 Vgl. dazu die Fünfte Untersuchung über »Intentionale Erlebnisse und ihre Inhalte«, in: Edmund Husserl, Logische Untersuchungen II/1: Untersuchungen zur Phänomenologie und Theorie der Erkenntnis, a.a.O.

57 Georg Lukács hat Diltheys Betonung der religiösen Bezüge des jungen Hegel als »reaktionäre Legende« scharf kritisiert, dabei aber außer acht gelassen, daß Diltheys Darstellung sich gerade auf die *Immanenz* des Lebensprozesses konzentriert. Vgl. Georg Lukács, Der junge Hegel. Über die Beziehungen von Dialektik und Ökonomie, Frankfurt/M. 1973, S. 13ff., 34-56.

58 Die Arbeit erschien 1910 und wurde dann mit umfangreichen

Ergänzungen 1926 als Bd. VII der *Gesammelten Schriften* veröffentlicht.

59 Vgl. Georg Herbert Mead, Geist, Identität und Gesellschaft aus der Sicht des Sozialbehaviorismus, hrsg. von Charles W. Morris, Frankfurt/M. 1973, Teil II.

60 Martin Heidegger, Phänomenologie der Anschauung und des Ausdrucks/Theorie der philosophischen Begriffsbildung (Frühe Freiburger Vorlesung Sommersemester 1920), in: ders., Gesamtausgabe, Bd. 59, hrsg. v. Claudius Strube, Frankfurt/M. 1993, S. 161.

61 Daß soziale, sinnstrukturierte Zusammenhänge nicht nur durch Kooperation, sondern auch durch sinnfremde Faktoren konstituiert werden, ist Dilthey zwar nicht entgangen. So spricht er einmal davon, neben dem Streben nach Kulturgütern sei der »Wille zur Macht« als die treibende Kraft gesellschaftlicher Wirkungszusammenhänge anzusehen (vgl. GS VII, 166). Dieser seit Nietzsche und Foucault in den Vordergrund getretene Aspekt findet aber doch nur am Rande Berücksichtigung.

62 Paul Natorp, Allgemeine Psychologie nach kritischer Methode, Erstes Buch: Objekt und Methode der Psychologie, Tübingen 1912, S. 190f.

63 Diesen Gedanken hat Dilthey für den geistigen Wirkungszusammenhang der Philosophie näher ausgeführt in seiner späten Schrift *Das Wesen der Philosophie*, in: GS V, 407-416.

64 Die Lektüre dieser Schrift (in: GS V, 339-416), die hier wegen ihres Materialreichtums leider nicht behandelt werden kann, ist höchst instruktiv. Sie erlaubt auch den Nachvollzug der hermeneutischen Verfahrensweise, die zwischen strukturellem Vorgriff (Systematik) und inhaltlicher Füllung (Geschichte) in immer neuen Kreisbewegungen ihrem Gegenstand näher kommt.

65 Rudolf A. Makkreel hat gezeigt, daß Dilthey in seinen spätesten Manuskripten zwischen Sinn und Bedeutung unterschieden hat: Die Teile erhalten durch das Ganze ihre *Bedeutung*, das Ganze erhält durch die Teile seinen *Sinn*. Vgl. dazu GS VII, 265 u. Rudolf A. Makkreel, Dilthey, Philosoph der Gesteiswissenschaften, a.a.O., S. 426-433, bes. S. 427.

66 Karl Jaspers, Psychologie der Weltanschauungen, 6. Aufl., München 1971.

67 So der Untertitel der Schriften zur Weltanschauungslehre in Bd. VIII (*Abhandlungen zur Philosophie der Philosophie*), der auf Bernhard Groethuysen, den Herausgeber dieses Bandes, zurückgeht.

68 Baron Holbach, der französische Aufklärungsphilosoph, hat in seinem berühmt-berüchtigten Buch dieses Titels eine radikal sensualistische und religionskritische Position vertreten. Vgl. Paul Th. d'Holbach, System der Natur, Frankfurt/M. 1978.
69 Diese wirkungsgeschichtliche Skizze orientiert sich vielfach an der entsprechenden Darstellung Frithjof Rodis und Hans-Ulrich Lessings (Einleitung zu: Materialien zur Philosophie Wilhelm Diltheys, a.a.O.).
70 Wilhelm Dilthey u.a., Weltanschauung, Philosophie und Religion, Berlin 1911.
71 Edmund Husserl, Philosophie als strenge Wissenschaft (1911), a.a.O., S. 49.
72 Der Briefwechsel ist abgedruckt in den Materialien zur Philosophie Wilhelm Diltheys, a.a.O., S. 110-120.
73 In: Dilthey-Jahrbuch, Bd. 8, 1992/93, S. 143-180.
74 Wiederabgedruckt als Bd. 2 der Schriften, Frankfurt/M. 1989.
75 Vgl. dazu Helmut Johach, Lebensphilosophie und Kritische Theorie. Zur Dilthey-Rezeption der Frankfurter Schule, in: Dilthey-Jahrbuch, Bd. 5, 1988, S. 200-239.
76 Helmut Plessner, Die Stufen des Organischen und der Mensch, 3. Aufl., Berlin/New York 1975.
77 Otto Friedrich Bollnow, Dilthey, Eine Einführung in seine Philosophie, Leipzig 1936.
78 Hans-Georg Gadamer, Wahrheit und Methode, Grundzüge einer philosophischen Hermeneutik, Tübingen 1960. Zit. nach der 4. Aufl., Tübingen 1975.
79 Ebenda, S. 205.
80 Ebenda, S. 361.
81 Jürgen Habermas, Erkenntnis und Interesse, 9. Aufl., Frankfurt/M. 1988, S. 218f.
82 Peter Krausser, Kritik der endlichen Vernunft. Diltheys Revolution der allgemeinen Wissenschafts- und Handlungstheorie, Frankfurt/M. 1968.
83 Helmut Johach, Handelnder Mensch und objektiver Geist. Zur Theorie der Geistes- und Sozialwissenschaften bei Wilhelm Dilthey, Meisenheim am Glan 1974.
84 Seit 1984 erscheint dort eine von Rudolf A. Makkreel und Frithjof Rodi herausgegebene englische Ausgabe der wichtigsten Werke Diltheys, die das Interesse an seiner Philosophie im angelsächsischen Raum nochmals verstärkt hat.

85 Rudolf A. Makkreel, Dilthey – Philosopher of the Human Studies, Princeton 1975. Erweiterte deutsche Ausgabe: Dilthey, Philosoph der Geisteswissenschaften, Frankfurt/M. 1991.

86 Ferdinand Fellmann, Symbolischer Pragmatismus. Hermeneutik nach Dilthey, Reinbek 1991, S. 11 ff. Vgl. ders., Lebensphilosophie. Elemente eine Theorie der Selbsterfahrung, Reinbek 1993, S. 108-123.

Literaturhinweise

1. Schriften Wilhelm Diltheys

a) Die Gesammelten Schriften (GS)

Seit Anfang der zwanziger Jahre erscheinen die *Gesammelten Schriften* Diltheys, von denen bis 1994 20 Bände erschienen sind:

Bd. 1: Einleitung in die Geisteswissenschaften. Versuch einer Grundlegung für das Studium der Gesellschaft und der Geschichte, hrsg. von Bernhard Groethuysen, 8. unveränd. Aufl., Stuttgart/Göttingen 1979.

Bd. 2: Weltanschauung und Analyse des Menschen seit Renaissance und Reformation, hrsg. von Georg Misch, 10. Aufl., Stuttgart/Göttingen 1977.

Bd. 3: Studien zur Geschichte des deutschen Geistes. Leibniz und sein Zeitalter. Friedrich der Große und die deutsche Aufklärung. Das achtzehnte Jahrhundert und die geschichtliche Welt, hrsg. von Paul Ritter, 5. Aufl., Stuttgart/Göttingen 1977.

Bd. 4: Die Jugendgeschichte Hegels und andere Abhandlungen zur Geschichte des deutschen Idealismus, hrsg. von Herman Nohl, 5. Aufl., Stuttgart/Göttingen 1975.

Bd. 5 u. 6: Die geistige Welt. Einleitung in die Philosophie des Lebens.

Bd. 5 (= Erste Hälfte): Abhandlungen zur Grundlegung der Geisteswissenschaften, hrsg. von Georg Misch, 7. Aufl., Stuttgart/Göttingen 1982. Enthält den zusammenfassenden *Vorbericht des Herausgebers* und wichtige Arbeiten Diltheys, u.a.: *Beiträge zur Lösung der Frage vom Ursprung unseres Glaubens an die Realität der Außenwelt und seinem Recht* (1890), *Ideen über eine beschreibende und zergliedernde Psychologie* (1894), *Die Entstehung der Hermeneutik* (1900), *Das Wesen der Philosophie* (1907).

Bd. 6 (= Zweite Hälfte): Abhandlungen zur Poetik, Ethik und Pädagogik, hrsg. von Georg Misch, 6. Aufl., Stuttgart/Göttingen 1978. Enthält u.a. *Die Einbildungskraft des Dichters. Bausteine für eine Poetik* (1887) und *Das Problem der Religion* (1911).

Bd. 7: Der Aufbau der geschichtlichen Welt in den Geisteswissenschaften, hrsg. von Bernhard Groethuysen, 8. unveränd. Aufl., Stuttgart/Göttingen 1992. Der *Aufbau* und die Entwürfe zu seiner Fortsetzung sind auch, mit einer Einleitung von Manfred Riedel, als Taschenbuch zugänglich: Der Aufbau der geschichtlichen Welt in den Geisteswissenschaften, Frankfurt/M. 1981.
Bd. 8: Weltanschauungslehre. Abhandlungen zur Philosophie der Philosophie, hrsg. von Bernhard Groethuysen, 5. Aufl., Stuttgart/Göttingen 1977.
Bd. 9: Pädagogik. Geschichte und Grundlinien des Systems, hrsg. von Otto F. Bollnow, 4. Aufl., Stuttgart/Göttingen 1974.
Bd. 10: System der Ethik, hrsg. von Herman Nohl, 4. Aufl., Stuttgart/Göttingen 1981.
Bd. 11: Vom Aufgang des geschichtlichen Bewußtseins. Jugendaufsätze und Erinnerungen, hrsg. von Erich Weniger, 5. Aufl., Stuttgart/Göttingen 1988.
Bd. 12: Zur preussischen Geschichte. Schleiermachers politische Gesinnung und Wirksamkeit. Die Reorganisatoren des preussischen Staates. Das allgemeine Landrecht, hrsg. von Erich Weniger, 5. Aufl., Stuttgart/Göttingen 1985.
Bd. 13: Leben Schleiermachers. Erster Band in zwei Halbbänden, hrsg. von Martin Redeker, 3. Aufl., Göttingen 1979.
Bd. 14: Leben Schleiermachers: Zweiter Band in zwei Halbbänden: Schleiermachers System als Philosophie und Theologie, hrsg. von Martin Redeker, Göttingen 1985. Die beiden Schleiermacher-Bände sind auch außerhalb der *Gesammelten Schriften* zugänglich (Bd.1: 3. Aufl., Berlin 1970; Bd. 2: Berlin 1966).
Bd. 15: Zur Geistesgeschichte des 19. Jahrhunderts. Portraits und biographische Skizzen. Quellenstudien und Literaturberichte zur Theologie und Philosophie im 19. Jahrhundert, hrsg. von Ulrich Herrmann, 2. Aufl., Göttingen 1981.
Bd. 16: Zur Geistesgeschichte des 19. Jahrhunderts. Aufsätze und Rezensionen aus Zeitungen und Zeitschriften 1859-1874, hrsg. von Ulrich Herrmann, 2. Aufl., Göttingen 1988.
Bd. 17: Zur Geistesgeschichte des 19. Jahrhunderts. Aus »Westermanns Monatshefte«: Literaturbriefe, Berichte zur Kunstgeschichte, Verstreute Rezensionen 1867-1884, hrsg. von Ulrich Herrmann, 2. Aufl., Göttingen 1988.
Bd. 18: Die Wissenschaften vom Menschen, der Gesellschaft und der

Geschichte. Vorarbeiten zur Einleitung in die Geisteswissenschaften (1865-1880), hrsg. von Helmut Johach und Frithjof Rodi, Göttingen 1977.
Bd. 19: Grundlegung der Wissenschaft vom Menschen, der Gesellschaft und der Geschichte. Ausarbeitungen und Entwürfe zum zweiten Band der Einleitung in die Geisteswissenschaften (ca. 1870-1895), hrsg. von Helmut Johach und Frithjof Rodi, Göttingen 1982. Dieser Band enthält die *Breslauer Ausarbeitung* und den Entwurf *Leben und Erkennen.*
Bd. 20: Logik und System der philosophischen Wissenschaften. Vorlesungen zur erkenntnistheoretischen Logik und Methodologie (1864-1903), hrsg. von Hans-Ulrich Lessing und Frithjof Rodi, Göttingen 1990.

b) Einzelne Schriften und Textsammlungen

Aufsätze zur Philosophie, hrsg. und eingel. von M. Marquard, Hanau 1986.
Briefwechsel zwischen Wilhelm Dilthey und dem Grafen Paul Yorck von Wartenburg, 1877-1897, Halle/S. 1923 (Nachdruck Hildesheim/New York 1974).
Das Erlebnis und die Dichtung. Lessing-Goethe-Novalis-Hölderlin (1905), 16. Aufl., Göttingen 1985.
Das Wesen der Philosophie, hrsg. und eingel. von Otto Pöggeler, Hamburg 1984.
Der Aufbau der geschichtlichen Welt in den Geisteswissenschaften, hrsg. von Manfred Riedel, Frankfurt/M. 1981.
Der junge Dilthey. Ein Lebensbild in Briefen und Tagebüchern 1852-1870, hrsg. von Georg Misch, 2. Aufl., Stuttgart 1960.
Texte zur Kritik der historischen Vernunft, hrsg. und eingel. von Hans-Ulrich Lessing, Göttingen 1983.

2. Sekundärliteratur

a) Sammelbände, Bibliographisches, Jahrbuch

Dilthey-Jahrbuch für Philosophie und Geschiche der Geisteswissenschaften, hrsg. von Frithjof Rodi, Göttingen 1983 ff. Die ersten drei Bände des Jahrbuchs enthalten Ergänzungen zu der Herrmannschen

Bibliographie für die Jahre von 1969-1983 von Hans-Ulrich Lessing, Bd. 9 (1994/95) für 1984-1988.
Dilthey und die Philosophie der Gegenwart, hrsg. von Ernst W. Orth, Freiburg/Br. 1985.
Ulrich Herrmann, Bibliographie Wilhelm Dilthey. Quellen und Literatur, Weinheim/Berlin/Basel 1969.
Materialien zur Philosophie Wilhelm Diltheys, hrsg. und eingel. von Frithjof Rodi und Hans-Ulrich Lessing, Frankfurt/M. 1984. Enthält Auszüge aus den wirkungsgeschichtlich bedeutendsten Arbeiten über Dilthey.

b) Monographien und Einzeluntersuchungen

Otto F. Bollnow, Dilthey. Eine Einführung in seine Philosophie (1936), 4. Aufl., Schaffhausen 1980.
Ilse N. Bulhof, Wilhelm Dilthey, A Hermeneutic Approach to the Study of History and Culture, The Hague/Boston/London 1980.
Hellmut Diwald, Wilhelm Dilthey, Erkenntnistheorie und Philosophie der Geschichte, Göttingen 1963.
Michael Ermarth, Wilhelm Dilthey, The Critique of Historical Reason, Chicago/London 1978.
Ferdinand Fellmann, Symbolischer Pragmatismus. Hermeneutik nach Dilthey, Reinbek 1991.
Günther Fütterer, Historische Phantasie und praktische Vernunft. Eine kritische Auseinandersetzung mit Diltheys Theorie historischer Rationalität, Würzburg 1985.
Hans-Georg Gadamer, Wahrheit und Methode. Grundzüge einer philosophischen Hermeneutik (1960), 4. Aufl., Tübingen 1975, S. 205-228.
Jürgen Habermas, Erkenntnis und Interesse (1968), 9. Aufl., Frankfurt/M. 1988, S. 178-233.
Martin Heidegger, Sein und Zeit (1927), 16. Aufl., Tübingen 1986, bes. § 77.
Hans Ineichen, Erkenntnistheorie und geschichtlich-gesellschaftliche Welt. Diltheys Logik der Geisteswissenschaften, Frankfurt/M. 1975.
Helmut Johach, Handelnder Mensch und objektiver Geist. Zur Theorie der Geistes- und Sozialwissenschaften bei Wilhelm Dilthey, Meisenheim am Glan 1974.
Peter Krausser, Kritik der endlichen Vernunft. Wilhelm Diltheys Revo-

lution der allgemeinen Wissenschafts- und Handlungstheorie, Frankfurt/M. 1968.
Hans-Ulrich Lessing, Die Idee einer Kritik der historischen Vernunft. Wilhelm Diltheys erkenntnistheoretisch-logisch-methodologische Grundlegung der Geisteswissenschaften, Freiburg/München 1984.
Rudolf A. Makkreel, Dilthey – Philosopher of the Human Studies, Princeton 1975; erweiterte deutsche Ausgabe: Dilthey, Philosoph der Geisteswissenschaften, Frankfurt/M. 1991.
Georg Misch, Lebensphilosophie und Phänomenologie. Eine Auseinandersetzung der Diltheyschen Richtung mit Heidegger und Husserl, Bonn 1930.
Ders., Vom Lebens- und Gedankenkreis Wilhelm Diltheys, Frankfurt/M. 1947.
Stephan Otto, Rekonstruktion der Geschichte. Zur Kritik der historischen Vernunft. Erster Teil: Historisch-kritische Bestandsaufnahme, München 1982.
H. P. Rickman, Wilhelm Dilthey, Pioneer of the Human Studies, Berkeley/London 1979.
Manfred Riedel, Verstehen oder Erklären? Zur Theorie und Geschichte der hermeneutischen Wissenschaften, Stuttgart 1978, S. 42-112.
Christofer Zöckler, Dilthey und die Hermeneutik. Diltheys Begründung der Hermeneutik und die Geschichte ihrer Rezeption, Stuttgart 1975.

Zeittafel

1833	Der Pfarrerssohn Wilhelm Dilthey wird am 19. November in Biebrich bei Wiesbaden geboren.
1852	Abitur. Beginn des Studiums: zunächst auf Wunsch der Eltern Theologie, dann Geschichte und Philosophie in Heidelberg und Berlin bei Boeckh, Ranke, Kuno Fischer und Trendelenburg.
1856	Theologisches Examen und philologisches Staatsexamen.
1864	Promotion mit einer Studie zur Ethik Schleiermachers und Habilitation mit der Arbeit *Versuch einer Analyse des moralischen Bewußtseins.*
1866	Ruf auf eine Professur nach Basel.
1868	Berufung nach Kiel.
1870	Der erste Band von Diltheys erstem Hauptwerk *Das Leben Schleiermachers* erscheint und begründet Diltheys Ruf als Historiker der Geisteswissenschaften.
1871	Ruf nach Breslau. Beginn der Freundschaft mit Graf Yorck von Wartenburg.
1882	Berufung nach Berlin als Nachfolger von Herman Lotze.
1883	Der erste (und einzige) Band der *Einleitung in die Geisteswissenschaften* erscheint.
1894	Dilthey publiziert seine *Ideen über eine beschreibende und zergliedernde Psychologie.*
1896	Hermann Ebbinghaus veröffentlicht seine scharfe Kritik der *Ideen*, die Dilthey veranlaßt, die systematische Ausarbeitung des zweiten Bandes der *Einleitung* zunächst aufzugeben und sich auf die Schleiermacher-Studien zu konzentrieren.
1897	Tod des Grafen Yorck von Wartenburg.
1900	Der erste Band der *Logischen Untersuchungen* Edmund Husserls erscheint. Dilthey rezipiert diese Arbeit intensiv und wird von ihr – zusammen mit einer vertieften Aneignung Hegels – zur systematischen Weiterführung des Projektes der *Einleitung* angeregt.

1905 Husserl besucht Dilthey in Berlin. Dilthey gibt die akademische Lehre auf.

1906 *Das Erlebnis und die Dichtung* erscheint und macht Dilthey über den Kreis der Fachkollegen hinaus bekannt.

1911 Mit dem Erscheinen des Sammelbandes *Weltanschauung, Philosophie und Religion* etabliert sich die Dilthey-Schule. Husserl reagiert in seinem Logos-Aufsatz *Philosophie als strenge Wissenschaft* darauf mit scharfer Kritik. Auch der sich anschließende Briefwechsel Dilthey-Husserl bringt keine endgültige Klärung der Differenzen. Am 1. Oktober 1911 stirbt Dilthey in Seis/Südtirol an der Ruhr.

Matthias Jung, geb. 1960, Studium der kath. Theologie und Philosophie in Frankfurt/M. 1989 Promotion in Philosophie mit einer Arbeit über Heidegger, 1994 Forschungsaufenthalt an der Emory-University in Atlanta/USA. Wissenschaftlicher Assistent am Fachbereich Philosophie der Johann Wolfgang Goethe-Universität Frankfurt am Main. Hauptarbeitsgebiete: Hermeneutik und Religionsphilosophie.

Dilthey
von Matthias Jung

Umberto Eco
von Dieter Mersch

Norbert Elias
von Ralf Baumgart
und Volker Eichener

Foucault
von Hinrich Fink-Eitel

Paulo Freire
von Dimas Figueroa

Freud
von Hans-Martin Lohmann

Anna Freud
von Rolf Denker

Friedlaender (Mynona)
von Peter Cardorff

Erich Fromm
von Helmut Wehr

Habermas
von Detlef Horster

Heidegger
von Günter Figal

Heinrich Heine
von Ralf Schnell

Thomas Hobbes
von Wolfgang Kersting

Hölderlin
von Henning Bothe

Horkheimer
von Willem van Reijen

Husserl
von Peter Prechtl

William James
von Rainer Diaz-Bone
und Klaus Schubert

Karl Jaspers
von Werner Schüßler

Uwe Johnson
von Stefanie Golisch

Hans Jonas
von Franz Josef Wetz

C.G. Jung
von Micha Brumlik

Kafka
von Wiebrecht Ries

Kant
von Jean Grondin

Kierkegaard
von Konrad Paul Liessmann

Alexandra Kollontai
von Gabriele Raether

Kracauer
von Gertrud Koch

Julia Kristeva
von Inge Suchsland

Lacan
von Gerda Pagel

Gustav Landauer
von Siegbert Wolf

Lao-tzu
von Florian C. Reiter

Lévinas
von Bernhard H.F. Taureck

Lévi-Strauss
von Edmund Leach

Karl Liebknecht
von Ossip K. Flechtheim

John Locke
von Walter Euchner

Luhmann
von Walter Reese-Schäfer

Rosa Luxemburg
von Ossip K. Flechtheim

Lyotard
von Walter Reese-Schäfer

Machiavelli
von Quentin Skinner

Herbert Marcuse
von Hauke Brunkhorst
und Gertrud Koch

Marx
von Ossip K. Flechtheim
und Hans-Martin Lohmann

George Herbert Mead
von Harald Wenzel

Montaigne
von Peter Burke

Montesquieu
von Michael Hereth

Nietzsche
von Wiebrecht Ries

Novalis
von Berbeli Wanning

John Rawls
von Wolfgang Kersting

Wilhelm Reich
von Martin Konitzer

Karl Renner
von Anton Pelinka

Ricœur
von Jens Mattern

Richard Rorty
von Detlef Horster

Otto Rühle
von Henry Jacoby
und Ingrid Herbst

Sartre
von Martin Suhr

Saussure
von Peter Prechtl

Carl Schmitt
von Reinhard Mehring

Schopenhauer
von Wolfgang Korfmacher

Georg Simmel
von Werner Jung

Sohn-Rethel
von Steffen Kratz

Spinoza
von Helmut Seidel

Rudolf Steiner
von Gerhard Wehr

Tocqueville
von Michael Hereth

Trotzki
von Heinz Abosch

Max Weber
von Volker Heins

Simone Weil
von Heinz Abosch

Peter Weiss
von Stefan Howald

Carl Friedrich von Weizsäcker
von Michael Drieschner

Alfred North Whitehead
von Michael Hauskeller

Wittgenstein
von Chris Bezzel

Virginia Woolf
von Vera und Ansgar Nünning

Europäische Mystik
von Gerhard Wehr

Die Sophisten
von Bernhard H.F. Taureck

Die Vorsokratiker
von Carl-Friedrich Geyer